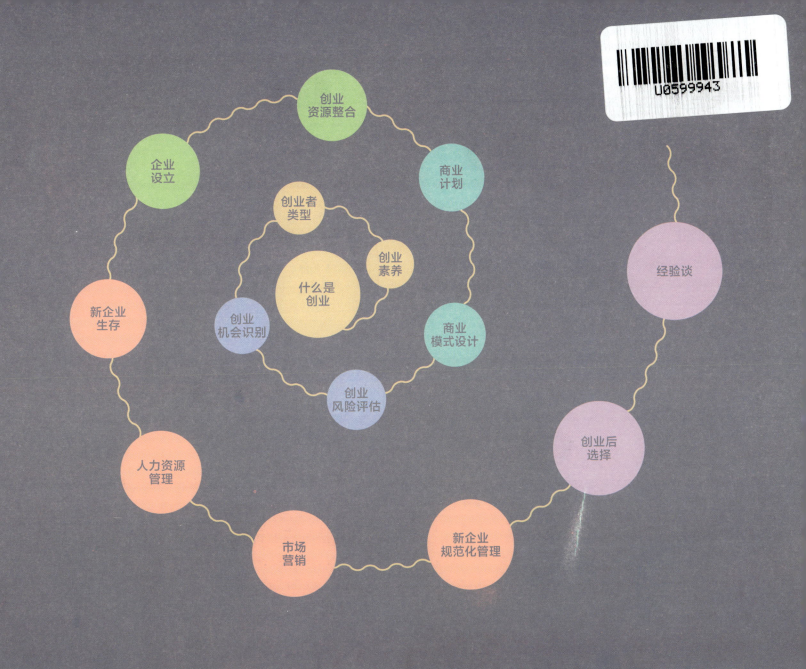

目录

创业 基础 与 实务

Basic Knowledge and Practice of Business Startups

主编◎葛向东　陈工孟

经济管理出版社
ECONOMY & MANAGEMENT PUBLISHING HOUSE

GTA 创新创业系列教材

主编：

葛向东　　　　陈工孟

副主编：

孙　勇　　　姚志存　　　丁　艳

专家指导委员会：

李家华	俞仲文	廖文剑	何国杰	王春雷	王　毅
仇旭东	丁　艳	吴烨宇	房巧红	张建军	高思凯
廖志德（台）	张秉纶（台）				

编写委员会：

曹明磊	陈新贵	傅　宝	傅小凤	高进红	何　悦
胡腾辉	李昌俊	李新新	李　洋	林　琳	刘冬东
皮竟成	盛　洁	王华巍	汪贤锋	汪玉奎	王　寅
文　勇	吴海静	吴瑕玉	袭　伟	徐晨晨	徐小红
袁文刚	张晶晶	赵正清			

　　对于一个人来说，创业不仅是一次改变人生道路的机会，更是提升人生境界和格局的机会。当翻开这本书的时候，我希望大家不只是翻开了创业学习的新篇章，而是翻开了整个人生的新篇章。未来的创业道路或许会有曲折，但这也是我们成长必须经历的阵痛。"坚持就是胜利"，只要勇敢坚持，回报必然丰厚。

　　创新创业，青年当先。青年学生是"大众创业，万众创新"的主力军之一，也是国家保持发展与繁荣的根本保证。同学们，创业的大时代已经来临，希望大家能够好好把握创业学习的机会，不断提升自己，去努力实现我们心中的"中国梦"！

前言

本书分为上下两册，共 15 章，以创业素质、创业前期准备、企业运营管理为线索，对创业的流程进行深入浅出的实务性分析。

第 1 章至第 3 章，清晰地介绍了何为创业及创业前个人素质诊断。

第 4 章至第 5 章，分析了如何识别和评估创业机会，创业过程中需要防范哪些风险以及如何防范。

第 6 章至第 7 章，着重介绍了创业过程中最重要的商业模式设计、商业计划书撰写与展示技巧。与此同时，站在风险投资家的立场上指导创业者如何撰写和展示一份令人满意的商业计划书。

第 8 章至第 9 章，第 8 章介绍了创业前准备的最后一步，即如何整合创业资源。第 9 章涵盖了创业政策、企业选址、注册资本选择、工商登记注册流程、成本控制等内容，清晰地呈现了企业的设立过程。

第 10 章至第 13 章，重点介绍新企业如何生存和运营，从新企业如何生存到人力资源管理，再到市场营销管理，最后抛出重要的一环：新企业如何实现规范化管理，指出企业创立只是开始，成功运营才是关键。

第 14 章至第 15 章，设置了一个选择命题，无论创业成功还是失败，都要坦然面对、勇敢抉择，更要有"不以成败论英雄"的胸襟，适当的时候听取一些创业家的经验之谈，会有所启发。

本书编写工作得到了六安职业技术学院葛向东校长、孙勇校长、姚志存院长的大力支持，同时还获得了李家华教授、陈工孟博士的专业指导；创业导师廖志德、张秉纶、马孟骏等为本书贡献了宝贵的教学经验和学术意见；此外，丁艳博士、王毅院长、吴烨宇院长等也为本书的成功面世提供了重要指导，在此表示衷心的感谢！

本书在编写过程中难免存在疏漏或不当之处，还请读者指正，我们会尽全力在下一版中进行完善，让创新创业教育成为一项与时俱进的持续事业！

课程资源体验网址：http://www.gtafe.com/ContentShow/PCProductDetail/326

第 01 章

一

什么是创业

Microsoft

比尔·盖茨

（1955~）

美国微软公司联合创始人

史蒂夫·乔布斯

（1955~2011年）

美国苹果公司联合创始人

facebook

马克·扎克伯格

（1984~）

Facebook 社交网 CEO

阿里巴巴
Alibaba.com

马云

（1964~）

阿里巴巴集团创始人

 Tencent 腾讯

马化腾

（1971~）

腾讯公司主要创办人之一

正如美国创业学泰斗、世界上第一位创业学博士杰弗里·蒂蒙斯（Jeffry A. Timmons）所说，全球正处在一场创业革命之中，而这一场"静悄悄的大变革"，其影响将要等同甚至超过 19 世纪和 20 世纪的工业革命。

杰弗里·蒂蒙斯的话绝非虚言。一个多世纪以来，创业革命已经成为推动美国经济高速成长的"秘密武器"，无数杰出的创业者成为了我们这个时代的新英雄。无论在中国还是美国，脸谱和微博上商界领袖、业内精英的关注热度丝毫不亚于当红的影视明星。对于他们，人们津津乐道，媒体热衷报道，创业成功俨然已经成为一种人生赢家的标志性属性。我们耳熟能详的苹果"教父"史蒂夫·乔布斯、微软创始人之一比尔·盖茨、阿里巴巴创始人马云、腾讯创始人马化腾、"Facebook"（脸谱）社交网站创始人马克·扎克伯格……这些不断涌现出的创业者在个人获得巨大成功的同时，也推动了全球的技术革新，带来了互联网、个人电脑、智能手机等革命性发明，彻底改变了人们的生活方式。

创业能否成功由很多因素决定。一个成功的创业者必须要有恰当的机遇、清晰的思路、冷静的头脑、坚韧的毅力等，而踏出第一步的勇气永远都是最重要的。我们现在所面临的处境，就像当年阿姆斯特朗即将登上阿波罗十一号飞船时的处境——虽然未来的成败不可预测，但不走出这一步，你就永远不可能踏上月球。

1.1

创业的概念与过程

Airbnb 的创业故事：从一张床垫到 10 亿美元

回顾 Airbnb 这个房租租赁服务的早期发展历史，你会发现它完全不是现在的清新风格，而且从产品的由来到名字都相当诚实。

筹资 15 亿美元，公司估值达 255 亿美元——经过最新一轮融资，Airbnb 成长为全球第三大创业公司，仅次于 Uber 和小米。

今天，这个线上房屋租赁服务已经进驻了全球 160 个国家 4 万个城市，房间数量超过 100 万间。这个数字超过了包括万豪、希尔顿、喜达屋在内的任何一个全球连锁酒店集团。

然而 7 年前，当 Airbnb 刚起步的时候，"租别人家里的房间睡觉"并不是一个很受欢迎的点子：即便得到了硅谷最好的创业孵化器 Y Combinator 的推荐，Airbnb 依然被各种风险投资机构拒绝，当中包括支持过 Twitter、Foursquare、Kickstarter 等前景不明项目的著名科技投资人 Fred Wilson，就连创始人招聘的设计师也毫不掩饰自己的质疑，说希望公司还有别的项目在准备之中。

回顾 Airbnb 的创业历程，并非一帆风顺，卖麦片维持生计的窘迫——遭遇投资人的多次拒绝——放弃中低端路线，雇摄影师，直面酒店的转折，到找准路子之后的成长，以及成为一种商业模式的代笔，它所走过的路是艰辛而崎岖的，下面我们用一组图片来展示 Airbnb 戏剧性的发展史。

创业初期囧事不断

Airbnb 名字来自于"气垫床和早餐"，成立原因是创始人布莱恩·切斯基和乔·格比亚付不起房租。

第一间 Airbnb 就是切斯基的客厅，只有枕头、被子和一张充气床垫。

切斯基靠卖麦片来维持公司运转。他设计了奥巴马和麦凯恩两种包装盒，卖出 500 盒，赚了 3 万美元。

切斯基租的阁楼被用作办公室，他只有每晚都睡 Airbnb 房子，持续了几个月。最低潮的时候，Airbnb 每周收入才 200 美元，而且用户也没有增长。

切斯基想找朋友做设计师，但对方听完后却说："布莱恩，我希望这不是你正在做的唯一一个项目。"

Airbnb 曾被比作 e-Bay for Space

e-Bay for Space

卖麦片维持生计的窘迫

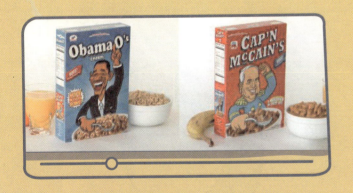

　　为了让公司运转下去，切斯基和格比亚只能做副业。切斯基就买回来了一盒麦片，重新设计了麦片的包装——奥巴马口味和当时的共和党竞选人麦凯恩口味，然后放到线下的展会去销售，每盒 40 美元。但这麦片包装的反响比切斯基预计得要好，在卖出了 500 盒麦片后，切斯基和格比亚最终拿到了 3 万美元——这也是 Airbed and Breakfast 服务早期最重要的一笔资金来源。

转折：
放弃中低端路线，雇摄影师，直面酒店

如果说最初 Airbnb 想做的事情类似于沙发客（CouchSurfing）这样的廉价的住宿服务，那么从 2009 年下半年开始，切斯基和格比亚就开始了最擅长的业务——设计。

设计师出身的两位创始人花费 5000 美元租了一台摄像机，来为他们最初位于纽约准备出租的房间拍照，这些经过巧妙构图和光线把握的照片对住客有着很强的吸引力，拍照过的屋子预订量上升了 2~3 倍。

受到鼓舞的 Aribnb 决定免费为房东提供出租房间的专业拍照服务，这一政策保留至今。房间是 Airbnb 的核心产品，因此需要对产品进行包装，这种观念上的转折彻底推动了 Airbnb 由玩票式的沙发客型公司向一个线上旅行住宿公司转变。

Airbnb 瞄准的市场正在变化

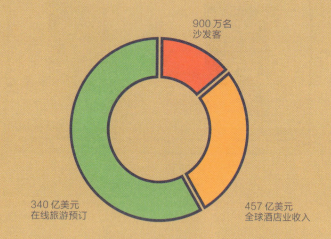

900 万名
沙发客

340 亿美元
在线旅游预订

457 亿美元
全球酒店业收入

Airbnb 融资情况与估值

单位：亿美元

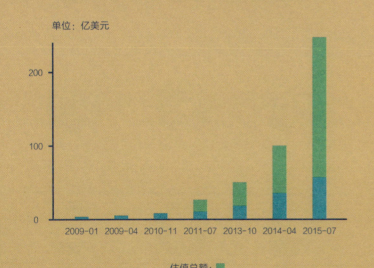

估值总额：
估　　值：

找准了路子之后，
Airbnb 成长到底有多快？

　　2010 年 1 月，Airbnb 总预订天数还只有 10 万，但是到年底时这个数字就增长到 80 万，它在一年内实现了 800% 的增长。此时，Airbnb 早已走出纽约，成长为一个全球性的网络服务，它的住户来自 160 个国家，并且有 89 个国家的房主加入到 Airbnb 中。

　　2011 年 5 月，创始人 Brian Chesky 对英国《金融时报》表示，"我真的认为我们 (Airbnb) 将成为继 eBay 后另一个大市场"。这个时候，Airbnb 的总预订数已经累积到 160 万，这得益于它在国际市场，尤其是欧洲市场的迅猛发展。记者也更多地使用"Airbnb for X"来描述那些新兴的分享经济型创业公司。

　　2011 年 7 月，Airbnb 成功完成 B 轮融资，金额达 1.12 亿美元，公司估值达 13 亿美元，要知道就在 3 年前，他们还要靠卖麦片勉强度日。

今天，
Airbnb 已经成为了一种商业模式

Airbnb 曾经被称为"e-Bay for Space"（空间版的 e-Bay），但现在的 Airbnb 并不是完全指代 Airbnb 服务本身，它跟 Uber 一样，变成了一个分享经济商业模式的专有名词，变成了一个创业公司们参照的模板。

但 Airbnb 并不只是脚踩"分享经济"的关键词而已，它就像是一个占尽了天时、地利、人和的幸运儿：它有一套打通房东和租客之间原本信息不对称的机制，用技术手段去掉了酒店业最重要的租赁地产、管理和推广酒店品牌以及工作人员的雇用成本，让公司业务得以毫不费力地扩张到世界各地；而且注重设计、个性化当地体验又刚好契合了最近几年的个人旅行的潮流。

当我们今天谈到 Airbnb，要看明白的商业模式并不困难。Airbnb 所做的事从 2009 年开始就没什么变化。但在这条路上忍受着种种质疑、资金短缺并最终坚持下来，从而改变了世界的，只有 Airbnb 一家公司。

Airbnb 已经变成了一种商业模式

这些归类在 Airbnb for X 公司，意思是出租空间

找漂亮露营
地点的服务

私人船只
出租服务

分享自家
厕所

找个地方
静静

停车位分享

家中厨房
出租服务

同性恋酒店 /
住宿分享

家中柜子和
车库出租

3D 打印机
出租

从三张床垫发展到 200+ 亿美元估值，Airbnb
的案例对你最大的启示是什么？大家理解中的
创业是什么？请用关键词来描述。

创业到底是什么

2013 年红火一时的创业电影《中国合伙人》里面有一句台词：

"究竟是世界改变了我们，还是我们改变了世界？"

其实，创业就是一个改变自己，同时也改变世界的历程。

知识点一：创业的概念

　　创业是一门大学问，里面有非常丰富的内涵。今天，创业已经成为了一门专门的学科，国内很多专家和学者在他们的著作中都给出了各自不同的定义。

中国创业学专家
李家华教授
（1955~ ）

　　所谓创业，就是不拘泥于当前的资源约束，寻找机会进行价值创造的行为过程。

　　霍华德·H.斯蒂文森（Howard H.Stevenson）对于创业的定义与李家华教授颇有些不谋而合，他认为"创业是一个人——不管是独立的还是在一个组织内部——追踪和捕获机会的过程，这一过程与其当时控制的资源无关"。

美国创业学泰斗
世界上第一位创业学博士
杰弗里·蒂蒙斯
（Jeffry A. Timmons）
（1942~2008 年）

　　在其经典教科书《创业学》（New Venture Creation）中给出了定义：创业是一种思考、推理结合运气的行为方式，它为运气带来的机会所驱动，需要在方法上全盘考虑并拥有和谐的领导能力。

　　由美国巴布森商学院和英国伦敦商学院（London Business School）联合发起，加拿大、法国、德国、意大利、日本、丹麦、芬兰、以色列等10个国家的研究者应邀参加的"全球创业监测"项目，把创业定义为"依靠个人、团队或一个现有企业来建立一个新企业的过程，如自我创业、一个新业务组织的成立或一个现有企业的扩张"。

知识点二：创业的过程

创业并不等于创新，但创新是很多创业行为中重要组成部分，一旦在流程、技术、管理等方面有所创新，企业的成长潜力将大大增加。另外，我们也应当看到，正如斯蒂文森教授所说，并非只有创立一个独立的组织才是创业，组织内部的创业也是创业的一种重要类型。所以，如果觉得个人势单力孤、难以成事的话，以退为进在企业内部进行创业，利用企业的现成资源加上自己的智慧和努力，也是一个不错的选择。

创业行为起步很简单，甚至于摆个小摊、卖几本旧书就完成了一次创业行为。但创业是不是就这么轻而易举呢？从创业的定义中我们可以找出几个关键词："机会"、"资源"、"价值"。我们是否可以从这几个方面来理解创业呢？下面这个老奶奶卖鸡蛋的故事也许就能帮我们解开谜团。

老奶奶的孙女要上高中，为了筹措学费，她开始想办法。老奶奶看到附近省城的土鸡蛋卖得很好，就想去城里卖土鸡蛋。但是自家只有几只母鸡，下的蛋每天只有两三个富余，不够卖。老奶奶想了个办法，走家串户收购了全村所有富余的鸡蛋，然后每天早上去省城的集市上去卖。老奶奶卖鸡蛋比较公道，鸡蛋质量也很好，她一个月就赚回了孙女上学的学费。

这个故事里创业的过程和概念体现得很清楚。老奶奶发现城里卖土鸡蛋的商业机会，这属于机会的寻找；她手中的某些资源不够（家里的鸡蛋不够卖，属于货源不足），于是收购其他人家的鸡蛋，解决了货源问题，这是资源的整合；最后她通过自己的运作换得了不错的收益，这就是价值的创造。老奶奶卖鸡蛋的故事虽然简单，但已经具备了创业的全部构成要素，是一次典型的创业行为。老奶奶的成功也是因为机会比较好，而且资源整合得不错，因而取得了初步的创业成功。

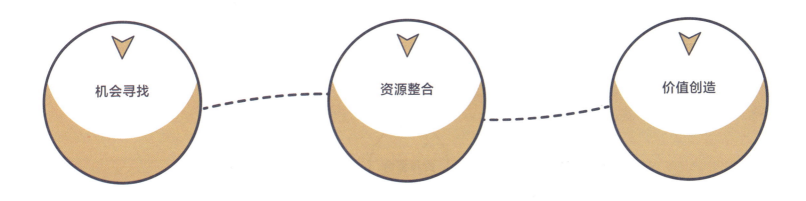

大家都看到了，创业就像卖鸡蛋那样简单。不过话说回来，如果想让创业持续成功，就不是那么简单的事情了。

我们再接着看老奶奶卖鸡蛋的故事。

老奶奶的鸡蛋口碑越来越好，本村的鸡蛋供不应求，于是出钱请其他村的亲戚收村子的鸡蛋，并且让女儿管账目，让儿子开车每天取货送货。这个时候，一个创业初期的小团队就形成了，老奶奶在卖鸡蛋的同时必须协调这个小型组织内部关系，并管理组织内部的成员。随着规模的扩大，光靠亲戚朋友已经不够了，老奶奶和儿子、女儿商量，要走一条更加正规的路。于是，他们注册了 XX 农贸公司，领取了营业执照，然后招募了一些员工，并签订了劳动合同。后来，为了提高鸡蛋的识别度，老奶奶注册了"农家香土鸡蛋"商标，这时候品牌管理就产生了，老奶奶必须腾出一部分精力来经营品牌，让品牌保持良好形象。

大家可以看到，简单的卖鸡蛋现在已经变得不那么简单了。老奶奶的创业已经涉及团队管理、人力资源管理、品牌管理等内容，她和她的合伙人必须开展一系列具体事务，包括公司注册、人员招聘、劳动合同签订等，以保证创业的持续成功。

从国内外著名创业学导师对创业的定义可以看出，机会寻找、资源整合和价值创造是创业概念中的三个要点，同时也是创业的完整过程。我们的创业之路也必然会经历这样的过程。我们需要练就一双能及时发现机会的火眼金睛，继而整合能掌握的资源（人际关系、技术等），最后才能创造价值，顺利地把钱挣到手。

创业成功的几个关键要素

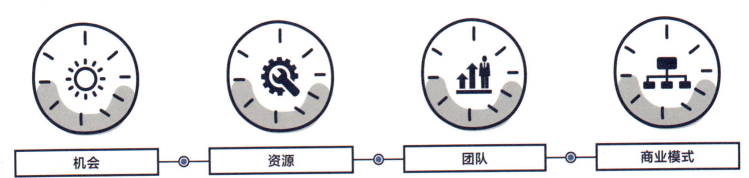

| 机会 | 资源 | 团队 | 商业模式 |

机会是创业的起点，也是创业成功的决定性因素之一。有了好的机会，创业将会事半功倍。然而，机会并不是那么容易被发掘和把握的。马克·吐温曾说："我极少看到机会，因为往往当我看到时，它已经不是机会了。"这就要求每一个准备创业的人需要留心观察，细致思考，从多方位获取有用资讯，进而发现可以开启新事业的机会。

资源的整合是创业行为中非常重要的一环。每个人手中的资源不尽相同，这很大程度上也决定了创业起点的高低。但必须指出的是，起点高低和成败没有必然联系。无数实例证明，富二代的创业成功率并不比普通家庭成长的孩子高。创业就像是打扑克牌一样，关键不是你手中的牌好不好，而是你善不善于用好自己手中的牌。

团队是绝大部分成功创业者所仰仗的"终极法宝"。很多人看到了乔布斯、马云等的个人成功，但却往往忽视了他们背后的强大团队。组建和维系一个好的团队，是一个成功创业者的必备能力。有了能打硬仗的精兵强将，企业才会有一往无前的充沛动力。

在现在竞争异常激烈的商业社会中，要想成功不仅要有一颗渴望成功的雄心，更要有敏锐的商业嗅觉，有独特的商业视角，为自己的企业量身定制一套最适合的商业模式，这会在未来的发展中减少很多不必要的阻力和麻烦，让企业发展迈上快车道。

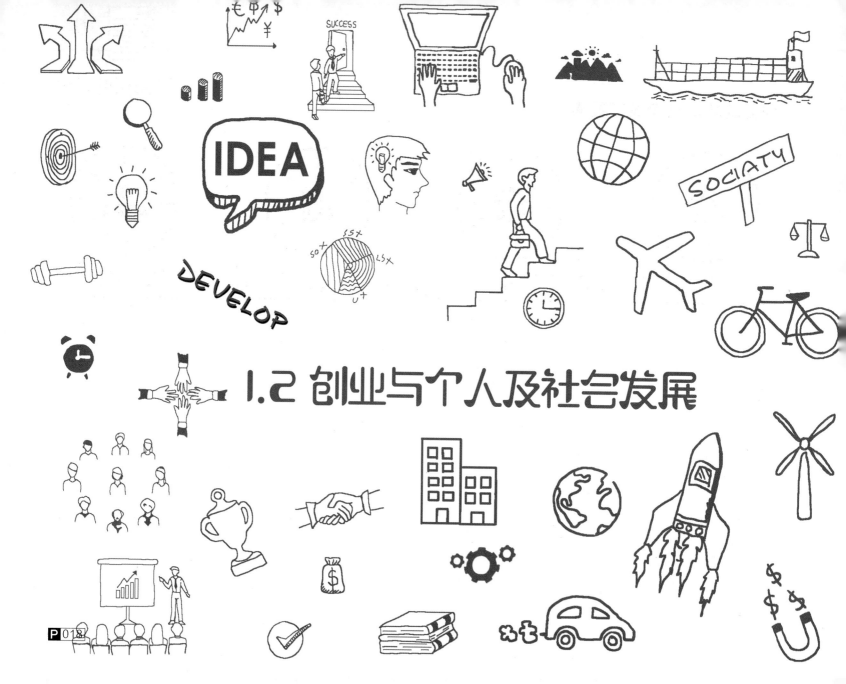

1.2 创业与个人及社会发展

"饿了么"的创业故事：中国最大的餐饮 O2O 平台之一

编选自：前瞻网创业＆资本，http://www.qianzhan.com/investment/detail/317/140827-97bf5ecc.html。

　　在中国人嘴里，"吃了么"既是个问题，也是种问候。在上海交大闵行校区学生的嘴里，"饿了么"既是个问题，更是种提议。它的意思是：上网叫一份外卖吧。这就是成立于 2009 年的中国知名的在线外卖订餐平台——"饿了么"（ele.me）。

　　截至 2015 年 12 月，"饿了么"在外卖市场整体交易规模达 70.9 亿元，环比增长超过 10%。在各大外卖厂商中，"饿了么"以 34.1% 的整体份额笑到最后。回顾"饿了么"的发展历程，也是经历了"'饿出来'的创业——网站上线——从中间商到平台商的转变——打造中国餐饮业的'淘宝网'"的发展阶段。如图 1-1 所示。

饿了么

创立于 2009 年 4 月	网上订餐	餐饮 O2O 平台
2011 年 3 月	A 轮融资	数百万美元 ← 金沙江创投
2013 年 1 月	B 轮融资	数百万美元 ← 经纬中国 / 金沙江创投
2013 年 11 月	C 轮融资	2500 万美元 ← 红杉中国 / 经纬中国 / 金沙江创投
2014 年 5 月	D 轮融资	8000 万美元 ← 大众点评
最新消息	2015 年 12 月	1.25 亿美元 ← 阿里巴巴

图 1-1 "饿了么"融资历程

"饿"出来的创业

2008年的一天，在上海交通大学（以下简称"交大"）机械与动力工程学院宿舍间，张旭豪等几个室友在玩电脑游戏，玩到午夜12点，饿了。打电话叫外卖，送份夜宵吧。谁知电话要么打不通，要么没人接。大家又抱怨又无奈，饿着肚子聊起来。"这外卖为什么不能晚上送呢？""晚上生意少，赚不到钱，何苦。""倒不如我们自己去取。""干脆我们包个外卖吧。"

没想到聊着聊着，创业兴趣被聊了出来。这几个研一的硕士生开始讨论和设计自己的外卖模式，这一聊就聊到了凌晨四五点。

当天他们便正式行动。先是"市场调研"——暗访一家家饭店，在店门口记录店家一天能接多少个外卖电话、送多少份餐。随后，他们毛遂自荐，从校园周边饭店做起，承揽订餐送餐业务。在宿舍里设一个热线电话，两个人当接线员、调度员，并外聘十来个送餐员。只要学生打进电话，便可一次获知几家饭店的菜单，完成订单。接着，送餐员去饭店取餐，再送到寝室收钱。

几个月下来，大大小小17家饭店外包给张旭豪等做外卖。

他们专门花了几万元钱，印制了"饿了么"外送册，不仅囊括各店菜单，还拉来了汽车美容等周边商家广告，结果基本收回制作成本。整整1万本外送册覆盖到了每个寝室，"饿了么"在校内出了名。

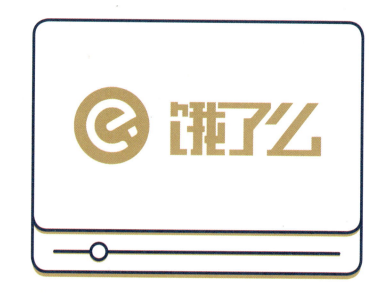

"饿了么"网站上线

每天从午间干到午夜，要接 150~200 份单子，每单抽成 15%。忙的时候，张旭豪也在校区内跑腿送饭，连叹"不休学还创不了业"。

在忙乱不堪的状态下，张旭豪和康嘉不得不做出调整，放弃拼体力的服务方式。他准备取消热线电话，取消代店外送，让顾客与店家在网上自助下单接单。

网络并非他们专长，张旭豪在校园网上发帖，招来软件学院的叶峰入伙。他们没有照搬或修改其他网站的架构，而是编制和开发新的架构。足足花了半年时间开发出的网络平台可按需实现个性化功能，如顾客输入所在地址，平台便自动测算周边饭店的地理信息、外送范围，给出饭店列表和可选菜单；而在平台那头，饭店实时接到网络点单，可直接打印订单及外送地址。

在网址注册上，他们也不用"www."和".com"，掐头去尾只用了简简单单的"ele.me"。2009 年 4 月，"饿了么"网上订餐网站上线了。上网初始，加盟店就达到了 30 家左右，

每天订单量达 500~600 单，且每月以 60%~70% 的速度增加。校方推荐和鼓励他们不断参加创业大赛、申请创业基金，团队先后获得至少 45 万元的资助和奖励。

从中间商到平台商的转变

　　然而网站上线没多久，他们发现交大闵行校区已经有了一家网上外卖订餐网站。这也是交大校友创立的公司，已经运营了较长时间，光注册资本就有 100 多万元。对手开车跑业务，张旭豪骑电动车跑业务。更要命的是，对手经常贴钱和餐馆合作，只要用户订餐，就送免费的可乐或雪碧，逼着"饿了么"不得不跟进。因为不这样做，消费者不买账，餐馆不认可，根本就无法与对手竞争。

　　当时，两家网站都靠向餐馆抽取佣金过活（交易额的 8%），在竞争对手的重压下，张旭豪与创业伙伴不得不求变。首先，花近半年时间开发出一套网络餐饮管理系统。通过这一系统，餐馆可以管理并打印订单，大大提高了工作效率。其次，将之前抽取佣金的方式改为收取固定服务费的方式。相对来说，这一收费方式更容易被商家接受，还能够改善网站现金流，免去每月上门催收款项的烦恼。最后，网站积极拓展其他收费方式，如竞价排名。这一套组合拳下来，不但彻底压制住了竞争对手，还改变了网站的盈利方式，完成了由中间商向平台商的转变。

打造中国餐饮业的"淘宝网"

　　"饿了么"曾很长一段时间处在"屌丝"创业阶段，直到公司成立两年后获得融资才有些许好转。如今，"饿了么"已成为中国最大的餐饮 O2O 平台之一。"饿了么"整合了线下餐饮品牌和线上网络资源，用户可以方便地通过手机、电脑搜索周边餐厅，在线订餐、享受美食。与此同时，"饿了么"向用户传达一种健康、年轻化的饮食习惯和生活方式。

正如张旭豪所言："创业的初衷，就是做一件事情改变周围的人，其实就是做一件事证明自己。"通过实现个人价值，改变自己，改变周围的人，这就是创业的价值。

阅读"饿了么"的创业故事，你认为创业为个人带来了哪些改变？

搜集外卖平台资料，思考外卖订餐平台为人们工作和生活带来哪些便利？

1. 创业与社会发展

古往今来，社会的变革和进步、生产力和人们生活水平的提高、社会历史的发展，都离不开发明创造，而发明创造带来了创业机会，创业能够为经济发展注入活力，缓解社会就业压力，促进社会资源的合理分配，推动组织发展。

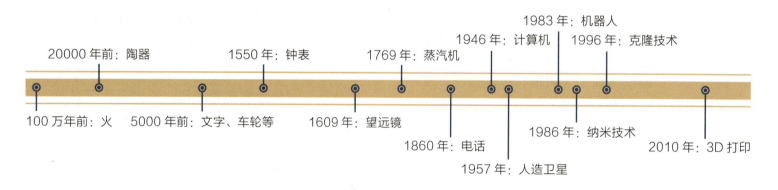

20000 年前：陶器　　1550 年：钟表　　1769 年：蒸汽机　　1946 年：计算机　　1983 年：机器人　　1996 年：克隆技术

100 万年前：火　　5000 年前：文字、车轮等　　1609 年：望远镜　　1860 年：电话　　1957 年：人造卫星　　1986 年：纳米技术　　2010 年：3D 打印

2. 创业与个人

对创业者个人而言，创业不仅有助于其自我价值和社会价值的实现，而且对创业者自身素质的提高、创新精神的培养、个人潜能的发挥都有极大的推动作用。

你创业是为了什么？

K2 问答上有一个名为《你创业是为了什么》的帖子，引发了很多创业者踊跃回帖，代表了人们对创业价值的思考。

"我是'帅'李伟，我创业的唯一目标就是赚钱。"

"你画我猜"作者茅建忠说："我创业不期望自己能改变世界，但希望自己做的事情多多少少能影响一部分人，不管这个数目是 5000、5 万还是 50 万。"

"无名小辈蒋林来也，我认为创业，属于一种生活方式，你在你之前的那种生活方式里待得腻味了（如上班打卡、领导昏庸腐败、人事窝里斗、职业与理想不合、看到机会想搞大但苦于没专职的时间或没钱），于是只好通过创业来换一种生活方式。"

"其他人说了那么多，在我汪湘江看来创业就是为了自由，为了掌握自己的命运，霸气吧？"

当然还有更多……

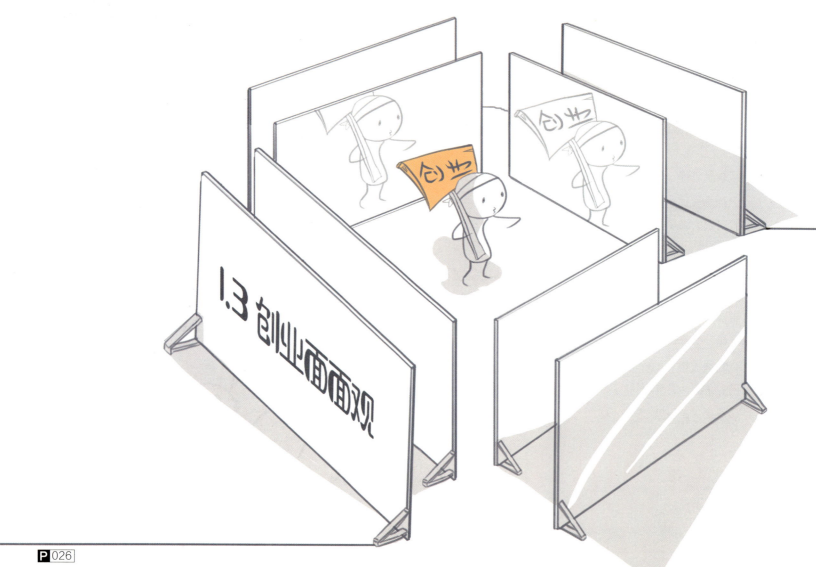

果来果趣——
打造原产地时令水果电商品牌

编选自：生鲜电商人气爆棚的生存法则，http://www.nongshijie.com/a/article_3324.html。

陈永军，2013年毕业于山东工商学院。大二便开启创业设想和探索，大三依托学校大学生创业中心创办了创梦网络科技有限公司，利用互联网资源和技术向创业者提供投资、传媒、培训等方面的平台服务。从最开始的垂直招聘平台—微米，到科技媒体"最科技"，再到创业投融资服务。在三年的不断尝试中，陈永军收获了投融资领域和互联网科技行业人脉资源。

2012年，生鲜电商进入第二波高速发展期，随着顺丰速运、淘宝、京东商城、1号店等巨头纷纷涉足，大批创业者争相涌入，已经创业三年的陈永军便是这批创业大军中的一员，他于2014年3月创办原产地时令水果电商平台果来果趣，同年7月，获得由安琪创投领投的数百万美元天使投资。

再度创业，陈永军将目光"聚焦在生鲜电商，主打原产地时令水果；定位中高端消费者，多种销售渠道相结合；采用零库存轻模式，规模优势有助于盈利"。

零库存轻模式，规模优势助盈利

经过数年市场洗礼后，如今的中国生鲜电商已迈入 2.0 时代，一个显著的特点就是快递公司、物流公司、农产品供应商等企业纷纷加入。然而，这片蓝海背后却是成本高、利润低、难盈利的窘境。对此，陈永军比较乐观，毫无疑问生鲜产品的主要成本是冷链仓储和物流费用，果来果趣采用零库存销售模式，仓储成本几乎为零。

为提高大樱桃的物流配送效率，保证水果的新鲜度，果来果趣采用"大樱桃还在树上，消费者即可下单"的预售方式，并力争做到所有订单由顺丰"专机"在 24~48 小时内准时配送到消费者手中，也就是说，大樱桃从脱离母体枝干到消费者之手，最迟不超过 48 小时。

正是秉承了陈永军口中创业初衷的差异化优势——极致新鲜，并表示前期曾大量亲身体验竞品电商所出售的水果（采用冷冻存储或是物流原因造成的时间拖延，都使得水果本身价值及消费者体验大打折扣），才使得果来果趣从枝头到舌尖的距离缩短了，一经开拓，消费者便趋之若鹜。

在冷源保鲜方面，果来果趣更是下足了功夫，严格采取层层保鲜措施：第一层为双层吸水纸、防震泡沫及冰袋，使得大樱桃舟车劳顿过后仍娇艳欲滴；第二层使用高密保温保鲜泡沫箱，保持冰袋温度，使得大樱桃即便翻山越岭亦润泽如初；第三层采用简约品牌包装纸盒，呵护内部包装完好无损；第四层为防震减压的包裹运输箱，切实保证大樱桃安全抵达消费者手中。

"果来果趣"是水果电商的成功案例，寻访身边其他类型的创业案例，进行分享，从各行业案例故事中，讨论"什么是创业，创业给我们带来哪些改变？"

虽说"七十二行，行行出状元"，但每个人的兴趣、爱好、志向与优势都各不相同，选择一条最适合自己的路会让成功的概率大大增加。在完成"创业类型和主流行业创业的学习"任务后，大家心里或许就会有初步的想法。

知识点：创业的类型

创业的类型依据不同的角度，有不同的分类：

按创业目的划分	机会型创业、生存型创业
按创业起点划分	创建新企业、既有组织内创业
按创业者数量划分	独立创业、合伙创业
按创业项目性质划分	传统技能型创业、高新技术型创业和知识服务型创业
按创业方向和风险划分	依附型创业、尾随型创业、独创型创业、对抗型创业
按创新内容划分	基于产品创新的创业、基于营销模式创新的创业、基于组织管理体系创新的创业

1 农业创业

2009 年初，网易总裁丁磊在广东省"两会"上高调宣布将回家养猪，提供放心高品质猪肉，引起了舆论热议。

现在，从城市回到农村成为了很多人的新选择。随着我国工业化和城镇化进程的不断推进，高品质的农业产品成了稀缺资源，其价值也日益凸显。农业创业收益相对于其他创业来说并不低，而且较为稳定。但农业创业也存在一定的困难，工作条件比较艰苦、营销渠道难以打开是需要注意的问题。

案·例·赏·析

从小小池塘迈向广袤田野 潜江魏承林的致富经

编选自：《潜江日报》，2017 年 4 月 25 日，记者：刘同斌。

2017 年 4 月末，龙湾镇科技示范户魏承林家门前停下了一辆崭新的小皮卡车，引得左邻右舍来看热闹。魏承林笑哈哈地说，马上要到收虾旺季，买皮卡是为了方便到张金的承包基地运虾。除了在黄桥村有 60 亩虾稻田外，2013 年下半年魏承林又在张金镇承包了 270 亩地，使其虾稻共作总面积达到 330 亩，年纯收入过百万。

无心插柳，捕鱼捞虾发现商机

魏承林是龙湾镇黄桥村二组人，因家里人多地少，守着

10 多亩薄田，生活捉襟见肘。为改变家里的现状，魏承林在 2000 年前后建起了养鸡场、养猪场，与此同时，他经常下河捕鱼补贴家用。就是这偶尔的捕鱼，让头脑活络的魏承林发掘了潜在市场，也改变了这位普通农民的人生。

原来，魏承林捕鱼时，经常捕到大小不一的小龙虾。当时，规格大的小龙虾每斤可以卖三四元，小的则仅卖三角钱。他盘算自家有一口面积一亩的小鱼塘，如果将捕捞的小虾投放到鱼塘养大后出售，可以增值不少。

于是，从 2004 年初夏开始，他将捕捞的小龙虾放到鱼塘里，当年出售，小龙虾居然卖了 2000 多元，在当时这是一笔不小的收入。无心插柳的举动激发了他专心养虾的劲头。他了解到积玉口镇稻田养虾风生水起，就专程去求教。回到黄桥村后，他彻底关闭了养猪场，用自家承包地和本组村民交换的 60 亩冷浸田，进行了一番改造，开始种稻养虾，投放的虾苗全部是自己从沟渠中捕捞的。当年，魏承林出售稻谷和小龙虾获得了近 10 万元的收入。意识到光靠种田发不了财，连原来对养虾不屑一顾的部分村民都登门请教。

如今，黄桥村二组 43 户农户，家家都开挖虾池进行稻田养虾，附近不少村的村民也纷纷效仿。据魏承林粗略估计，目前，黄桥村周边稻田养虾农户已有 150 余户。

眼光高远，科学种养效益倍增

魏承林虽然仅有初中文化，但他肯学习，善于钻研新技术。经过多年的摸爬滚打，掌握了一整套成熟的稻田养虾技术。每次潜江市组织的小龙虾养殖技术以及新型职业农民培育等培训，他一次也不落下。通过参加培训，开阔了眼界，也让他深切感受到"科技就是生产力"。

在参加潜江市农业部门组织的小龙虾养殖学习考察时，魏承林发现自己养殖的小龙虾亩产量在 200 斤左右，而有的养殖户亩产达 400 斤。经过参观打听，他发现高产的养殖户采用了"虾稻共作"新技术，而自己还是墨守成规沿袭"虾稻连作"模式。回去后，他很快对 60 亩虾稻田进行改进采用"虾稻共作"，使小龙虾产量亩产提高到了 400 斤。

除了在养殖技术上下功夫外，魏承林还在节约开支上动脑筋。为降低成本，他自己配制养虾饲料。投喂小龙虾的动物性饲料开始采用的是螺蛳、蚌及价格相对低廉的白鲢、野杂鱼等，发现有人用猪肺加工养殖黑鱼，从中得到启发。于是从 2013 年开始，他在淡季赴河南双汇公司采购猪肺，在熊口管理区租下冷库存放加工，用猪肺做动物性饵料喂养小龙虾，仅此一项可节约饲料开支近 2 万元。

风格高尚，带动乡邻共奔富路

近几年，魏承林一直为扩大养殖规模苦恼不已。2013年初夏，魏承林邂逅了张金镇柳亭河村10组的邓叶茂。邓叶茂告诉他，自己在张金老家还有几百亩的闲置鱼池，可以租给他，双方一拍即合。魏承林和邓叶茂签订了5年的合同，租下了270亩鱼池。魏承林雇用了3个当地村民专心为其养虾种稻，自己则把主要精力放在技术指导和销售上。

2013年底，魏承林了解到冻青垸村已有人摸索小龙虾精养模式，此种养殖不种稻，在虾池种上热水草，可以使小龙虾上市时间推迟到11月，巧打时间差赚钱，收益更高，每亩最高纯收入可以达到6000元以上。取经归来，他将90亩虾池进行改造，开始精养虾实验，其余的180亩田继续进行虾稻共作。2014年，他共收获稻谷30多万斤，仅稻谷收入就达到40万元，加上小龙虾的收入，当年纯收入近百万元。

致富一人，带动一方。魏承林富了，但他没有忘记乡亲们，对在技术上有求于他的乡亲毫无保留地传授。在他的带动下，黄桥村及迅速掀起养虾热潮。2011年，黄桥村成立了小龙虾养殖专业合作社，魏承林任合作社社长。他热心帮助社员就近调配解决小龙虾苗种；组织社员相互交流养殖技术；统一集中销售商品虾，而这一切，都是免费的。小龙虾产业已经成魏承林及黄桥村民增收致富的支柱产业。

魏承林到张金镇养虾后，又带动了当地20多户农户进行养虾。为此，继获得了湖北省农业厅颁发的"全国农技推广示范县科技示范户"荣誉称号后，2014年2月，他获得了潜江市委办公室、市政府办公室联合颁发"2013年度十佳科技示范户"。当年底，他又被湖北省农业厅授予"2013年度农业科技推广科技示范户"光荣称号。

2016年，魏承林将张金镇小龙虾养殖基地精养虾面积扩大，使精养虾和稻田养虾面积平分秋色。年底，他算了一笔账，纯收入达到120万元。近期，他出资70万元在园林城区金江星城小区购买了两间门面房设立中转站，准备将合作社社员的小龙虾批量推向全国市场。

2 连锁创业

案·例·赏·析

加盟连锁是时下热门的创业选择。一间小型的连锁店投入不高，而且能借助企业的成熟管理模式和产品，所以受到了很多创业者的青睐。但这种搭"顺风车"的创业模式也存在一定的风险，其中最大的风险来自不可靠的加盟商。现在网络上各类连锁加盟店的虚假信息很多，创业时要避免落入陷阱。

农村小伙开特色零食加盟店成功创业

编选自：青海新闻网，http://www.qhnews.com/cysd/system/2017/07/21/012364811.shtml。

李想，一个来自安徽大山里的年轻小伙，人如其名，不甘于一辈子困在山里，他更想闯出自己的一片天地，做一个有理想的青年。他在上网的时候偶然发现了不少创业商机。但是，对于积蓄不多的自己来说，有些商机还是太遥远了。于是他开始寻找一种投入低的创业方式，这时零食店加盟映入了他的眼帘。他开始着手了解休闲食品加盟行业。

零食店加盟，是时下受年轻创业者欢迎的一种创业方式，因其投入成本低、回报大成为了最具投资价值的创业方式。小李了解了众多的零食加盟品牌，最终把目标锁定在一扫光休闲零食加盟店上。一扫光休闲零食不仅口味独特，在食材的选购方面，一扫光坚持将绿色、无污染的健康食材，作为生产和挑

选零食的首要条件。

　　一扫光零食量贩不仅在产品上有优势，其加盟流程也非常简单。李想先是电话咨询，然后与客服进行沟通面谈，在了解加盟情况之后就签订了加盟条约。零食店在开店前期，还帮助李想做好了相关事宜，让李想这样没有经验的加盟商能轻松开起零食店。

　　李想的一扫光零食加盟店就这样顺利开张了，开业当天就赢得了不小的市场反响，营业额突破了 6000 元大关，这对于小李来说，远远超出了他的预计。如今，小李的休闲食品加盟店每天生意都非常火爆，面对如此好的市场销量，李想打算年底开第二家分店，扩大经营。

3 网络创业

网络创业诞生了谷歌、腾讯、阿里巴巴、Facebook 等众多明星企业，这些企业的创业者们几乎都拥有共同的特点：富有创意。确实，一个好的创意加上切实可行的计划，就有可能成就一个成功的初创企业。

"乐逗游戏"：80 后手游创业成亿万富翁

编选自：网易新闻，http://news.163.com/14/0812/07/A3E9G4V
F00014Q4P.html。

　　陈湘宇 1982 年出生，毕业于中南大学。大学毕业后进入华为做技术工作，不久后，互联网移动业务飞速发展，技术出身的他和大多数人一样，也走上了创业的道路。

　　在 2005 年，他和几个朋友一起合开了"家校通"，这次经历为他进入游戏前的早期积累奠定了物质基础，在 2007 年他把公司卖出去。2009 年 12 月，陈湘宇和创业伙伴成立深圳市梦域科技有限公司，创业初期，公司团队仅有 6 名员工，公司最开始是帮一家通信公司做应用商店和游戏业务，还为海外一些手游团队做技术转包业务。很快陈湘宇发现，做游戏研发的成功不具有可持续性。于是，公司在 2010 年开始转型做

游戏发行商，2011年2月，创梦天地科技有限公司成立，乐逗游戏是其旗下运营的游戏中心。

2014年8月7日晚间，乐逗游戏母公司创梦天地科技有限公司在纳斯达克挂牌上市，上市当天，创梦天地报收15.94美元，以此计算，市值达到6.54亿美元，32岁的创梦天地CEO陈湘宇占有22%的股份，其借此晋升为亿万富翁。

陈湘宇的网络创业之路并非一帆风顺，但是在困境面前勇于转变与革新，一旦瞄准方向就会持之以恒，才会有"首个成功案例：《水果忍者》"，并发誓要"做不一样的手游发行商"，从而"获得资本市场的认可"。

首个成功案例：《水果忍者》

在决定进入游戏发行领域的时候，国内已有很多公司先从事这项业务，包括腾讯这样的大公司，手里握有很多资源。但是陈湘宇认为，手游行业距离商业化还有一段时间，谁坚持到商业化那天才有活下来的机会，因此确定了精品化战略，尽可能延长游戏生命周期。

《水果忍者》成了陈湘宇瞄准的第一款全球性的热门游戏。当时乐逗游戏的团队不足20人，资源匮乏，没有成功案例，行业地位更无从谈起，并且有近30家公司竞争这款游戏的中国发行权。为了拿下《水果忍者》的代理权，创梦天地联合创始人高炼惇磨了3个月时间，最终获得开发商同意给他们尝试的机会。

经过不懈努力，2011年初，乐逗游戏不但获得了《水果忍者》的国内独家运营权，并由此推动了公司和各大移动互联网渠道的合作，其中包括中国移动。

陈湘宇花了一年的时间，把《水果忍者》做成了一款全民游戏，给乐逗游戏带来的月流量在千万元级别。有了成功的案例之后，乐逗游戏获取海外知名游戏发行权的道路就变得更为畅通。如今，乐逗游戏已经将《愤怒的小鸟》、《狂野飙车》、《小鸟爆破》、《神庙逃亡》、《地铁跑酷》等近百款海外知名游戏收入囊中。

做不一样的手游发行商

从《水果忍者》开始，陈湘宇逐步确立了乐逗游戏独特的定位和商业模式。

当时《水果忍者》的母公司将一部分的适配工作交给乐逗游戏。乐逗游戏利用适配这个过程接触了其源代码，通过自身较强的技术能力，随后又帮助《水果忍者》二次开发做出了中国版本，并且反响很好。代理每一款游戏时，拿到游戏的源代码并且同原创团队共同开发是两个必要的前提。

给国外顶级手游加上中国剧情，不仅让游戏更具可玩性，

也给游戏营收带来了通道。仅仅是售卖博尔特的形象，《神庙逃亡》在中国就曾实现最高一天 40 万元的收入。凭借类似的这种案例，乐逗游戏更容易获得海外开发者的信任，后者也更愿意向其公开源代码。

陈湘宇认为，拥有精品游戏的源代码可以做到游戏自身的优化以及其更新和迭代，同时内容提供商还分享收益，并可以有效降低开发失败率，改一个精品游戏比做一个新游戏要容易，"从 0~1 有很多风险，从 1~100 却充满机会。"

获得资本市场的认可

2010 年 12 月，乐逗游戏获得联想之星 800 万元人民币天使投资，联想之星以乐基金入资。

2011 年底，乐逗游戏 B 轮融资获得君联资本和红点投资共计 1000 万美元的投资。

2013 年第三季度，乐逗游戏 C 轮融资引入腾讯 2000 万美元的投资。

2014 年初，乐逗完成 Pre-IPO 首轮融资，投资方是由王思聪 100% 控股的普思资本。

2014 年 8 月 7 日，乐逗母公司创梦天地在纳斯达克挂牌上市，筹集约 1.15 亿美元资金，成为中国手游企业第一只在美上市的概念股。

| 4 | 服务业创业 |

案／例／赏／析

武汉研究生开"小王跑腿"公司，你有事我跑腿

编选自：大学生创业故事，http://www.cyone.com.cn/Article/Article_37301.html。

2012 年底，一则"泥瓦工月入过万超白领"的新闻让很多人吃惊不已。其实对此完全不必惊讶。在美国，人们早已经习惯了"昂贵"的服务，很多富裕的中产阶级宁可自己辛苦修草坪，也不愿意请人来打理。现在，我们身边的各种服务也在慢慢地变得"昂贵"起来，类似于"天价月嫂"之类的服务屡见不鲜，很多人因而也将目光投向了以往不太注重的服务行业，在服务行业，尤其是高端服务行业进行创业也成了不少人的选择。

"小王跑腿"是武汉一家专门替人跑腿办事的公司，武汉工程大学的硕士毕业生王志从读书时就开始以此名号"闯市场"。5 年时间，"小王跑腿"已经拥有 20 多个小伙伴，代办各类证件，代送文件、礼物，甚至送外卖，凡是跑腿的事儿，无所不揽。

比起市场上普遍的快递、外卖和中介行业，王志认为自己的业务有独特优势。"只要顾客提出要求，我们就可以立刻去做，而且是一对一服务"。在"小王跑腿"的认证微博上，王志将每一单生意都写成了简短的故事。

"小王跑腿"成员中，有的在高校读书，有的在其他公司有一份正式的工作，学历都不低——王志招人，最低本科起步。"跑腿门槛比较低，我们想打造一支高素质的跑腿团队，做行业中的精英"，王志说。由于跑腿服务是个新兴行业，市场上还没有相关规范，大量跑腿公司涌入造成行业内鱼龙混杂，很多客户不敢将重要的事务委托给跑腿公司办理。团队合伙人汪政说，"小王跑腿"正在草拟保护客户隐私的文件，设置安全担保平台，力图"把这份互相的信任维护好"。

微博上，跑腿故事已经写到了第 358 篇，业务范围扩展到了香港、杭州、北京等城市，甚至在韩国和澳大利亚也有了自己的跑腿员。

正如王志所说，跑腿作为新兴行业，面临着开拓市场和规范经营的双重压力。"小王跑腿"采用"互联网＋服务"的经营模式，客户通过网店、微信联系业务，依据需求商定好价格，顾客满意了再确认付款。目前，"小王跑腿"已将自己的跑腿业务升级为"U-Time 时间管家"，"就是打造一个网络平台，让更多愿意销售时间的人入驻其中，把时间卖给客户，帮助客户更好地规划时间"，王志说，他们的目标是逐渐形成多元化的跑腿业务，"跑出个精彩未来"。

关于"跑腿公司"更多资料参考"知乎：如何做好跑腿外卖公司？http://www.zhihu.com/question/29525721"。

5 营销创业

女大学生放弃"铁饭碗" 创业5个月签单200万元

编选自：中国网，http://news.china.com.cn/rollnews/education/live/2013-11/26/content_23588886.htm。

据统计，世界500强企业大部分CEO都来自于同一个部门——销售。这绝非偶然，销售部门就像一个"试炼场"，可以锻炼出职场中最优秀的"角斗士"。进行营销创业，收获的不仅是一份事业，更重要的是个人能力的提升。

临近岁末，大学毕业生又逢求职"寒冬"。在这场未来"饭碗"的争夺战里，不少人怀揣创业梦想，却感叹脚下无路。然而24岁的女大学生王芳却在短短5个多月中成就了从没有工作经验到发明"绿媒"创业、从零到200万元订单的完美开端。

从太原理工大学艺术设计专业毕业的王芳，顺利被太原市一家事业单位录取，端上了"铁饭碗"，清闲的工作让她觉得是一种煎熬。

2013年春节过后，王芳在父母的反对下离开了令人羡慕的事业单位，应聘到了一家文化传媒公司，岗位是营销专员。

在王芳看来，之所以做出这样的选择，原因有二：兴趣所在，喜欢这个行业；梦想所使，想创业一番。

这家公司主要做户外平面广告。不过，由于2013年经济增长放缓，广告行业受到不小的冲击，营销专员的工作不好干，有时候跑两三天，也没有一家企业有广告意向。但王芳认为，越是这样的经济形势，越意味着创新和机遇。在她的概念里，广告行业转型发展，是当务之急。

在太原市举办的一次大型文化类展会上，王芳和很多参会人员一样被入场处锦簇的花团吸引了。职业敏感性让她驻足良久：来者必然是对文化产业感兴趣的人群，来者大多数都要看花团……能不能在花上做文化方面的广告？王芳的这个构思很快得到公司高层的首肯。公司成立了以她为负责人的项目小组，负责"在花上做广告"项目，也就是设法在花架上放上花盆，也放上广告，再将花架作为绿色饰品布置在医院、机场等处。

王芳将自己的项目命名为"花架广告"，又亲切地称之为"绿媒"，可以做到受众的精准定位。

回报周期一旦变短，愿意花钱做广告者大有人在。这些可行性方案确定后，王芳买来花架，在花架上摆上净化空气效果好的绿萝，并点缀以广告位，先在省儿童医院楼道、电梯口等地方试行摆放。

广告位很快就被抢购，广告客户也接踵而至。6~11月5个多月的时间里，王芳将"绿媒"拓展到机场、汽车4S店等公众场合，完成了广告额度从零到200万元订单的跨越。

现在，王芳的"绿媒"广告创意已经顺利通过专利申请，持有国家知识产权局颁发的专利证书。"其实不仅在广告行业，其他行业也一样，总有一些创业机会就在身边，就看你肯不肯把握。"王芳表示，自己愿意免费为大学生提供花架、花卉等设备，帮助大学生创业。

　　面对着各式各样的行业，创业者多多少少会有些不知所措。其实，只要正确地认识了自己，找准自己的优势，选择也就不难了。我们的建议是，耐心看完整本书后，经过自己的理解和思考，再选择一条适合于自己的创业之路。必要的时候，可以借助本系列的其他图书来"武装自己"。有了充足的准备和周详的计划，成功的概率就会大大提高。

本章习题

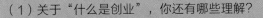

（1）关于"什么是创业"，你还有哪些理解？

（2）你最倾向于哪一种创业类型，试分析你进行该类型创业的优劣势。

课外拓展

阿里巴巴：大学生创业故事，http://club.1688.com/threadview/30139952.html.

第02章

提升你的创业素养

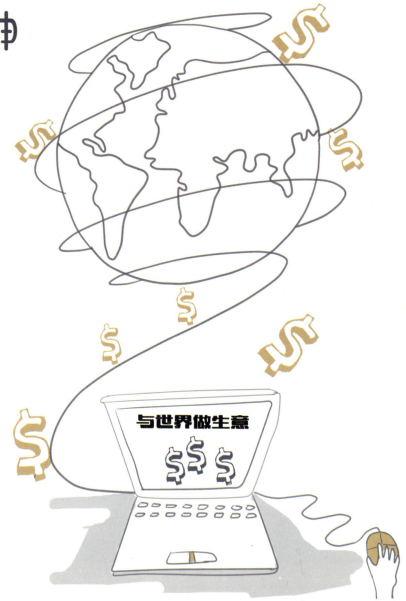

与世界做生意

尼古拉·特斯拉（Nikola Tesla，1856 年 7 月 10 日至 1943 年 1 月 7 日），塞尔维亚裔美籍发明家、物理学家、机械工程师、电气工程师。他被认为是电力商业化的重要推动者，并因主持设计了现代交流电系统而广为人知。在迈克尔·法拉第发现的电磁场理论的基础上，特斯拉在电磁场领域有着多项革命性的发明。他的多项相关专利以及电磁学的理论研究工作是现代的无线通信和无线电的基石。

更多内容参见：【美】尼古拉·特斯拉：《特斯拉自传》，夏宜、倪玲玲译，北京时代华文书局 2014 年版。

尼古拉·特斯拉身上的创业精神

编选自：中国风险投资网，http://www.vcinchina.com/c/27/44849.html。

　　在汽车企业出现之前，有一个名叫尼古拉·特斯拉 (Nikola Tesla) 的发明家，他在金钱和创业之间做出了选择。1884 年，特斯拉移民到美国东海岸，起初，他和托马斯·爱迪生一起工作。但是这种合作关系并没有维持很久，特斯拉用他的发明作为信用担保，成立了自己的西屋电器与制造公司 (Westinghouse)，并且他还定义了人们如今依赖的交流电电流标准。

　　19 世纪 90 年代，一份事件秘密调研披露，爱迪生曾面临和特斯拉一样的创业挑战，爱迪生被踢出了通用电气公司——这家由他自己创立的公司，而继任者还迫使爱迪生在未来 30 年内停止和原投资人进行合作。所幸特斯拉慷慨地允许西屋公司重新进行专利交易谈判，这才让这家陷入财政困境的企业有能力建立起如今我们依赖的电流标准。

　　作为一名伟大的创业家，特斯拉也许没有想到，由于他完成了对交流电标准的商业化工作，以至于让这个标准在未来 125 年里对创新发挥了无比重要的作用，而他本人并非一心只想着钱。

尼古拉·特斯拉身上体现了哪些创业精神？

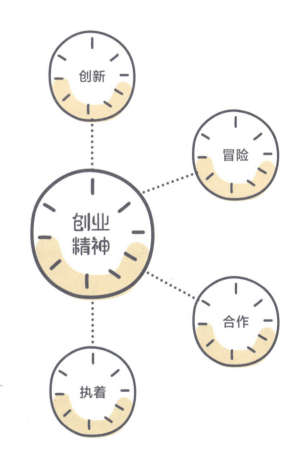

　　中国创业学专家李家华教授认为，创业精神包含四方面：创新、冒险、合作、执着，其中创新是灵魂，冒险是天性，合作是精髓，执着是本色。这个论断很精辟地阐述了创业精神的内涵，并为我们间接指明了创业精神的培育方法。

参考文献：

（1）【美】杰弗里·蒂蒙斯、小斯蒂芬·斯皮内利：《创业学》(第6版)（New Venture Creation），周伟民、吕长春译，人民邮电出版社 2005 年版。

（2）李家华：《创业基础》，北京师范大学出版社 2013 年版。

知识点一：创业精神的内涵

创新	冒险	合作	执着

人类每一次进步都离不开创新。从瓦特发明蒸汽机开始，创新几乎贯穿了整个工业史，由创新带来的成功创业更是比比皆是。搜索引擎的创新成就了谷歌、个人计算机图形界面操作系统的创新成就了微软、智能手机的创新成就了苹果的手机部门、销售模式的创新成就了戴尔……创新是创业精神中的核心与灵魂。值得一提的是，创新不仅是技术上的创新，市场创新、组织形式创新也属于创新的范畴。

第一个吃螃蟹的人到底是天才还是傻瓜？

这个问题的答案不言自明。如果第一个有机会吃螃蟹的人没有吃，那么自然会有其他人去吃，不冒险很可能意味着永远失去机会。成功的创业者们个性各不相同，但绝大多数都有着强烈的冒险精神。他们在条件不成熟、前景不明朗的情况下敢为人先，锐意开拓，闯出了属于自己的一片新天地。

冒险是创业者与生俱来的天性之一。冒险精神不但推动了个人的发展，也推动了整个人类社会的进步。创业本身就带有一定的风险性，创业其实就意味着冒险，冒险精神实际上是支撑创业的精神原动力。

当代社会中，行业、市场和专业越来越细分化，单打独斗的"孤胆英雄"式创业已经成了凤毛麟角。一个人的能力再强，精力再旺盛，也难以独力成就事业。因此，合作是创业者最明智的选择。

合作精神是创业精神中的精髓。拥有良好合作精神的创业者，可以组建出强有力的团队，推动创业活动不断向前。创业者还可以将这种合作精神在内部拓展到每一个成员身上，在面临困境的时候，这种合作精神将让团队焕发出强大的凝聚力，帮助企业渡过难关。

"有志者，事竟成，破釜沉舟，百二秦关终属楚；苦心人，天不负，卧薪尝胆，三千越甲可吞吴。"对于创业者来说，正需要这种破釜沉舟、卧薪尝胆的精神。初次创业最容易犯下的错误就是浅尝辄止、半途而废，遇到困难就退缩放弃。这些都是成功的"大敌"。没有谁的创业是一帆风顺的，创业者或多或少都会遇到困难和挫折，甚至遭遇失败、需要进行二次创业。只有一往无前、坚持到底的人才能赢得最后的成功。

知识点二：创业精神的来源

创业精神的形成主要受文化环境、产业环境、机制环境和生存环境等方面的影响。

不同的行业环境会对创业精神产生影响，一个完全竞争的市场结构中，企业间的竞争激励，往往能够激发创业精神，而垄断的行业因缺少竞争，抑制了创业精神的产生。

资源贫瘠之地，为了改善生存环境，努力寻求发展机会，整合外部资源，更容易激发创业精神，我国历史上的徽商、晋商的形成就是这个原因。

潜在的创业者如果身处商业文化氛围浓厚的地方，更容易培养出较好的创业精神。温州创业者群体就是典型的例子：早在南宋时期，温州的商业就十分发达，据时人戴栩《江山胜概楼记》所载："市声澒洞彻子夜，晨钟未歇，人与鸟鹊偕起。"程俱《北山集》载："其货纤靡，其人多贾"，这种独特的区域文化孕育了当代温州商人的创业精神。

创业精神产生于特定的机制环境中，竞争的机制环境有利于创业精神的产生。

知识点三：创业精神的作用

创业精神

国家的发展，即如何实施创新驱动发展战略、建成全面小康社会，使国家更富强、人们更富裕、社会更和谐。

大企业的成长，即大公司如何使其组织焕发创业精神，创造更高的成长，从而具有更强的竞争力。

个人如何建立自己的企业。

知识点四：如何培育创业精神

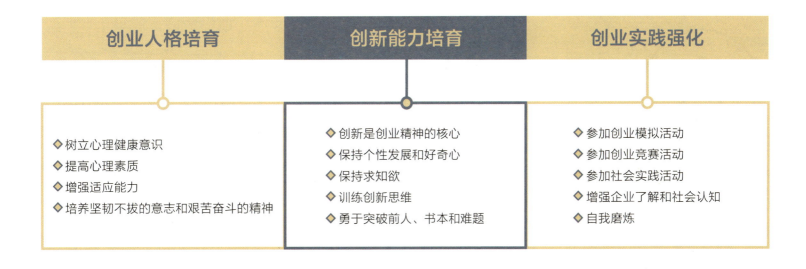

创业人格培育	创新能力培育	创业实践强化
◆ 树立心理健康意识 ◆ 提高心理素质 ◆ 增强适应能力 ◆ 培养坚韧不拔的意志和艰苦奋斗的精神	◆ 创新是创业精神的核心 ◆ 保持个性发展和好奇心 ◆ 保持求知欲 ◆ 训练创新思维 ◆ 勇于突破前人、书本和难题	◆ 参加创业模拟活动 ◆ 参加创业竞赛活动 ◆ 参加社会实践活动 ◆ 增强企业了解和社会认知 ◆ 自我磨炼

创业精神
冒险的拓展阅读

Airbnb 公司 CEO ——布莱恩·切斯基：
放弃安稳，创业是我最大的冒险

编选自：财富中文网，http://www.fortunechina.com/management/c/2014-11/03/content_226497.htm。

从罗德岛设计学院（Rhode Island School of Design）毕业后，我在洛杉矶一家小型工业设计公司找到了工作。最初，我很喜欢那份工作——工资优厚，而且我的一些设计还登上了商店货架。

但仅仅设计一些最终进入垃圾填埋场的产品，让我感觉不到成就感，我希望创造一些更有生命力的商品。在洛杉矶，我曾接触过许多创业者，令我吃惊的是，虽然我是一名设计师，但他们才是在创造有意义的事物。我问自己："他们与我有什么区别？我为什么不能做同样的事情？"也就是在那一刻，我终于意识到，他们选择了冒险，而我却没有。

有一天，我接到大学好友乔·杰比亚的电话。他从大学毕业后就一直劝说我搬到旧金山，但这一通电话却触动了我，我最终决定冒险。人总会在某个时刻做出一两个决定，进而彻底改变自己的一生。我后来的一系列决定，都是前往旧金山这个决定的连锁反应。

于是，我将所有财产装进了我那辆破旧的本田思域轿车（Honda Civic），然后出发前往旧金山，结果到了那里才发现，我甚至承担不起第一个月的房租。

这是一个有风险的决定，但为了想办法支付房租，我们最后吹起了一些

充气床，并且把起居室租给了三位陌生人，他们周末住在这里。我们将这种办法称为"充气床与早餐"（AirBed and Breakfast），Airbnb 这一名称就来源于此。

在当今社会，我们习惯了在所有不适当的时刻避免冒险。大学毕业后，人们告诉我们要做有保障的事情，要做出正确的选择，要保持低调。人们以为，我们要站稳脚跟或找到一份稳定的工作，然后才可以尝试孤注一掷。

但生活并非如此，这样理解风险是错误的。随着年龄的增长，事情不可避免地会发生变化。你可能成立了家庭。你可能遇到了意想不到的障碍。随着时间的流逝，冒险会让人感觉更加可怕，看起来更加艰难。

所以，我的建议是不要等待。我们总能找到各种安稳过日子的理由。但通常情况下，人一生中最令人激动的时刻，始终是你选择冒险的时候——你决定跟随内心那种痛苦的感觉，而不是选择别人建议的安全、谨慎的道路。

对我而言，那次冒险改变了一切。

Airbnb 公司 CEO

布莱恩 · 切斯基

创 业 精 神
合作的拓展阅读

真实的创业合伙人是这样的

编选自：黑马网，http://www.iheima.com/news/2013/0615/42740.shtml。

关于新东方"三驾马车"，任何富有文采的总结，都不如采访结束时王强的一句话，更能让多年来缠绕在他们之间的妖怪显影。

正确的朋友

俞敏洪、徐小平和王强经常将彼此的性格不同称作"互补"。这只是事实的一面。

徐小平充满激情，他喜欢战略，用王强的话说，"新东方当时的很多战略都出自徐小平"。

王强的理想主义色彩则显得冷静。他读书量惊人（刚刚出版了一本谈论阅读的新书），"喜欢务虚"，思考理论问题，是新东方创始人中最不愿意接受"励志"教育的一位。

相比之下，俞敏洪并不是那类让人惊艳的精神领袖。他生性温和、坚韧，更加现实和谨慎。一个例子是，他"至今不懂得拒绝"。他承认自己"软弱"、"优柔寡断"，并且知道这对企业管理有害。俞敏洪性格中流露出明显的现实主义，他能跟不喜欢的人合作。

"新西方"

真实故事比电影更精彩。为了打消俞敏洪的疑虑，王强在俞敏洪登上回国飞机之前的一刻直截了当地向这位老同学"明志"："当时我也是刺激他，我说老俞你要考虑，你一定要让我去新东方，咱们三个做，如果你不答应，我现在直率地告诉你，半年以后我一定会在你的校门对面建立一个学校，做的是和你一模一样的东西，这个学校的名字我已经想好了叫新西方，校长叫王强。老俞一听，沉默片刻，他说算了，大家一起回去吧，就在新东方三个字下做吧。"事实上，这段关于友谊的富有文采的总结，远不如采访结束时王强的一句话"想想老俞也挺心疼的"，更能让多年来缠绕在新东方三位合伙人之间的妖怪显影。

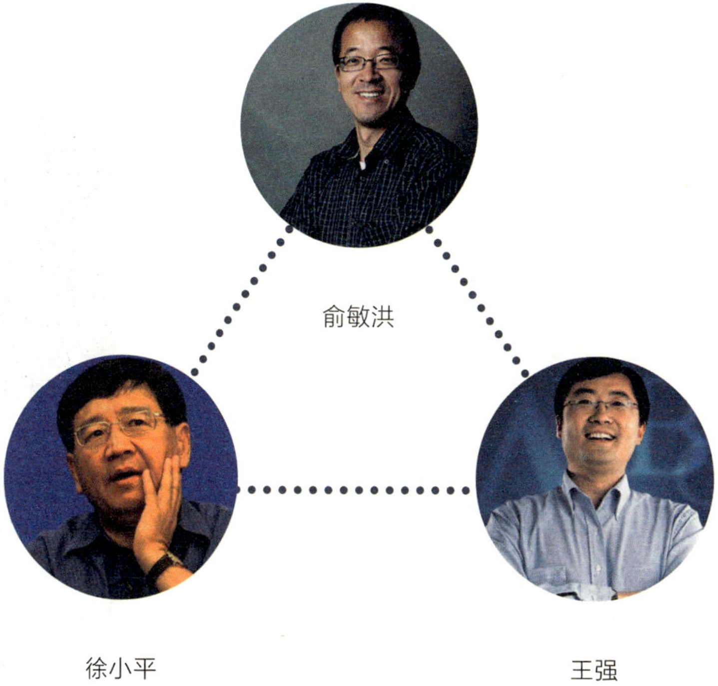

更多内容参见：张伟、张悦：《新东方"三驾马车"亲述：真实的创业合伙人是这样的》，黑马网。

俞敏洪

徐小平

王强

创业精神

执着的拓展阅读

乔布斯的执着

你可能经常遇见具有革命性思想的，或对细枝末节一丝不苟的职业经理人，但是只有史蒂夫·乔布斯神奇地做到了两者兼备。

勇敢执着，不畏失败：被自己一手创建的苹果赶出来后并没放弃梦想，而是再次创建了 NeXT 和皮克斯公司，最终重返苹果。

积极乐观，不畏病魔：事实上这可以归到他的"现实扭曲力场"里去，当他查出得了癌症，他试图无视它，仍然像以前一样把所有的专注力放在工作上。

创业人格培育课堂活动

　　请每位同学拿出一张纸，闭上眼睛两分钟，思考一下：从开始学习之日起，你坚持的兴趣、爱好是什么？还在坚持吗？没有坚持下来的原因是什么？如果从现在开始让你选择一样兴趣、爱好，能否长期坚持下来？最后用关键词记录你的结果。

创新能力培养课堂活动

时间：两分钟。

形式：小组讨论，一人负责记录。

内容：请在一分钟之内，尽可能多地写出："口"字添上两笔能组成哪些字？

2.2 创业心理

"ZeroCater——冒险精神铸就的硅谷食堂"的故事

ZeroCater 公司创始人
Arram Sabeti

编选自：黑马网：《从卖冰棍到创建硅谷食堂，看 ZeroCater 创始人如何创业逆袭！》，http://www.iheima.com/news/2013/0416/38233.shtml。

ZeroCater 创始人 Arram 曾说："一辈子只做一个工作是糟糕的结果，创业才是最不冒险的事。创业者在很多人口中的'疯狂'，其实也就是一种不走寻常路的性格。"

2008 年，Arram 抱着创业决心到湾区，为了磨炼自己，他决定先去一家创业公司工作。当时 Arram 年仅 21 岁，既没文凭又没经验，投递简历无人理会，最后只得挨家敲开公司门找工作。之后他申请了创业公司 Justin.tv 的社区运营职位，面试时他还坦诚地告知一年内就会辞职做自己的公司。当被问到薪酬要求，Arram 的回应是"够基本生活就行了，我只是想要经历"。

Arram 最后得到了 Justin.tv 另一个岗位的工作许可。

新职位其实就是处理所有细碎的活，包括测试新网站、筛工作申请，甚至是为团队订餐。工作很琐碎，但 Arram 觉得在那工作是最好的事了，因为"能和一群优秀的人在一起，学到创业公司是怎么运转的，并遇到后来在创业时给予帮助的朋友（Justin.tv 的两位创始人后来成为了 ZeroCater 的投资人和顾问）"。

在 Justin.tv 待了一年半后，Arram 仍没找到创业点子，但他为自己设了个半年内辞职的限令，甚至把各种账号登录密码都改成了 Six Months Quit（六个月后辞职）。

终于，Arram 从帮公司订餐这件最让烦心的工作中找到了灵感。他积累了可观的"财富"——一份涵盖硅谷精华餐厅的清单。很自然地，Arram 拥有了他的第一个潜在顾客，Justin.tv 的团队订餐。随后 Arram 开始找其他公司的办公室助理聊，便有了第二个，第三个潜在顾客。在自设辞职限令的三个月后，Arram 离职创业，开办了硅谷食堂——ZeroCater。

Arram 向其他公司的员工推销："ZeroCater 是想帮人们把订餐变得简单。只需要告诉我们团队有几人、有无素食者、哪天订餐，我们就会帮你处理后面所有事情，选餐订餐定时送达。"很多公司开始登记 ZeroCater，为员工提供新的订餐服务。

业务就是这样一步步壮大，后来 Arram 用来处理订餐日程的表格都已经涨到 500 行，各种流程也开始分化。

Arram 说："最开始时我只身一人，而且没有技术，只不过是一个有点子的业务员，但我还是要创立一家公司。"

ZeroCater 在 2011 年 8 月获得 150 万美元融资。经过两年的发展之后，ZeroCater 每月为近 350 家公司提供服务，拥有 Sony、ZipCar、Yelp 等大公司的顾客。

立志创业必须敢闯敢干，有胆有识，才能变理想为现实。

当然，敢为不是盲目冲动、任意妄为，不是凭感觉冲动冒进，而是建立在对主客观条件科学分析的基础上的。创业者要具备评估风险程度的能力，具有驾驭风险的有效方法和策略，才能在创业的道路上稳步前进。

通过 ZeroCater 公司创始人 Arram Sabeti 讲述的创业故事，讨论创业心理有哪些？

心理学研究表明，非智力因素及情商在个体活动中具有决定性的作用，在创业能力的形成中，必须重视发挥创业心理优势。

美国斯坦福大学教授推孟在 30 年中追踪研究了 800 人的成长过程。结果发现，他们中成就最大的 20% 与成就最小的 20% 最明显的差异就是个性及心理品质方面的不同。高成就者具有谨慎、自信、不屈不挠、进取心、坚持不懈等心理特征。这说明个性及心理品质对个体的创业来说是非常重要的，甚至起到了决定性的作用。在所有的心理品质中尤以独立自主、乐于合作、敢于付诸行动、克制与自律、坚持不懈、善于适应等最为重要。

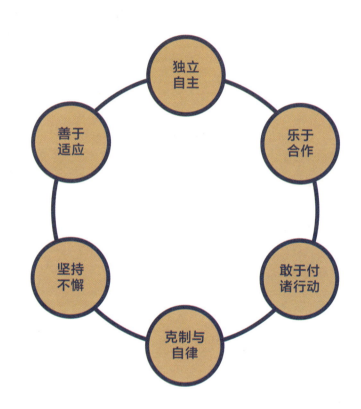

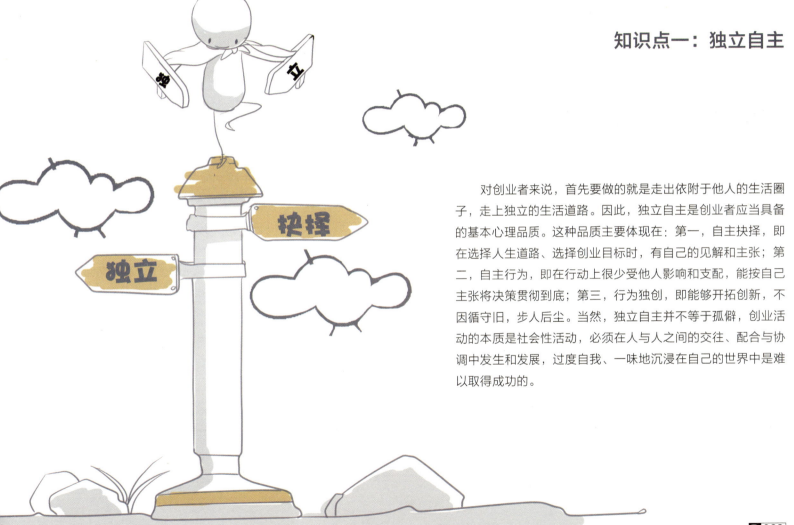

知识点一：独立自主

　　对创业者来说，首先要做的就是走出依附于他人的生活圈子，走上独立的生活道路。因此，独立自主是创业者应当具备的基本心理品质。这种品质主要体现在：第一，自主抉择，即在选择人生道路、选择创业目标时，有自己的见解和主张；第二，自主行为，即在行动上很少受他人影响和支配，能按自己主张将决策贯彻到底；第三，行为独创，即能够开拓创新，不因循守旧，步人后尘。当然，独立自主并不等于孤僻，创业活动的本质是社会性活动，必须在人与人之间的交往、配合与协调中发生和发展，过度自我、一味地沉浸在自己的世界中是难以取得成功的。

独立自主

我的人生我做主，大学生开起包子铺

编选自：大众网：《大学毕业卖起包子 "包子哥" 一年挣上百万》，http://www.dzwww.com/shandong/shrx/201105/t20110511_6354935.htm。

范征是一名济南的大学生。2008 年大学毕业时他没去找工作，而是选择了开包子铺。不到 3 年的时间，这个神奇的"包子哥"从"偷艺"学包包子起家，发展了"包子推广中心"，并成立了"范征餐饮服务有限公司"。

大四下学期时，同学们都在忙着找工作，范征却做出了一个出人意料的决定——学包包子，这个决定让父母、同学、朋友都觉得不可思议，但范征没有退缩。他认为，包子铺投资小门槛低，而且从南到北全国人民都吃包子，市场发展空间很大。

主意打定，范征就准备全心去学手艺，学艺过程十分艰辛，

但他坚持不懈，到 2008 年底，22 岁的范征既学会了制作各种南方口味的包子，又学会了南方人精明的经营模式。

2008 年 12 月 20 日，范征用自己上学时攒的 15000 元与向父母和朋友借的 5000 元租了一间门头房，招募了两个伙计，在北园大街东段开了第一家"范征包子铺"。虽然因道路拓宽拆迁被迫歇业，但生意一直都很红火，第一个包子铺开业半年多净赚 3 万元！

2009 年 7 月 1 日，第二家"范征包子铺"在济南文化西路省中医附近开业，由于包子铺位置好，不到半年时间就赚了 2 万多元。

2009 年底，范征又做出了一个令人吃惊的决定：把生意火爆的包子铺转给别人。对于这个决定旁人都不理解，但他有自己的想法：想开一家培训中心，专门教人包子。考虑再三之后，他的"包子培训公司"的思路渐渐成形。

2010年1月1日，范征租了一间房子，6个人成立了"范征包子推广中心"。推广中心一开业，来学包包子的人络绎不绝，一年下来营业额40多万元，纯利润20多万元。范征和团队还建立了面香斋包子技术研发中心，并建立了网站，为喜欢餐饮行业的创业者提供咨询服务和技术支持。

案例分析

对于创业者来说，独立思考，能坚持自己的见解和主张是非常重要的。事业不怕小，只怕不尽力，认准了就要努力做下去。范征就是一个很好的例子，他对于事情分析得透彻，且有主见、不盲从，所以取得了最后的成功。

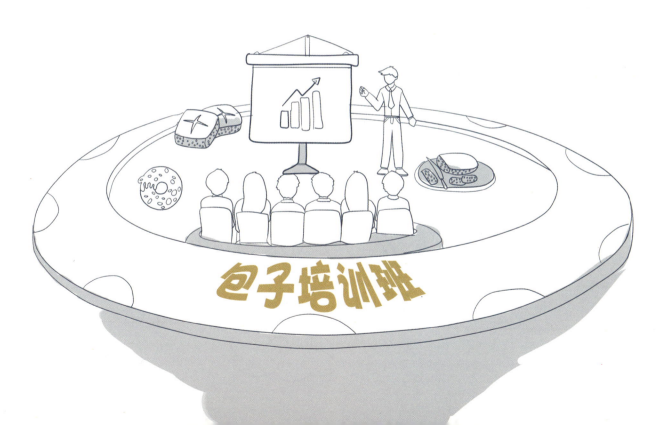

知识点二：乐于合作

　　在创业的道路上，合作是非常重要的一环。创业团队的每个人都要具备合作心理，使各具所长的团队成员发挥他们的专业知识和技能，从而促使团队不断前进。如果团队成员都能乐于合作，在提高工作效率上他们会想尽办法，集思广益，克服困难，献出自己的聪明才智。反之，如果创业者缺乏这种心理品质，团队就会像没有润滑油的机器，损耗严重，运转失灵，甚至会完全解体。

上升

乐于合作

因合作不顺，致使朋友反目的创业案例

编选自：品途商业评论：《兄弟好做伙难合，永远别跟好朋友合伙开公司》，http://www.pintu360.com/article/5539b6e69540a12a3a13f9f4.html。

"千万别跟最好的朋友合伙开公司"，这是电影《中国合伙人》的经典台词。如果之前你对此话不屑一顾，那现在可要再掂量掂量了，从网络热帖史上第一合伙公司，到被知名创业公司一一应验，合伙兄弟反目一度成为创业圈热词排行首位。

"泡面吧"曾是估值达 1 亿元的在线教育网站，一度受到投资人的热捧。当年，2~3 名志趣相投的小伙伴，在梦想的感召下，勇猛地投身创业。泡面吧的"三驾马车"，俞昊然与王冲、严霁玥认识多年，他们都是在百度组织的大学生活动中结识的，王冲曾是百度高校俱乐部北京航空航天大学站主席，

严霁玥则是副主席。正是出于对彼此的信任，在公司重要决策时，合伙人们选择了以口头的"君子协议"替代书面"法律协议"，为未来埋下隐患。隐形炸弹终会爆炸，待问题发生时，基于相互信任的口头协议，最后却让双方互不信任，最终倒在了 A 轮融资前夜。如今，泡面吧已经裂变为"计蒜客"和"萌码"，但面对曾经的明星创业企业陨落，仍感欷歔。一名分析师认为，泡面吧内斗，源于缺乏规范，过于松散。一些年轻创业者常常因为一起创业，"兄弟情深"，忽视签订书面协议，最后在各种利益诱惑前，反目内耗。

"西少爷肉夹馍"的三位少爷，孟兵、罗高景、宋鑫是在一场西安交通大学校友会上相识的，当时孟兵及罗高景均在百度任职，而宋鑫从事投资行业。由于都对创业怀有憧憬，三人一拍即合共同组建了奇点兄弟公司，由孟兵担任 CEO。接下来的发展出乎意料地顺利，第一家西少爷肉夹馍门店在北京五道口开业，一举成名。据宋鑫回忆"每天都有很多人排队来买，

整个团队一下有了种明星的感觉"。开业一周后，便有多家投资机构上门，最高给出了公司 8000 万元估值。但伴随成功和财富而来的，却是分歧的产生。如今，知乎上还留着两方各执一词的辩论，既有因众筹股份而起的纷争，也有关乎各自贡献的对抗，谁是谁非，外人很难辨别。但结果却是矛盾如火山般爆发，经大股东孟兵和罗高景投票，宋鑫被迫离开公司经营管理层。

据孟兵介绍，几位创始人在创业初期曾签署过一份"行权协议"，约定了联合创始人如何退出团队，以及相关的利益和责任。看起来，这次合伙充满了理性的成分。然而，经历了兄弟对峙、公堂相见、品牌裂变等一系列问题后，无论是孟兵还是宋鑫，都认为创业初期设置的 4:3:3 的股权比例，为后来的分裂带来了隐患。

知识点三：敢于付诸行动

　　无论做什么事情,风险与收益一般都是成正比的,收益越高，风险越大，创业也不例外。只要从事创业活动，就必然会有风险伴随，事业的范围、规模越大，伴随的风险也越大，需要承受风险的心理负担也就越大。立志创业，必须敢闯敢干，有胆有识，才能变理想为现实。只要瞄准目标，判断有据，方法得当，就应敢于实践，敢冒风险。

　　敢于付诸行动的创业者会表现出一种积极的心理状态，他会不断地寻找新的起点并及时付诸行动，并表现出自信、果断、大胆和一定的冒险精神；当机会出现的时候，往往能激起心理冲动，进而将冲动化为行动。

知识点四：克制与自律

在创业过程中，创业者要善于克制，防止不理性的冲动。克制是一种积极的有益的心理品质，它可使人积极有效地控制和调节自己的情绪，使自己的活动始终在正确的轨道上进行，不会因一时的冲动而引起缺乏理智的行为。

创业者在创业过程中要自觉接受法律的约束，合法创业、合法经营、依法行事；自觉接受社会公德和职业道德的约束，文明经商、诚实经营、互助互利。当个人利益与法律和社会公德相冲突时，要能克制个人欲望，约束自己的行为。

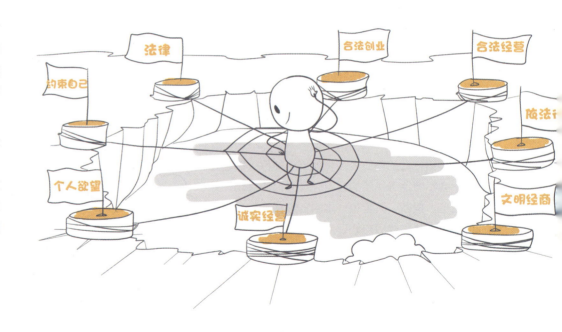

知识点五：坚持不懈

　　创业者的恒心与毅力，是十分可贵的心理品质。创业者需要百折不挠、坚持不懈的毅力和意志，能够根据市场的需要和变化，确定正确的目标，并带领团队战胜逆境实现目标。创业过程是一个长期坚持努力奋斗的过程，迅速见效的事是极少的。创业者必须有一颗永远持之以恒的进取心，如果三心二意或虎头蛇尾，那么将一事无成。爱迪生认为，成功的第一要素是能够将身体与心智的能量锲而不舍地运用在同一个问题上而不会厌倦的能力。大量的创业成功实例和心理学的研究都证明了这一点。具体到计划执行上就是全身心地向着自己预定的目标，严格按计划向前推进自己的工作。在这个过程中，创业者是否具有坚韧的心理品质将起到决定性的作用。

坚持不懈

案╱例╱赏╱析

"郭俊峰——坎坷创业路"的启示

编选自：《80后草根创业者真实创业经历》，http://www.360doc.com/content/11/1002/22/7718940_153002433.shtml。

　　他，一个从农村走出来的孩子，没有任何社会背景和经济支柱；他，当年负债累累，现在却拥有二十几家分公司，坐拥千万资产；他，没有上完中专，却开发了中小学教育系统软件，并通过国家教育部认证；他，曾获团中央2004年"青年创业典型"，曾成为《中国青年》杂志的封面人物和《商界》杂志评选出的"明日之星"。他，便是致力于大学生创业教育事业的越众创业网总裁郭俊峰。

　　1997年，郭俊峰来到河南郑州一所中专学市场营销。1999年暑假，郭俊峰"有幸"接触到一个朋友。交谈中，朋友说自己创办了一家广告公司，盈利可观，但现在要融资，只需注资15万元，就可以到年终分红100万元。在朋友怂恿下，郭俊峰立即给家里打电话。最终，父亲东拼西凑凑足了7万元交给了他，然而，当郭俊峰"融资"后，一夜间那家广告公司人去楼空。他这才意识到自己被骗了。自此，郭俊峰再无心顾及学业，只想早点出来赚钱还债。于是，瞒着父母，到学校办了退学手续。

　　郭俊峰从深圳的朋友那里得知，深圳的花生油价格昂贵，如果从河南运油到深圳卖，每斤差价有9元左右。于是，他费劲周折，从一家花生炼油厂弄来6桶花生油，租来一辆大货车，启程赶往深圳。他把油寄存在一家仓库，由一个深圳的朋友负责看管。

　　但当他千辛万苦找来客户时，仓库里的6桶油只剩下3桶，看管仓库的朋友也失踪了，他的大半投资又一次打了水漂。经历两次失败的郭俊峰，唯一的想法就是自己要挺过来。2000年初，深圳各通讯公司开通IP通讯业务，郭俊峰瞄准了这个

商机，和同学一道做起了 IP 电话卡的业务。小小的电话卡终于为郭俊峰赢来了"人生第一桶金"。2000 年 8 月，小有资本的郭俊峰重回郑州。他将自己的那套 IP 电话卡销售模式在郑州进行复制。他的"越众商行"很快成长为同行业中的领军企业。

创业风雨路，越众公司在 10 余年的发展过程中，已成功孵化出越众创业网、越众通讯事业部、越众商城事业部等项目，为学生就业和郑州市经济发展搭建平台，也为更多的有梦想、要创业、有行动的年轻人提供了一个成长腾飞的平台。

案例分析

创业者需要百折不挠、坚持不懈的毅力和意志，能够根据市场的需要和变化，确定正确的目标，并带领团队战胜逆境实现目标。

知识点六：善于适应

《孙子兵法》中说："水因地而制流，兵因敌而制胜。故兵无常势，水无常形；能因敌变化而取胜者，谓之神。"

巴菲特有一句名言，说得很好："在别人恐惧的时候我贪婪，在别人贪婪的时候我恐惧。"

创业者必须以极强的信息意识和对市场走向的敏锐洞察力，瞅准行情，抓住机遇，不失时机地、灵活地进行调整。在外部环境和创业条件变化时，善于进行自我调节和处理各种压力。

重要的创业心理素质测试

答案见本章结束"重要的创业心理素质测试答案"。

（1）你在哪一种条件下，会决定创业：

a. 等有了一定工作经验以后
b. 等有了一定经济实力以后
c. 等找到天使或 VC 投资以后
d. 现在就创业，尽管自己口袋里没有几个钱

（2）你认为创业成功的关键是：

a. 资金实力
b. Good Idea
c. 优秀团队
d. 政府资源和社会关系
e. 专利技术

（3）以下哪项是创业公司生存的必要因素？

a. 高度的灵活性
b. 严格的成本控制
c. 可复制性
d. 可扩展性
e. 健康的现金流

（4）创业公司应该：

a. 低调埋头苦干
b. 努力到处自我宣传
c. 看情况顺其自然
d. 借别人的势进行联合推广

（5）开始创业后你立刻做的第一件事情是：

a. 找钱、找 VC
b. 撰写商业计划书
c. 物色创业伙伴
d. 着手研发产品
e. 选择办公地点

（6）选择投资人的关键因素是：

a. 对方是一个知名投资机构
b. 投资方和团队不设对赌条款
c. 谁估值高就拿谁的钱
d. 谁出钱快就拿谁的钱
e. 只要能融到钱，谁都一样

（7）你认为创业公司中的最大风险是：

a. 市场的变化
b. 融资的成败
c. 产品研发的速度
d. CEO 的个人能力和素质
e. 决策机制的合理性

（8）创始人之间发生矛盾时，你会：

a. 坚持原则，据理力争
b. 决定离开，另起炉灶
c. 委曲求全，弃异求同
d. 引入新人，控制局势

2.3 道德与礼仪
（创业必备的其他素养）

法律条文防君子，防不了小人

编选自：《五大恶性投资失败案例背后的创始人缺陷》，http://www.285u.com/chuangyezhinan/2015/71815_5.htm。

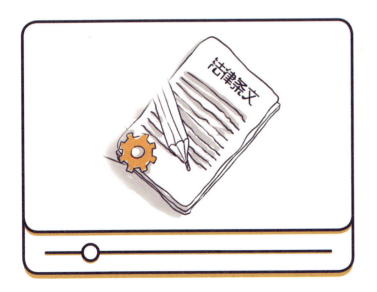

近几年，投资圈内发生了一些著名的恶性投资失败案例，像 PPG、ITAT、亚洲传媒、中科智等。他们的商业模式很牛，创业团队的履历 (Resume) 大都很耀眼，给他们投资的都是知名的投资机构，如赛富、IDG、鼎晖、红杉资本、凯鹏华盈、集富亚洲、高盛、美林、摩根士丹利。这些打着"创业"旗号的家伙在创业过程中，甚至有的自创业之日起就出现了欺诈、圈钱、撕毁合约、触犯法律的行为，最终导致企业失败。

成功创业家的素质底线究竟在哪儿？这些失败案例中的创业者有着怎样的价值观、人性弱点、道德瑕疵？下面看看亚洲传媒的案例。

亚洲互动传媒是首家在日本东京交易所上市的中国内地企业，但仅仅上市一年之后，即被交易所勒令退市。退市原因为公司首席执行官（CEO）崔建平在未得到公司董事会同意的情况下，将全资子公司北京宽视网络技术有限公司在中国银行的 1.069 亿人民币的定期存款，为第三方企业北京海豚科技发展公司的债务做担保，使得该公司的会计师事务所拒绝为其 2007 年年报出具审计意见。崔建平曾是海豚科技的最大股东，而他的这一行为也使得亚洲互动传媒的投资方红杉资本蒙受了巨大的经济损失。

小组讨论

阅读：《真伪创业家：五大投资失败案例背后的创始人缺陷》，http://www.alibuybuy.com/posts/8904.html。

讨论：案例中体现了哪些创业道德素质，并具体分析。

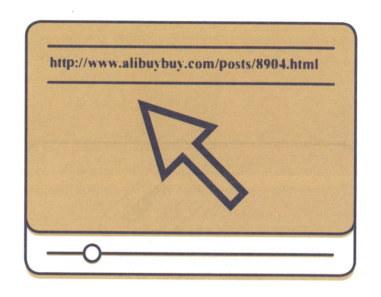

http://www.alibuybuy.com/posts/8904.html

知识点一：道德修养

　　谁都希望自己能够成功，但很少人考虑过成功的基本前提是什么。古今中外的事实一次又一次地证明，成功的基本前提是良好的道德修养。我国古代有这样一句话：德才兼备是圣人，有德无才是庸人，有才无德是小人，无才无德是愚人。可见，"德"是衡量一个人是否是可用之材的重要标准。

　　曾经有一则报道，两位酒吧经营者在很多方面做了充分准备，并取得了创业前期的成功。然而，他们违反与小区业主委员会的约定深夜经营，影响了周边居民的起居生活，甚至在被执法部门责令停业整顿期间还强行开业。道德方面的欠缺使他们的创业风险大大增加，最终两位年轻的创业者没有逃脱失败的命运。

　　信用风险、法律风险和经营道义风险存在于每一位创业者的创业过程中，而规避上述风险的有效途径是增强个人的道德修养，遵守创业道德。创业者的道德修养能约束、引导人们的创业行为，维护创业秩序，从而为创业成功提供道德保障。

知识点二：商务礼仪

对于创业者来说，商务礼仪尤其重要。吸引客户、引进风投、渠道洽谈等方面都牵涉商务礼仪。如果不注重商务礼仪，就有可能一着不慎、满盘皆输。礼仪是一种信息，通过这种信息可以表达出尊敬、友善、真诚等感情，使别人感到温暖。在商务活动中，恰当的礼仪可以获得对方的好感、信任，进而有助于事业的发展。

道德修养不仅包括个人修养，还包括职业道德，遵守职业道德就如保护自己的生命一样重要，创业者必须遵守职业道德，永远不要踏进道德这个"雷池"。在任何时候，都不要透支自己的道德；有些企业为了获取最大利益或超额利润，不惜逃避或违犯各种制度和规范。在全球一体化的经济背景之下，企业社会责任已经成为不可逆转的国际化潮流，企业社会责任不仅是评价企业道德高低的标准，同时也是企业进入国际市场的门槛。

信用风险、法律风险和经营道义风险存在于每一位创业者的创业过程中，而规避上述风险的有效途径是增强个人的道德修养，遵守创业道德。创业者的道德修养能约束人们的创业行为，引导人们的创业行为，维护创业秩序，从而为创业成功提供道德保障。

╱ 本章总结 ╱

创业的精神基础：创新、冒险、合作、执着

———————————

培育创业精神的方法

———————————

创业心理

———————————

创业道德素质和商务礼仪的主要内涵及风险防范

———————————

重要的创业心理素质测试答案

（1）d

（2）c

（3）e

（4）b

（5）d

（6）e

（7）d

（8）c

╱ 本章习题 ╱

社会道德缺失会带来哪些创业风险？

———————————

从大学生到商务人士，在仪表谈吐方面要做出怎样的改变？

———————————

你认为在自己身上还欠缺哪一种创业精神？试拟定一个改进计划并执行之。

———————————

找出自己的心理弱点，并阐述如何在创业中注意防范其带来的风险。

╱ 课外拓展 ╱

从锋芒毕露到大气稳重　戴尔发展史回顾

http://nb.zol.com.cn/353/3535643.html.

———————————

中国新首富比亚迪总裁王传福的冒险故事

http://www.cnwnews.com/plus/view.php?aid=217670.

第03章

—

你是哪种类型的创业者

3.1 认识创业者

雷军的创业故事

编选自: 80后励志网, http://www.201980.com/lzgushi/xueshu/2674.html。

"站在台风口,猪也会飞起来",这是著名的"雷军语录"。与金山时代的雷军相比,小米时代的雷军确实飞了起来,从软件业的"老革命"一跃成为移动互联网时代炙手可热的新贵。

"成功仅仅靠勤奋是不行的"

雷军极聪明,年少成名。雷军1969年出生于湖北仙桃,18岁考入武汉大学计算机系,用两年时间修完了所需学分,并完成了毕业设计。大四那年,雷军和同学王全国、李儒雄等人创办三色公司,当时的产品是一种仿制的金山汉卡,在武汉电子一条街小有名气。随后因大公司介入,产品被盗版,迫使公司解散。

大学毕业后,雷军只身闯荡北京,1991年底在中关村与求伯君结识,随后加盟金山软件。1998年,29岁的雷军升任金山公司总经理,堪称年少得志,直到2007年底离开金山。这近10年的时间也是雷军"推着石头往山上走"的日子。

1999年互联网大潮来临时,金山因忙着做WPS,对抗微软,无暇顾及而错过了机会。2000年,雷军牵头了一个金山内部的创业项目——卓越网,四年多后,以7500万美元的价格卖给了亚马逊。这次出售让雷军实现了财务自由,也为其后来的天使投资奠定了资本。

2007年底,金山成功上市两个月之后,雷军以身体原因辞去总裁与CEO职务,离开了金山。事后证明,正是这一次的离开,成就了雷军的脱胎换骨。

"不会因为我叫雷军,就不会死"

离开金山的雷军,转身成了天使投资人,开始从大势出发,以更大的视角来观察和思考互联网。雷军是最早投身移动互联网的一拨人。2008年,他在个人博客中写下:移动互联网是下一波创业的大机会。同时,雷军在移动互联网、电商、社交等多个领域连续投出多个业界知名的案子——拉卡拉、UCWeb、凡客诚品、Yy、乐淘、多玩、多看等。

做投资让雷军更加深入了解互联网,也获得了异常丰厚的回报。但投资的这些公司很难说是雷军自己的事业。在内心深处,雷军仍想做一个真正属于自己的事业,用一家量级庞大甚至称得上伟大的公司,来奠定自己的江湖地位。

很快,雷军找到了自己的"势"——智能手机和移动互联网的大爆发。2010年4月,小米公司注册成立,第一个产品——移动操作系统MIUI在当年8月上线。2011年8月16日,小米手机1正式发布。随后,在一片质疑或赞誉中,小米在2012年卖出719万部手机,2013年卖出1870万部手机。在此过程中,小米完成四轮融资,估值迅速突破100亿美元。小米已成为业界的现象级品牌。

趁势之外,雷军对人也非常看重。雷军说,自己创业初期最大的担心是团队磨合和心态,"看到最肥的市场,找来最厉害的人,

事情没有理由不成功"。

2010年底，小米完成A轮融资，金额4100万美元，投资方为晨兴创投、启明和IDG，公司估值2.5亿美元。小米火了以后，一位业内人这样评价雷军："他是错过了上一波(互联网)，成于下一波(移动互联网)。"

"只要不让公司翻船，你就能去做"

一位投资人总结小米模式曾说，小米在思路上领先两年，产品上领先一年，传统的手机厂商很难追上。手机行业对小米的态度也经历了从"看不起"、"看不懂"到"看不见"的几度演进。小米起势之后，几乎一骑绝尘。

很多人都曾问过雷军一个问题，市场和大势对每个人都是平等的，为什么他人学不会小米模式？雷军说，小米模式的背后，是互联网思维的胜利，是先进的互联网生产力对传统生产力的胜利。具体展开，又是雷军常讲的七字箴言——专注、极致、口碑、快。

雷军将"让用户尖叫"作为衡量产品的第一准则——如果配置不能让你尖叫，那么价格就一定要让你尖叫。

所有行为都围绕产品之后，雷军的管理思路也发生了颠覆性转变。雷军说，互联网时代，KPI容易被量化，也容易造假，所以小米选择去管理层、去KPI，目的是提高效率，专注于产品创新。黎万强是雷军的金山旧部，对此感触颇深："之前在金山，老大(雷军)会直接挑战你，为什么这样做，为什么不那样做。现在，他还是很难被说服，但给了我们一个权限，这件事情只要不让公司翻船，你就可以去做。"

从雷军创业史中，说说你对创业的认识与看法？

知识点一：创业者的概念

　　对创业者的认识是一个动态的演变的过程，早在1755年法国经济学家坎蒂隆首次把"创业者"概念引入经济学领域。1880年，法国经济学家萨伊首次将"创业者"定义为：创业者是经济活动过程中的代理人，是将经济资源从生产率较低的区域转移到生产率较高区域的人。著名经济学家熊彼特（1934）认为创业者应为创新者，他在对创业者的认识中加入了这样的理解，即具有发现和引入新的、更好的能赚钱的产品、服务和过程的能力。

　　上述定义是站在专业角度给出的，我们通常意义上认为的创业者有狭义和广义之分，狭义的创业者指参与创业活动的核心人员，广义的创业者指参与创业活动的全部人员。

参考文献：

（1）［美］杰弗里·蒂蒙斯、小斯蒂芬·斯皮内利：《创业学》（第6版）（New Venture Creation），周伟民、吕长春译，人民邮电出版社2005年版。

（2）李家华：《创业基础》，北京师范大学出版社2013年版。

创业者就是采取风险以及可能
正当地分配利润的人。

创业者起创新的作用。

创业者与承担风险和不确定性的资本家
不同，企业家获取和组织生产要素去创造价
值。

理查德·坎蒂隆(Richard Cantillon，1680~1734年)——理查德·坎蒂隆是爱尔兰人，他的主要经历在法国，而且他的经济学研究以法国为对象，因此被列入法国经济学家的行列。

熊彼特（Joseph Alois Schumpeter，1883~1950年）是20世纪最受推崇的经济学家之一，他在经济学史上的卓越地位与亚当·斯密、马歇尔、凯恩斯等宗师同列。

让·巴蒂斯特·萨伊（Jean Baptiste Say，1767~1832年），法国经济学家，古典自由主义者。他是继亚当斯密、李嘉图古典经济学派兴起之后的又一个经济学伟人。

香港创业学院院长张世平："创业者（Entrepreneur）是一种主导劳动方式的领导人，是一种无中生有的创业现象，是一种需要具有使命、荣誉、责任能力的人，是一种组织、运用服务、技术、器物作业的人，是一种具有思考、推理、判断的人，是一种能使人追随并在追随的过程中获得利益的人，是一种具有完全权利能力和行为能力的人。"

欧美学术界："创业者是组织、管理一个生意或企业并承担其风险的人。创业者的对应英文单词是Entrepreneur，Entrepreneur有两个基本含义：一是指企业家，即在现有企业中负责经营和决策的领导人；二是指创始人，通常理解为即将创办新企业或者是刚刚创办新企业的领导人。"

知识点二：关于创业者的认识误区

虽然学界给"创业者"做出专业的定义，但对于创业者的认识仍存在不少误区，其中经常性的误区在于以下两点：

误区一：创业者无法塑造，是天生的。

现实却是，即使创业者天生具备特定的才智、创造力和充沛的精力，也像未经塑型的泥巴和未经渲染的画布，必须经过经久的积累与积淀，至少10年或者10年以上的商业经验，方可识别各种商业行为，并获得创造性的预见能力和捕捉商机的能力。

误区二：钱对于创业者来说是不是最重要的？

实际上，金钱只是创业者保持成就的工具和方式，其本身并不是最终归宿，即使一个创业者赚取了千万元甚至更多，仍会继续工作，憧憬着开拓更宽广的事业。

参考文献：

　　[美] 杰弗里·蒂蒙斯、小斯蒂芬·斯皮内利：《创业学》（第6版）（New Venture Creation），周伟民、吕长春译，人民邮电出版社2005年版。

阅读李泽楷的资料，讨论他是富二代还是创业者，没有钱他能否成功？

1989年从美国回中国香港和记黄埔任职，仅十年时间，便在事业上创造了辉煌，成为世人瞩目、有着"小超人"美名的香港第二大富商。1993年，李泽楷将自己经营多年的卫星电视以9.5亿美元卖给媒体巨子、澳大利亚出生和发家的默多克，年轻的李泽楷掘到了第一桶金，而且声誉鹊起，为日后与其兄李泽钜分道扬镳分头创业打下了基础。同年，创办盈科集团。1994年，成为经济论坛成员，获选《时代》杂志全球百名新一代领袖之一。同年5月，李泽楷实现在新加坡借壳上市，并将公司名称改为盈科亚洲拓展。2007年以90亿元身家打入《福布斯》"大中华地区四十富豪榜"第29位。2009年1月荣获2008世界杰出华人勋章。

李泽楷：1966年出生
香港富商李嘉诚之子，企业家

知识点三：创业者的分类

创业者的类型，按创业者创业目标的不同，大致分为三类：谋生型创业者、投资型创业者、事业型创业者。

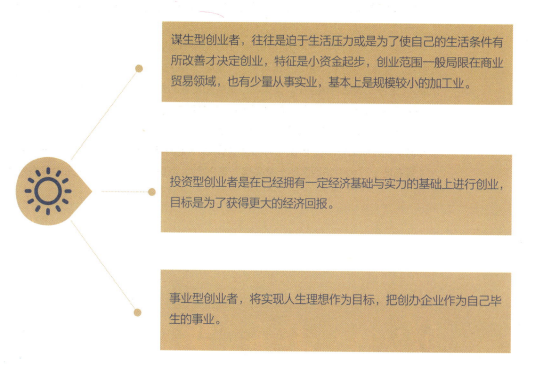

谋生型创业者，往往是迫于生活压力或是为了使自己的生活条件有所改善才决定创业，特征是小资金起步，创业范围一般局限在商业贸易领域，也有少量从事实业，基本上是规模较小的加工业。

投资型创业者是在已经拥有一定经济基础与实力的基础上进行创业，目标是为了获得更大的经济回报。

事业型创业者，将实现人生理想作为目标，把创办企业作为自己毕生的事业。

创业者人格类型（老虎、猫头鹰、孔雀、考拉类型分析）

T（Tiger，老虎）型管理者的口号是"我们现在就去做，用我们的方式去做"，他们做事当机立断，大部分根据事实进行决策，敢于冒风险，在做决策前，会寻找几个替代方案，更多地关注现在，忽视未来与过去。对事情非常敏感，而对人不敏感，属于工作导向型，注重结果而忽视过程，工作节奏非常快，因此也很容易与下属起摩擦。

O（Owl，猫头鹰）型管理者崇尚事实、原则和逻辑，口号是"我们的证据在这里，所以我们要去做"，做事情深思熟虑，有条不紊，意志坚定，很有纪律性，很系统地分析现实，把过去作为预测未来事态的依据。追求周密与精确，没有证据极难说服他们，他们对事情非常敏感，而对人不敏感，属于工作导向型，特别注重证据，决策速度较缓慢，为人严肃，难以通融。

P（Peacock，孔雀）型管理者热情奔放，精力旺盛，容易接近，有语言天赋，善于演讲，经常天马行空，做事比较直观，喜欢竞争，对事情不敏感，而对人则很感兴趣。他们更关注未来，更多地把时间和精力放在如何去完成他们的梦想，而不关注现实中的一些细节。行动虽然迅速，但容易不冷静。喜欢描绘蓝图，而不愿意给员工实在的指导与训练。与员工谈工作时，思维属于跳跃式，员工经常难以跟得上。员工得到的多是激励，而不是具体指导。

K（Koala，考拉）型管理者喜欢与别人一道工作，营造人与人相互尊重的气氛。决策非常慢，总是希望寻求与相关人员达成一致意见。总是试图避免风险，办事情不紧不慢，对事情不敏感，而对人的感情很敏感，是关系导向型，很会从小处打动人，为人随和而真诚。非常善于倾听，属于听而不决的，也很少对员工发怒，员工很喜欢找他们倾诉，但他们优柔寡断。

讨论分享环节

阅读各专家对于"创业者"的定义,以关键词的方式写出"创业者"的特质,并分享。

对号入座

"携程四君子"

梁建章（1969年出生于上海）：携程网创始人、北京大学光华管理学院教授。

季琦（1966年10月，出生于江苏如东）：1999年5月，与梁建章、沈南鹏、范敏共同创建了携程旅行网；2002年，创办如家连锁酒店，出任如家酒店连锁的CEO；2005年创办汉庭连锁酒店，出任CEO。同年2月，组建力山投资公司，自任CEO。

沈南鹏（1967年出生于浙江海宁）：携程网创始人、如家酒店联合创始人、联席董事长红杉资本中国基金（Sequoia Capital China）的创始人及执行合伙人。

范敏（1969年出生于上海）：携程网的创建人之一，曾在携程网担任过数个高级管理职位，梁建章回归后，范敏退任携程总裁。

查阅资料，说说他们分别属于哪类创业者人格类型？

马云（1964年9月10日出生于浙江省杭州市）：阿里巴巴集团创始人。

关明生（1949年出生于中国香港）：2001年加入阿里巴巴电子商务网站任总裁兼首席营运官，现为资深顾问。

蔡崇信（出生于中国台湾）：1999年加入阿里巴巴，现任阿里巴巴集团董事局执行副主席。

吴炯（出生于上海）：风和投资管理公司创始合伙人，阿里巴巴集团前CTO/天使投资人，2011年起在新加坡国立大学担任客座教授。

3.2 创业者能力

"口袋兼职"——张议云

编选自：投资中国，http://news.chinaventure.com.cn/14/170/14145641803.shtml。

在一场创业分享会上，"95后"的张议云如此形容自己："领着95后的身份证，有着80后的外貌，善于和70后的传统行业大佬打交道。"虽然年轻，但他的创业经历却十分有意思，有些剑走偏锋但又经验丰富。

"95后"初中开始鬼马创业

张议云是广州大学华软软件学院2012级软件工程专业的在校生。"95后"的张议云在初中时便开始鬼马创业。从小玩游戏的他在13岁时开始自学编程，后来编写了一个木马程序，利用这个"免杀木马"赚到了人生中的第一桶金。每月有七八千元的收入，让他从2008年起就再也没有跟家里要过生活费。"现在来看，小时候做的事情有些偏门也不敢跟家里说，我其实算是黑客出身的"，张议云说。随着杀毒软件的普及，他不再做免杀木马，而是在高中时与几个网友一起做了一个线上的黑客培训基地，每个月的收入也能够达到1万多元。

"我和那些技术出身的朋友不同，从小我就更关注如何将技术变现"，张议云对记者说。高考结束后，他关注到在一个网站上可以通过领任务的方式推广某产品，通过QQ群发截图来获得佣金收入。张议云在实践中发现，如果真的加到QQ群中去群发广告，一是很难加进去，二是一发广告就被踢出群。于是他开发了一款叫威客达的软件，1分钟能生成5个QQ群的截图，赚了不少钱。此后，他把这款软件放到了网店去卖，而一个人负责网店所有的运营太辛苦，他又利用"众包"的概念，发展出了四五百家代理。

口袋兼职

大学期间玩上移动互联网

2014年，离开了PC端，张议云做起了移动互联网的O2O生意。因为参加一个创业大赛，他和同在广州大学华软软件学院的几个同学一起做了一款"口袋兼职"App，这是一款针对大学生和商家的找兼职App，"口袋兼职"也获得了那次大赛的全省一等奖。张议云说，选择兼职App作为创业方向，是因为他发觉现有的兼职App存在着偏向解决学生需求而几乎忽略招聘方需求的问题。对此，他们从差异化出发，产品设计就更注重解决招聘方痛点。

他提到，对于兼职领域来说，目前广州的招聘方主要有四类公司，即广告传媒、活动策划、劳务派遣中介和人力资源公司，他们有很大的招聘需求。他们通过调研发现，公司存在三个痛点：一是因传统招聘兼职需要电话短信人工通知，因此一年仅话费开支就达到了4亿元；二是传统招聘中通过短信报名，而报名信息就会拥挤在一个短信接收页面中，信息筛选难度大，体验不流畅；三是因为兼职需求通常在时间上比较紧急，传统方式在及时性上就会遇到困难。

在张议云看来，"互联网就是最大程度地降低人与人之间的连接成本。"而利用App，就可以降低话费开支；同时通过App对简历进行关键词筛选，就可以降低筛选的难度；最后，通过LBS的定位功能，招聘方可以通过GPS定位向附近的学校等发出兼职招聘信息，就能够解决兼职及时性的问题。此外，他们也会通过加入社交、评价体系等因素增加App的活跃度。

目前，"口袋兼职"项目已经获得了200万元的天使投资资金。鬼点子不断的张议云还计划做一款影视行业的招聘App，也是从细分空白市场出发的招聘App。

TIME IS MONEY

如何争取投资：行业资源、互联网背景、互补团队

"口袋兼职"获得投资也并非是一帆风顺的。团队最早通过比赛，获得了一位投资人10万元的启动资金，他们用这笔资金购置了电脑、手机等设备，开始研发App。未达成协议后，资金链断裂使得项目曾一度面临了叫停的局面。就在此时，一位投资人找到他，当时已经有些破罐子破摔想法的张议云便和这位投资人聊天。聊完之后这位投资人看好他们的项目，不多时就把200万元的天使投资打到了他们的账户，项目出现了转机并得以继续下去。后知后觉的张议云这才知道原来这位投资人是比亚迪的高管。在张议云看来，投资人看中的正是他们的团队。"做O2O创业一定要和有传统行业背景的人合作，这是我坚信的一个成功必备要素"，而做"口袋兼职"，除了一直关注大学生兼职需求以外，更重要的是他的联合创始人之一是一位拥有丰富兼职中介经验的行业内人士。

加上他从初中开始就做着与互联网相关的创业，拥有丰富的互联网经验，而创业初始团队主要是自己的同学，几乎都是广州大学华软软件学院的在校学生，负责技术的、负责商业运营的，各司其职。

好点子如何变现：精准化营销让用户找上门

尽管是技术出身，但张议云更关注如何将技术变现的问题。他总结说，一个好点子如何变现，重要的是从产品出发，通过精准化营销，让用户自发找到你。

上大学期间，他注意到某大型电商网站有一个精准化营销平台，个人参与其中通过营销推广可以获得佣金收入。于是，他挑选了某款榨汁机做推广，这是他精准化营销和答案式营销的第一次尝试。他的做法是，首先建立了一个博客，每天在博客上发布三篇原创的关于养生、榨汁机食谱等相关的文章。

经过三个月的运营，这个博客拥有了高达几十万的阅读量，也使得其通过百度搜索"榨汁机哪个牌子好"这类问题时会出现在首页靠前的位置。达到这个阶段以后，他就在文章的末尾不显眼处用赞助等方式将产品的链接植入，如此，就能够有极大的购买转化率，佣金收入也很不错。

除此之外，他在给传统企业做互联网解决方案顾问时获得了不少精准化营销的经验。如他曾经给一家宠物用品公司建议，通过开发一个宠物社交App来寻找买家，当聚集到足够多买家时在商城中推出自己的产品，该款App就让这些商品有了不错的销量。

有了经验，精准化营销也应用在"口袋兼职"上。针对学生群体和本身作为学生的优势，他们计划通过透支的方式让学生来使用"口袋兼职"。他们计划给学生用户一定的信用额度，即可以取现的现金，学生通过兼职的方法还钱。如此就能够吸引足够多的学生使用产品，这样招聘方也会因为学生而聚集到App上。

不过，"口袋兼职"并不对学生或者招聘方收费，那么他们又如何实现盈利呢？张议云的想法是，通过学生用户从兼职到全职的转换来实现盈利。

　　成功的创业案例比比皆是，张议云之所以能引起大众的关注，在于他身上体现的不解决实际问题不罢休的特征，从"1分钟能生成5个QQ群的截图的威客达软件"到"口袋兼职"App，解决了一个个现实问题，直到获得成功。

　　从"95后"大学生张议云的创业故事中，你认为想要成功创业，创业者需要具备哪些素质？

① 创新能力

创新能力是白手起家创业者的生命源泉和灵魂。它包括两方面的含义，大脑活动的能力，即创造性思维、创造性想象、独立性思维和捕捉灵感的能力；创新实践的能力，即人在创新活动中完成创新任务的具体能力。创新能力体现在观念创新、技术创新、组织创新、制度创新、管理创新、产品创新、市场创新等多个方面。

② 学习能力

学习能力主要包括制订学习目标和计划的能力、阅读能力、分析归纳能力、信息检索能力等多方面。

培养良好的学习能力有多种途径，包括心态归零、精益求精、开阔视野等，其他更多途径大家可以查阅资料，发散思维，为自己制订一份合适的培养学习能力的计划。

③ 合作能力

洛克菲勒曾经说过"坚强有力的合作伙伴是事业成功的基石"。创业者要想与人合作，首先做到知己知彼，清楚自己的性格类型、素质、能力专长、劣势，选定一个适合自己的目标。其次要注意分析他人的特点，找到互补性和差异性。如此，方可找到真正的合作伙伴，携手实现远大的理想。

④

经营管理能力

经营管理能力在较高层次上决定了创业实践活动的效率和成败。经营管理能力重在对人员、资金的管理，涉及人员选择、使用、组合和优化，也涉及资金聚集、核算、分配、使用和流动。

经营管理能力的形成要从学会经营、学会管理、学会用人、学会理财几个方面去努力。

⑤

分析决策能力

分析问题能力从三个方面突破，做有心人，多进行市场调查；养成多思考的习惯，对可能出现的结果进行分析，做好应对措施；集思广益，多向同行学习。

决策能力是各种综合能力的体现，表现为选择最佳方案的决策能力。

⑥

人际交往能力

人际交往能力体现在表达能力、反应和人脉的积累上，不断拓展人脉、扩大社交圈，通过朋友掌握更多信息、聚集更多资源、寻求更快更好的发展，是创业成功的捷径和秘诀之一。无形的客户资源网络、良好的商业生态支持网络或许就是竞争制胜的"杀手锏"，创业者对此应有全面、准确的感悟和认识。

课堂演练

01

思维变通训练

（1）24个人排成6列，每5人一列，如何排？

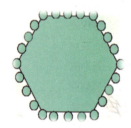

（2）说说牙签的用途？

02

思维的独创性训练

（1）手指还能怎样玩？

（2）请发挥创造力和想象力，想一想，什么情况下，下列等式成立。

$$3 + 4 = 1$$
$$1 + 2 = 1$$

游戏名称： 天外来客

游戏目的： 了解风险、投资、收益之间的关系。

游戏准备： 生鸡蛋、纸杯、筷子、长短吸管、气球、皮筋、彩色纸张、剪刀、胶水等。

游戏程序：

每个小组的组长把材料分给组员：一枚生鸡蛋，四个纸杯，一双筷子，长吸管和短吸管各两根，两只气球，几根皮筋，几张彩纸和几支彩笔，一把剪刀和一瓶胶水。

游戏要求每个小组除了要用这些材料做一个鸡蛋飞行器外，还要制作一面彩旗，用来标记"飞行器"落地时的位置，并要求在一个小时内完成全部任务。

游戏规则： 方法是用一枚生鸡蛋和其他几种简单的材料做成一个"飞行器"，哪个小组的"飞行器"飞得最远而且不碎就是胜利者。

3.3 创业者动机剖析

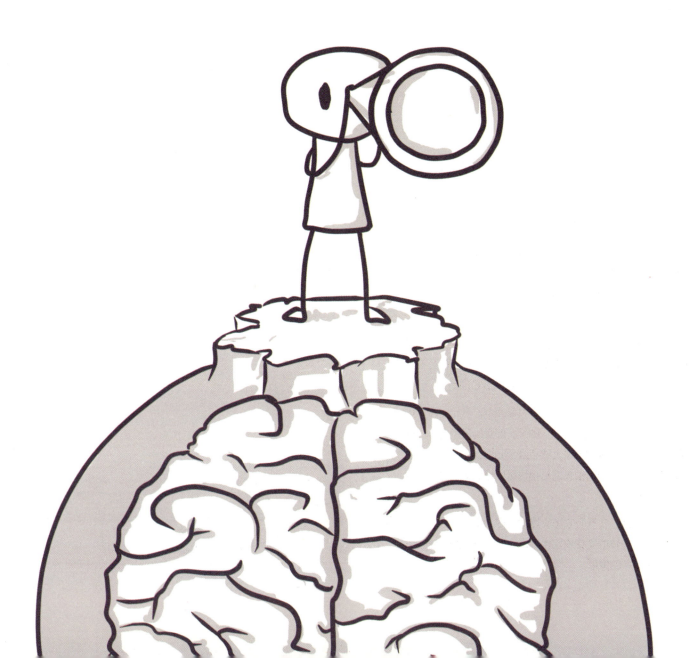

你的创业动机是什么？

编选自：张小湖：《你的创业动机是什么？》，搜狐IT栏，http://it.sohu.com/20150129/n408178742.shtml。

天才创造了时代，而庸才们享受时代，不甘平庸者改变时代。

我认识的两个朋友，恰好是不甘平庸者，他们都在试图改变这个时代。他们所从事的创业事业和他们之前的背景比起来，会让你惊掉大牙。但他们的的确确是不甘平庸者，试图改变自己，也可能改变时代。

第一个朋友叫琳宝，时尚美女一枚，长期浸淫于互联网圈，做过编辑、市场、营销，爱跳舞、会唱歌，她创业的事业是什么？回到农村去，包了几个村的枣树，做农产品相关的O2O项目。

她先从京东发起众筹以及股权众筹，共融资100万元左右，短短一个月不到，她的枣已经全部卖光。她又开始卖起了枣树，一株以自己名字命名的枣树，这株枣树上的枣全部归你，并可根据你的需求加工成枣茶等产品，枣树相关的材料也可以根据你的需要来生产产品，如粗布衣物等。

枣树与枣并非独创，在开心农场火爆的时候，集观光旅游、绿色生态、自助采摘于一体的实体农庄也异常火爆。琳宝的创业只是刚刚开始，期待她有新的突破。

第二个朋友叫秦轩，留学背景，高富帅，10岁到美国，毕业于哈佛大学，在麦肯锡担任过投资顾问，他创业的事业是什么？回到中国，对超市的购物箱（收纳箱）进行改造，取了一个卡哇伊的名字——迷你考拉，它存放的地方不是在自己家，而是统一的仓储基地；并且它配有一把蓝牙锁，只能用你自己的手机App打开，并且可以通过App追踪自己的物品情况。通过把闲置物品云端化，使收纳箱进行了蜕变。

目前已经在中国香港和北京建立他的仓储基地，并且有了自己的首批用户群，获得了A轮融资。

他们的情怀

这个爱漂亮重感情的姑娘宁肯住到村里，自己策划，自己营销，自己卖枣，她有自己的情怀：依靠自己的努力而独立生存，她希望有更多的女性能拥有自己的品牌。

这个留学归来的哈佛生从美返京，他也有自己的情怀：在居无定所的日子，用一个普通的盒子就可以减少负担，营造出更多的自由和幸福。

独立与空间

创业的动机或许就是这样，找到你的情怀，抑或发现了你最初的梦想。

假如让你去创业，你的动机是什么？

知识点一：什么是创业动机

美国心理学家韦纳（Weiner）认为，心理学上的动机，是激发和维持个体进行活动并导致该活动朝向某一目标的心理倾向或动力，是构成人类大部分行为的基础。

创业动机可以理解为驱动个体创业的心理倾向或动力，它是个体在环境的影响下，将自己的创业意向付诸于具体行动的一种特殊心理状态。

创业活动是一种综合性很强的社会实践活动，它源于人的强烈的内在需要，这种内在需要是创业活动最初的诱因和动力。如果没有创业的需要，就绝不可能产生创业行为。仅有创业需要也并不一定有创业行为，只有当创业需要上升为创业动机时，才能形成创业者竭力追求和获得最佳效果及优异成绩的心理动力。创业动机就是推动创业者从事创业实践活动所必备的积极的心理状态和动力。一旦创业者拥有了这一积极的心理状态和动力并将其付诸实践，他就会坚持不懈，勇往直前。

参考文献：

（1）[美]杰弗里·蒂蒙斯、小斯蒂芬·斯皮内利：《创业学》（第6版）（New Venture Creation），周伟民、吕长春译，人民邮电出版社2005年版。

（2）李家华：《创业基础》，北京师范大学出版社2013年版。

国外学者对创业动机的定义

维克托·弗鲁姆（Vroom，1964）将动机用函数的形式表示出来，即动机是效价、期望和手段三者的乘积。

莱恩和德西（Ryan and Deci，2000）认为，创业动机是生物、认知和社会规范的核心，它与创业意向一样也包含着能量、方向和持久的激励。

Robichaud、McGraw 和 Roger（2001）把创业动机看作是创业家通过经营所属的企业来寻求达到的目标，创业家的目标决定了其行为模式，进而决定了创业能否成功。

Baum 和 Locke（2004）认为，创业动机是创业者在追求成就的过程中，在头脑中形成的一种内部驱动力，有目标导向和自我效能感两个衡量指标。

Shane、Locke 和 Collins（2003）认为，创业动机是个体的一种意愿和一种自发性，这种意愿会影响人们去发现机会、获取资源以及开展创业的活动。

Carsrud 和 Brannback（2011）认为，创业动机是将创业认知和创业意向转换成创业行为的"火花"和关键。

国内学者对创业动机的定义

何志聪（2004）认为，创业动机不是一个抽象的概念，而是内化为创业者个体的目标，激励创业者的行为，激励创业者去寻找机会、把握机会并最终实现创业成功的动力。

李家华（2013）认为，创业动机是引起和维持个体从事创业活动，并使活动朝向某些目标的内部动力，是鼓励和引导个体为实现创业成功而行动的内在力量。

维克托·弗鲁姆（Victor H. Vroom）：著名心理学家和行为科学家，期望理论的奠基人，国际管理学界最具影响力的科学家之一。

知识点二：创业动机的分类

创业动机分类方式非常多，国外有研究者根据创业初始动力的差异性，将创业者分为艺术型创业者和管理型创业者，艺术型创业者注重非经济利益，管理型创业者注重经济利益；相应地，艺术型创业者以个人自由追求、自我欲望的挑战、生活方式的追求等为动机，而管理型创业者以经济利益驱动或基业奠定为动机。

总体而言，创业动机虽千差万别，作用却是唯一的，就是创业行为产生并前进的推动力。

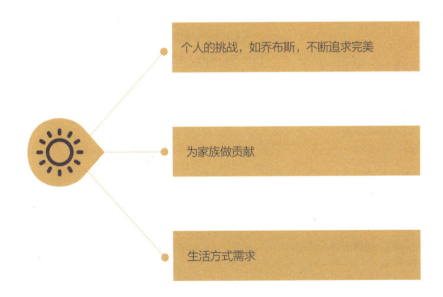

个人的挑战，如乔布斯，不断追求完美

为家族做贡献

生活方式需求

创业动机的案例赏析

编选自：新华网。

牛根生——蒙牛乳业集团创始人，老牛基金会创始人、名誉会长，"全球捐股第一人"

记者：我最近对民营企业家的驱动因素很感兴趣，中国的民营企业家当时为什么创业，现在为什么继续为企业努力奋斗？

牛根生：在伊利我的工资最多的时候拿到100万元，所有的生存需要、发展需要够了。跟总书记聊我们当地情况的时候，讲了这样一个民谣："一家一户一头牛，老婆孩子热炕头；一家一户两头牛，生活吃穿不用愁；一家一户三头牛，三年五年盖洋楼；一家一户一群牛，比牛根生还要牛。"所以，还要做企业，是因为我们背后有一百万奶农，有那么多的农民眼巴巴盼望着你。

记者：现在与创业时候的动机比有什么变化？现在办企业是为了什么？

牛根生：社会责任。一个人活着如果对社会有点儿用或者有点儿意义，觉得比较充实。在伊利公司的时候有一个习惯，我每年的年薪和我的奖励拿出来给大家全分了。

邵亦波——易趣网的创始人

一个人想成功的话，一定要找到自己最想做的事，当然这也是你能做的事，这样你就能够每天都有热情地去工作。创业的动机很重要，不能赶时髦，但必须要有热情。成功其实是指一个人能实现自己有价值的理想，是一个人对社会起了有益的作用。其实我们身边有很多年轻人都是成功的。当然创业成功的毕竟是少数，但创业不要只看结果，我觉得创业过程本身就是一种财富。

知识点三：创业动机的驱动因素

创业动机的驱动因素不外乎两类：个体成就和团队合作。

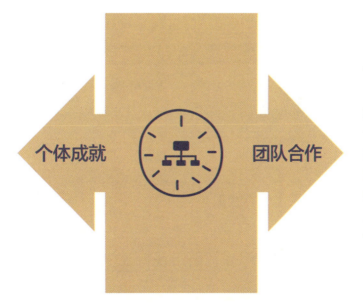

个体成就

团队合作

它是个体创业意向的重要驱动力，一般表现为个体冲动、期许和价值目标等。当个体对自己人生成就具有较高水平的期望时，创业作为一种职业选择就会产生巨大的吸引力，为个体带来其他选择无法满足的心理、物质和精神满足感。

团队合作素质越高，创业者就越有创业的冲动，马云的"十八罗汉"、携程的"四人组"、新东方的"三驾马车"等著名的创业团队皆因合作素质高，很好地处理了团队成员中的关系，调动了他们的创业热情。

创业者不应具备的10大创业动机

编选自：3158招商加盟网。

▶ "我厌倦了一直要努力工作，压力很大。"

▶ "这是我的爱好，所以为什么不把它当成……"

▶ "我绝望了，因为我找不到合适的工作。"

▶ "我家是商业世家，所以我有遗传天赋。"

▶ "我继承了些钱，创业是不错的投资。"

▶ "我有空闲时间，我需要额外收入。"

▶ "我讨厌当小职员，被老板管。"

▶ "我的朋友都拥有热门产业，似乎做得不赖。"

▶ "我想致富，所以我要创业。"

▶ "我的首要目标是奉献社会。"

3.4 创业者自我管理

一个有关创业失败和自杀的故事

编选自：网易外媒栏，http://tech.163.com/13/0409/16/8S1JB22K000915BF.html。

2013年初，电商网站Ecomom联合创始人乔迪·谢尔曼在面临创业失败的时候，选择了自杀，让整个创业圈感到震惊，并引起人们对创业热的反思。

几天后，Ecomom召开了一次董事会，公司的其他联合创始人和董事会成员发现Ecomom处于一个令人吃惊的状况。几周后，Ecomom关门。理由很简单：该公司已资不抵债，没有人知道资金的去向。为了探究谢尔曼自杀前到底发生了什么事，有人组织了采访，很多人都觉得自己受骗了，同时存有疑惑：不知道他究竟是个什么样的人？在他生命中最后的几个月里，究竟发生了什么事，让他的人生如此悲惨地结束？

初创企业圈的"威利旺卡"

乔迪·谢尔曼身高只有1.75米，但留着一头蓬松的、野性十足的黑色卷发，就像充了电似的，使他看起来的身高要比实际身高高出几厘米。朋友称他是初创企业领域里的"威利旺卡"（Willy Wonka，译者注：《查理和巧克力工厂》中神奇的巧克力工厂老板）。

谢尔曼经历坎坷，没有上过大学，参加美国海军，退役后去了一家科技公司，后来在NBCi公司做到了副总裁的位置，后来自己开创了专门制作在线谈话节目的"Comedy World"公司，以失败而告终。第二次创业，创办了"Sprout Baby"网站，专门出售实惠、健康的婴儿食品。这是谢尔曼创办的最后一个初创企业Ecomom的前身。

在融资上不惜代价

Ecomom不太容易得到投资人的青睐，即使是天使投资人。谢尔曼在给企业创办的邮件上写道："一个自己没有孩子的男人要去创办一家面向母亲的电商网站，没有人会喜欢这样的创意。"

像所有优秀的企业家一样，谢尔曼不会轻易放弃，他一个一个地去说服。最终，有65位投资者向Ecomom投资，最终谢尔曼筹集到200万美元的资金。

豪赌拉斯维加斯

Vegas Tech Fund基金提出愿意向Ecomom投资，条件是为拉斯维加斯城市实验项目Downtown Project做出贡献，不得已谢尔曼决定将Ecomom迁至拉斯维加斯，据亲密朋友称他在那里过得并不快乐。

个人和企业债台高筑

在他将公司搬迁到拉斯维加斯的同时，谢尔曼为Ecomom完成了400万美元的另一轮融资。谢尔曼擅长融资，但他不擅长做出明智的财务决策，包括个人生活和企业。

消息人士称，公司里只有谢尔曼一人接触公司的银行账户和发票。只有他知道Ecomom每月用掉多少现金。他把公司剩余的现金贮存在他个人的信用卡里—— 一张黑色的美国运通卡——这使他欠下更多的个人债务。

危险的交易和数百万美元消失

谢尔曼去世时，距Ecomom融资570万美元只有5个月的时间，但Ecomom的现金储备突然枯竭了。这几百万美元的资金哪里去了？直到去世那天，只有谢尔曼一人知道。

灾难性的打折销售

Ecomom通过团购交易给予客户很大的折扣。Ecomom的慷慨和良好的客户服务深受客户的喜欢，但让该公司的银行账户吃紧。年底，该公司总营收达370万美元，其中100多万美元来自假日季节的打折销售。当然，这也让公司付出了极其昂贵的代价。

危地马拉骗局

当People Fund决定不再向该公司投资，再加上假日打折销售带来的亏损，让谢尔曼陷入困境，使他迫切需要金钱，这促使谢尔曼陷入一场骗局中，一场来自疯狂的迈克菲宣城的"向一个非公开的地方项目进行初始投资，将获得丰厚回报"的骗局，事实上并未得到任何回报。

创业值得付出生命代价吗？

即使那些知道谢尔曼是个性格多变的人，对他的死也感到震惊。对于一个生活中已经克服了很多困难的人，他的自杀难免让人提出一个问题：为什么自杀？

一位高科技行业的初创企业家告诉我："现在，创始人都面临着巨大压力。"

是什么促使谢尔曼自杀？

正如在大多数情况下，没有人知道一个人自杀的确切原因一样，谢尔曼长期受到抑郁症的困扰，他经常吸食大麻以自我调节，这可能给他心理蒙上了阴影。可以肯定的是，他承受着巨大的财务和工作上的压力。

创业者在创业过程中，将面临哪些压力与危机？

知识点一：创业者的压力来源

　　适当的压力可以激发人体内的潜能，过度的压力则会造成心理、精神等方面的负面影响。现代人的压力来自工作、生活、家庭、社会等方方面面。对于创业者而言，压力主要源于身体、家庭、企业和社会。

01 **企业**
业务、财务、人事、安全……

02 **家庭**
因为工作太忙而疏忽了陪伴家人和子女教育，或者房贷、车贷的压力使得家庭的经济预算捉襟见肘，这些都会对创业者造成心理上的压力。

03 **社会**
舆论、应酬、同行竞争……

创业者的沮丧

梅格·赫施博格（Meg Hirshberg）在考夫曼基金会(Kauffman Foundation)教授创业课程，她表示，大多数企业家发现，当错误发生时，他们是唯一的"先遣对象"。"企业家们感觉，他们完全无法让自己从公司抽离。现实情况是，根本就没有真正的工作和生活平衡。"

初创企业孵化器Y Combinator总裁萨姆·阿尔特曼(Sam Altman)撰写了一篇博文，名为"创业者的沮丧"（Founder Depression）。该文被广泛阅读，阿尔特曼在文中鼓励与Y Combinator一起工作的创业者谈谈他们所遇到的问题，而不是独自承受。

印第安纳大学商学院教授迪恩·谢菲尔德（Dean Shepherd）表示，当风险出现，工作所带来的身份协同会加剧创业者们的悲观思想。谢菲尔德表示，企业家经常将自己逼得太紧。"如果你只去研究那些成功的企业家，你就会经常陷入一种他们过于乐观，过于自信，然后他们更有可能成功的思想中，你没有看到的是那些创业失败丢掉老本的企业家经验。"

萨姆·阿尔特曼（Sam Altman），硅谷知名创业孵化器Y Combinator掌门人

知识点二：创业者的压力反应

压力会给创业者带来心理、生理和行为的不同反应。

心理反应

愤怒、焦虑、恐惧、内疚、窘迫、沮丧、负罪感、妒忌、无助、偏执、白日梦、突发奇想、出现自杀念头等。

生理反应

频繁感冒、心悸、呼吸困难、胸部疼痛、偏头痛、腰背酸痛、消化不良、腹泻、便秘、皮肤过敏、哮喘、过度出汗、体重迅速变化、月经失调等。

行为反应

消极、冲动、攻击、强迫、喝更多的酒、安慰性吃饭、狂购、早醒、痴睡、逃避、紧张性抽搐。

知识点三：创业者的压力管理

树立正确的成败观 ——"胜不骄，败不馁"

"创业"的成功并非终点，相反是个起点。企业创立之后要面临更多问题，企业持续经营要比取得初步成功更富有挑战性，因此不能被一时的成功冲昏了头脑，应该从成功的喜悦中冷静下来，正确看待成功，持续前行。

创业
成功?

创业
失败?

不少创业者考虑过一旦失败的情况，从一开始就承受了非常大的压力，"害怕失败"成为一种常态。放弃了原本稳定收入的工作去创业，如果失败了如何向家里人解释？自己和亲朋好友为创业项目投入了自己的积蓄，如果失败了怎么偿还债务和人情……眼里只有成功而不允许失败，一旦失败，他们便无法承受，就会意志消沉，甚至放弃生命，就像案例中的谢尔曼。

其实，将创业当做是一份特殊的"工作"，一旦不成功，不过是失业而已，完全不必背负沉重的压力。

保持平常心

中国首位网球大满贯冠军得主李娜的教练是著名的网球教练卡洛斯，他是一位心理调节的高手。他曾经对李娜说：赛场上最重要的不是输赢，而是你是否已经尽力。这句话同样可以运用到我们的创业事业中来。我们可以找到很多舒缓压力的方法，但最重要的还是保持一颗平常心。尽自己最大努力去争取，不论成功或是失败都不会有遗憾，这样的心态能让我们乐观面对未来，从容面对压力，甚至变压力为动力。

李娜：中国女子网球运动员，亚洲第一位大满贯女子单打冠军，亚洲历史上女单世界排名最高选手，正手凶狠，灵活，底线好，力量大

缓解创业压力的几种方法

充分休息，充足的睡眠能让人精力充沛，精神焕发，能做好迎接挑战的心理和生理准备。所以，不管多忙，每天必须保证7~8小时的睡眠时间。

调适饮食，禁烟少酒。酒精和尼古丁只能掩盖压力，不能解除压力。

适当参加社交活动，多与知心朋友交流沟通。

不要将他人的过错归因于自己，因为我们无须对他人的情绪承担责任。

遇到严重困难的时候，先设想一下最坏的结果，这样会对自己的应变能力更具信心。

不为自己无法改变的事情操心，这种无谓的压力毫无必要。

打开相册，重温过去的美好时光，回忆曾经拥有的最幸福时刻。

适当参加健身活动，没有杂念地全心投入，让身心完全放松。

适当吃点零食，对很多人来说"吃"是舒缓压力的有效途径。

在难以找到倾诉对象时，可以尝试写日记，把自己的烦恼和想法记下来，这种"无声的倾诉"同样具有舒缓压力的效果。

如果压力仍然难以排解，并且已经严重影响日常生活，应找心理医生寻求解决之道。

知识点四：创业者如何提升自身修为

　　横亘在创业者和企业家之间的距离，的确极其遥远。一个创业者从初涉创业到成长为合格的企业家，要经历的痛苦与磨砺，绝不亚于九九八十一难。

　　自我修养的提升，并不代表做出成就，它只是提供了扎实的基石，使素养不成为事业的瓶颈。如图3-1、图3-2所示。

图3-1　后天习得静态模型

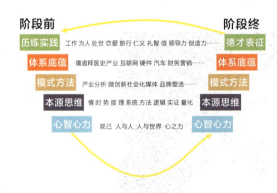

图3-2　创业者V5修炼模型

小张一年前辞职创业做陶瓷产品的生产和销售，他很想有一款理想的产品一炮而红从而推进企业的发展。一次，他想引进一个产品的模具开发一款产品。在内部研讨时，一位员工提醒说好像市面上已经见过这款产品，如果再开发上市的话恐怕市场前景不太乐观。但小张对这款产品情有独钟，执意引进开发。结果不出所料，产品滞销积压。小张已经连续两个月发不出员工的工资了，工人们陆陆续续都走掉了。小张感觉到前所未有的压力，整个人都处于崩溃的边缘。

　　如果你是小张，你会如何进行压力管理？

／ 本章总结 ／

对创业者的认识和创业分类

创业者的六种核心能力

创业者动机分类和驱动因素

创业者的压力来源和压力管理

／ 本章习题 ／

运用创业潜能测评软件测试自己的创业能力，并针对报告结果制订一份适当的提升计划。

（1）梁良良：《创新思维训练》，新世界出版社2009年版。

（2）张晓芒：《创新思维训练》，企业管理出版社2006年版。

第04章

一

如何识别创业机会

4.1 创业机会是什么

旋转在指间的"陶艺梦"

编选自：《洛阳日报》，2016年11月10日，记者：朱艳艳。

张玉静、徐珊、陈俊威是三个爱好陶艺的"90后"大学毕业生。2016年初，他们在八里·唐文创小镇合伙开了一个陶艺工作室，除了销售自己制作的陶器，还拓展陶艺体验空间，开设陶艺学习课程。

把爱好当事业

在八里·唐文创小镇的一间陶艺工作室，25岁的张玉静坐在拉坯机前，认真地教顾客制作陶器。随着她双手屈伸，旋转中的泥团渐渐有了瓶子的雏形。在她身后的木架上，摆放着不同造型的瓶瓶罐罐，有些已经上釉……

"这些都是顾客做的，等烧制好，就可以通知他们来拿了。"张玉静说。这个工作室，是她和好朋友徐珊、陈俊威合伙开的。他们都是洛阳人，曾在同一画室学习，又都在景德镇学院学习现代陶艺。

毕业后，张玉静在江西省景德镇市一家公司打工，随公司四处考察；陈俊威在景德镇的一个陶艺工作室上班，以提升陶艺制作水平。在实践中，他们积累了创业经验。

2015年，在外打工的张玉静、徐珊、陈俊威相继回到老家。经过考察，他们于2016年初开了一个陶艺工作室，顾客可以购买他们烧制的茶具、花瓶、装饰等陶器，也可以体验陶艺的制作过程。

徐珊说，近年，陶吧、陶艺工作室在一线城市广受欢迎，这一行业在洛阳还处在起步阶段，市场相对较大。"我们把爱好当成事业，会倾注更多的感情。"说起创业，徐珊信心十足。

用传统手艺烧出上等陶器

揉泥、拉坯、装饰、上釉、烧窑……陶艺制作的每一个环节都很重要。其中，烧窑是关键，全部由工作室操刀完成。

陈俊威说，随着现代陶艺走进大众生活，洛阳市的陶艺工作室普遍使用方便快捷的电窑进行烧制。他说，电窑就像家用微波炉，把捏好的坯体放进电窑，设定好时间就可以自动烧制。方法简单，但烧出的陶器色彩单一。

他们的工作室则选用了传统的气窑烧制，人工控制窑内的火候、气压、温度等。根据烧制的情况及时微调指标，烧出的陶器颜色更丰富、质地也更细腻。

"烧一窑，得10个小时。"张玉静说，为了不耽误白天营业，

他们通常选择在晚上烧制。每次，三个人都一起守着，每10分钟观察一次火候。

专业是硬指标，服务是软实力。在做好产品的同时，张静玉不忘提升服务质量，他们把顾客的作品当作自己的作品认真对待，手把手指导，受到了顾客的好评。

举办特色活动扩大影响

最近，张玉静的陶艺工作室与一些单位、社会组织、画室合作，举办了一些简单的陶艺体验活动，不少人对陶艺产生了浓厚兴趣。下一步，他们将主动出击，寻求更多的合作伙伴，举办亲子专场、情侣专场等活动，以吸引更多顾客。

另外，针对不同的顾客，张玉静还设计了一些课程，目前已有不少人报名。

在陈俊威看来，在艺术品市场，作品做得好不一定卖得好，必须有人气。为了提高作品的认可度，他们在经营店面的同时，还打算设计、烧制一些作品，通过参加比赛，用成绩扩大工作室的影响。

（1）这三个大学生发现了什么创业机会？
（2）这个创业机会源自什么？

我要创业!

拼搏!

机会，指具有时间性的有利情况，如实现某种目的的可行的突破口、切入点、环境、条件等。

创业，最关键的要素是机会的发现。

张九龄

歌德

狄更斯

机会的重要性

机不可失，时不再来。—— 张九龄

善于捕捉机会者为俊杰。—— 歌德

机会不会上门来找，只有人去找机会。—— 狄更斯

名人录 —— 创业机会

美国著名未来学家、《大趋势》的作者奈斯比特："成功靠的不是解决问题，而是利用机会。"

德鲁克：关于创新的源泉，他提出了创新的七个来源，实际上就是创新的机会。从技术角度看，创新是研究。从商业角度看，创新是机会的发现。

乔布斯：发现创新的机会，然后交给其他技术人员予以实现。

李嘉诚："龙卷风来了，猪都能够飞上天。"猪并没有长翅膀，不借助龙卷风这样的机会，是无法上天的。

知识点一：创业机会的概念

创业机会可以为购买者或使用者创造或增加价值的产品或服务，它具有吸引力、持久性和适时性。

1

创业机会可以引入新产品、新服务、新原材料和新组织方式，并能以高于成本价出售产品。

2

创业机会是一种新的"目的一手段"关系，它能为经济活动引入新产品、新服务、新原材料、新市场或新组织方式。

3

4

创业机会是具有较强吸引力的、较为持久的有利于创业的商业机会，创业者可为客户提供有价值的产品或服务并获益。

创业机会是指在市场经济条件下，社会的经济活动过程中形成和产生的一种有利于企业经营成功的因素，是一种带有偶然性并能被经营者认识和利用的契机。它是有吸引力的、较持久的和适时的一种商务活动空间，并最终表现在能够为消费者或客户创造价值或增加价值的产品或服务中，同时能为创业者带来回报或实现创业目的。

知识点二：创意

创意完全是把事物原来的许多旧要素做新的组合。必须具有把事物旧要素予以新的组合的能力。

——创意大师詹姆斯·韦伯·扬

创意是感觉？是新点子？是好主意？是独一无二的思维火花？是稍纵即逝的灵感？它究竟是什么？

创意是旧有元素的重新组合，是一种思想、概念和想法，它是创业活动的开端。

创意是创造意识或创新意识的简称，它是指对现实存在事物的理解以及认知，所衍生出的一种新的抽象思维和行为潜能。创意是一种通过创新思维意识，进一步挖掘和激活资源组合方式进而提升资源价值的方法。

知识点三：创意思维的过程

世界公认的创意大师詹姆斯·韦伯·扬(James Webb Yang)认为创意思维经历的过程有六个步骤，并且绝对要遵循这六个步骤的先后次序。

创意思维的材料犹如一个万花筒，万花筒内的材料数量越多，组成的图案就越多。

资料收集到一定程度，就要对所收集的资料进行认真的阅读、理解。

通过不同的角度进行分析，然后尝试把相关的两个事物放在一起，研究它们的内在关系。

将精力转向任何能使自己身心轻松的方式，完全放松。

创意往往会在费尽心思、经过一段时间的休息与放松之后出现。

创意在萌发初期肯定不完善，需要再加工。

知识点四：创意转化成创业机会

有价值潜力的创意一般会具有以下基本特征：

（1）独特、新颖，难以模仿。创业的本质是创新，创意的新颖性可以是新的技术和新的解决方案，可以是差异化的解决办法，也可以是更好的措施。另外，新颖性还意味着一定程度的领先性。不少创业者在选择创业机会时，关注国家政策优先支持的领域就是在寻找领先性的项目。不具有新颖性的想法不仅将来不会吸引投资者和消费者，对创业者本人都不会有激励作用。新颖性还可以加大模仿的难度。

（2）客观、真实，可以操作。有价值的创意绝对不会是空想，而要有现实意义，具有实用价值，这是创业动机产生的前提。简单的判断标准是能够开发出可以把握机会的产品或服务，而且市场上存在对产品或服务的真实需求，或可以找到让潜在消费者接受产品或服务的方法。

知识点五：创业机会与商业机会

商业机会是指实现某种商业盈利目的之可行的突破口、切入点、环境、条件等。

创业机会是具有商业价值的创意，是一种特殊的商业机会。创业机会都要比一般的商业机会更具有创新性甚至创造性。

创业机会与商业机会并不存在严格的界限，适合创业的商业机会就是创业机会。

好的创业机会具备以下几个特点：

很能吸引顾客。

能在你的商业环境中行得通。

必须在机会之窗（机会之窗是指创意推广到市场上去所用的时间，若竞争者已经有了同样的思想，并已把产品推向市场，那么机会之窗就关闭了）存在的期间被实施。

必须有资源（人、财、物、信息、时间）和技能才能创立业务。

将浪漫唇印卖出花样来

赵建君是个爱动脑筋的女孩。某天，正与男友热恋的她擦掉口红时，无意中看到纸上的吻印特别漂亮。于是突发奇想，找来白纸，很认真地印了一个"吻"，还写了一些恋人之间的浪漫文字，过塑后送给男友。这个简单而充满创意的礼物让男友特别开心，还开玩笑说："这个很有创意，还不如开个小店专门为情侣们服务呢。"

那时还没工作的赵建君对男友的这句玩笑动心了。很快，"以吻定情"个性小店在东莞正式开张了。半年之后，结婚并怀有身孕的赵建君回到家乡长春休养，又在当地开了"爱的吻唇"实体旗舰店，乘势推出亲情吻唇、天使吻印(宝宝的吻印)、周年吻印、新婚吻印等。这些吻印不但可以做成卡片，还可以做成T恤、项链、手机链等相关产品。赵建君还制作了多种不同的版式供顾客选择，如浪漫版、卡通版、简约版等，满足顾客多样化的需求。

赵建君的小店每天能卖出几十个吻印，收入很稳定。她认为，除了卖吻印，小店还可以拓宽收入渠道搞副业，如打字复印、名片快印、照片冲印、打印扫描、刻录光盘等，还可以开网店销售产品。

思考：
赵建君是如何将好的创意转换成创业机会并成功创业的？

国外关于创业机会定义的研究

编选自：曹之然：《创业机会概念模型研究》，《聊城大学学报》（社会科学版）2013年第3期。

Kirzner（1997）： 未明确定义的市场需求或未充分利用的资源或能力。关键词：未明确定义的、未充分利用的。

Hulbert、Brown和Adams（1997）： 一些亟待满足且有利可图的市场需求。关键词：亟待满足的、有利可图的。

Schumpeter（1934）： 通过创造性地整合资源来满足市场需求，从而创造价值的一种可能性。关键词：创新、整合资源、满足市场需求、创造价值。

Casson（1982）： 能够在新的生产方式中创造性地引入新产品、服务、原材料等要素，再把它们结合起来满足市场需求，并创造价值的可能性。关键词：创新整合资源、满足市场需求、创造价值。

Shane和Venkataraman（2000）： 新产品、新服务、新材料、新的组织形式能够被引入生产，并且以高于成本的方式实现销售的情况。关键词：创新、整合资源、获取利润。

Wickham（2001）： 一种比顾客现在受到的服务更好的，可差异化服务顾客的潜力。关键词：更好地服务顾客、差异化服务顾客。

Eckhardt和Shane（2003）： 一种以创新的方式重新整合新产品、服务、原材料、市场组织方法的可能性。关键词：创新、整合资源。

Sarasvathy（2003）： 利用现有资源去更好地达到预定目的的一种可能性。关键词：利用现有资源、更好地达到预定目的。

Dutta和Crossan（2005）： 一系列的环境条件，这种环境条件导致创业者或创业团队通过现存风险或创造新风险将一种或更多种新产品或服务引入市场。关键词：导致新产品或服务进入市场。

Barringer和Ireland（2006）： 一组有利于创造新产品、新服务或新需求的环境因素。关键词：有利于创造新产品、新服务、新需求。

卖火柴的大男孩赚得百万身家

在卖火柴之前，出生于浙江杭州的"80后"沈子凯拥有一家自己的广告公司。再往前，他是一个艺术设计专业的学生，梦想着用创意和设计将生活中很普通的东西变成有趣好玩的产品。

2007年，一个做创意的朋友送给沈子凯一盒酒店用火柴。黑色的外盒上轧着细碎的花纹，火柴又长又粗，与平时看到的火柴完全两样。朋友说这叫送财，既漂亮又讨彩的礼物让沈子凯很高兴，无聊时常常反复把玩，他想起了曾经的创意产品计划。

2007年7月，沈子凯正式注册了纯真年代艺术火柴商标，三个月后开始销售，并在2009年4月份正式开始加盟连锁。目前纯真年代的近百个经销商遍布除西藏、新疆以外的中国大半地区。艺术火柴已为沈子凯赚得百万身家。这是一个创意变为创意产品，并且大卖的故事，在这个故事里，创意起到了至关重要的作用。

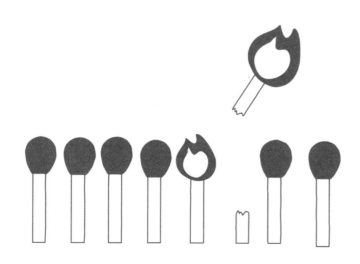

4.2 创业机会识别

梁伯强，指甲钳大王

编选自：《羊城晚报》，http://www.ycwb.com/gb/content/2004-09/04/content_755341.html。

梁伯强，广东中山圣雅伦公司总经理，中国"隐形冠军"形象代言人。这位被誉为"指甲钳大王"的梁伯强，决定生产指甲钳却是因为朱镕基总理的一句话。1998年底，梁伯强在看报纸时发现了一条新闻，这篇名为《话说指甲钳》的文章让梁伯强的命运从此改变。文章写到，当时的朱镕基总理在参加一次会议时讲道："要盯住市场缺口找出路，如指甲钳子，我没用一个好的指甲钳子，我们生产的指甲钳子，剪了两天就剪不动指甲了，使大劲也剪不断。"朱镕基总理以小小的指甲钳为例，要求轻工企业努力提高产品质量，开发新产品。梁伯强从这一句话中发现了指甲钳的商机。

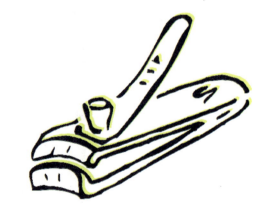

放屁也能挣钱：不可思议的iFart

编选自：经理人分享，http://www.managershare.com/post/238524。

这个想法对你来说有点不靠谱。在乔·康的脑袋里，突然想为iPhone手机设计一个放屁垫应用程序。更疯狂的是，他认为人们会购买这个应用程序。iFart放屁应用程序的零售价是99美分。绝对让人发疯的是，乔·康竟然赚了大钱。

你怎么讨厌这个程序都行，但乔·康是笑到最后的人。该程序引起了媒体的争相报道，各个地方爱搞恶作剧的人爱死了它附带的那26个胀气的声音，如"屁声录音"，"给朋友放个屁"和"偷袭放屁"。该程序投放到市场的头两周内下载次数达到了11.3885万次。用乔·康的话讲，"如果每个美国人都来玩iFart放屁应用程序，那么海地就有救了。""他的应用程序下载次数超过了60万次，这让他和他的公司信息媒体净赚大概40万美元。"

（1）"指甲钳大王"梁伯强是如何发现创业机会的？

（2）乔·康发现的创业机会有什么特征？

知识点一：创业机会的来源

创意与发明	解决问题	环境变化	市场竞争	新技术新模式
发明创造是运用现有的科学知识和科学技术，首创出先进、新颖、独特、具有社会意义的事物及方法，来有效地解决某一实际需要。创造发明提供了新产品、新服务，更好地满足了顾客的需求，同时也带来了创业机会。	创业的根本目的是满足顾客需求。而顾客需求在没有满足前就是问题。寻找创业机会的一个重要途径是善于发现和体会自己和他人在需求方面的问题或生活中的难处。问题越多，机会就越多。	创业的机会大都产生于不断变化的市场环境，环境变化了，市场需求、市场结构必然发生变化。这种变化主要来自产业结构的变动、消费结构升级、城市化的加速、人口思想观念的变化、政府政策的变化等诸方面。	市场竞争的方式多种多样，如产品质量竞争、广告营销竞争、价格竞争、产品式样和花色品种竞争等，这也就是通常所说的市场竞争策略。如果你能弥补竞争对手的缺陷和不足，这也将成为你的创业机会。	世界产业发展的历史告诉我们，几乎每一个新兴产业的形成和发展，都是技术创新的结果。产业的变更或产品的替代，既满足了顾客需求，同时也带来了前所未有的创业机会。

新技术新模式的案例赏析

UBER创业启示：共享经济时代到来

　　优步(UBER)只用了6年时间，就发展成为遍布全球的知名在线平台，其服务已覆盖全球70个国家和地区的400余座城市。优步用它的传奇证明：我们正在走进分享经济时代。

　　在学术上，可以把分享经济行为划归到低信用门槛，也就是说，分享经济参与者的行为，对其他人而言可能会觉得风险较大。我们非常信任那些陌生人，把我们的财富，我们的个人经验，甚至是我们的生命与之分享。可以说，我们正在进入互联网关系最亲密的新时代。

分享经济要从根本上重塑人与人之间的关系，就像传统互联网一样，可以让陌生人彼此相识，在线交流。而现代互联网，则需要帮助联系在实体世界里的个人与社区。纽约大学教授阿伦·孙达拉贾（Arun Sundararajan）认为，人们相互之间的联系程度，远比人类需要的要低。而像优步这样的分享经济的出现，恰恰就在这道鸿沟上面搭建了一座桥梁。

优步的移动应用程序在2010年于旧金山地区推出，支持iOS和Android系统的智能手机。起初优步学习了伦敦出租车的风格，司机穿着西装驾驶清一色黑头的林肯城市轿车、凯迪拉克凯雷德、BMW7系列和梅赛德斯—奔驰S550等车系。2012年7月，Uber推出更亲民且低于出租车价格的"菁英优步"（UberX）服务，同年宣布扩展业务项目，其中包括可搭乘非出租车车辆的共乘服务。

时至今日，Uber已经在70个国家和地区的400多个城市扎根壮大。从北美到欧洲再到亚洲，他们为成千上万的客户服务。在2014年，优步每天的客户数量就达到100万人。优步作为分享经济的典型代表，正在深刻地改变我们生活的面貌。

知识点二：创业机会的特征

　　创业机会虽有某些普遍的共性，但是它一般存在于大众视野的盲区，只有少数目光敏锐、洞察力强的人才能发现它，一旦公开就会"见光死"，也就失去机会的意义了，因此决定了创业机会具有以下特征：

普遍性

凡是有市场、有经营的地方，客观上就存在着创业机会。创业机会普遍存在于各种经营活动过程之中。

偶然性

对一个企业来说，创业机会的发现和捕捉具有很大的不确定性，任何创业机会的产生都有"意外"因素。

消逝性

创业机会存在于一定的时空范围之内，随着产生创业机会的客观条件的变化，创业机会就会相应地消逝和流失。

知识点三：创业机会识别

　　识别创业机会的方法有多种，其中有的来自启发，有的依靠经验获得，有的较为复杂，需要市场研究专家的支持。这里主要归纳为常用的三种：

（一）通过系统分析发现机会

　　多数机会都可以通过系统分析得到，人们可以从企业的宏观环境（政治、法律、技术、人口等）和微观环境（顾客、竞争对手、供应商等）的变化中发现机会。借助市场调研，从环境变化中发现机会，是机会发现的一般规律。关于市场调研方法和技巧大家可以自行参阅教材中的内容。

（二）通过问题分析和顾客建议发现机会

问题分析一开始就要找出个人和组织的需求以及其面临的问题，这些问题可能明确，也可能含糊，重要的是抓到核心问题，那就是"什么才是最好的"。询问顾客的建议，只有他们才知道自己需要什么，顾客的建议是多种多样的，最简单的也是经常听到的便是"如果那样的话不是更好吗"这样非正式的建议。

（三）通过创造获得机会

这种方法在技术行业中最为常见，如音乐播放器、3D打印机、无人机等，它可能始于明确拟满足的市场需求，从而积极探索相应的新技术和新知识，也有可能始于一项新技术发明，进而积极探索新技术的商业价值，如最近全国都在谈论的"创客"。

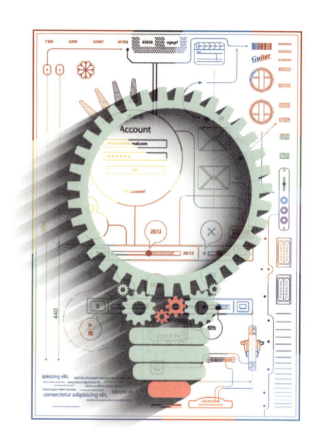

移动互联创业背后：还有哪些创业机会？

编选自：创业邦，http://www.cyzone.cn/a/20140317/255255.html。

许多人担心移动互联网是另一波泡沫。我们的观点是，移动互联网真不是泡沫。拿大众点评网来说，大家看看在传统互联网和移动互联网时代的价值有何不同。

移动互联网的基础是每个人手中的智能手机，手机与个人之间的关系不是其他物品可以替代的！看看我们自己及身边的人，什么是不离身的？钱包不带都没关系，手机不能不带。所以移动互联网的创业，可以直接深入到个人的学习、工作、生活的每个细节。

创新无所不在，就看你如何利用好移动互联网，如何利用手中的那个智能手机的计算能力、位置信息、24h联网以及其背后的唯一持有人的信息。移动互联网有哪些创业机会，从哪里入手？今天我们试图解读一下。目前网上的主要文章都是从行业的角度来分析，这里我们想从移动互联网背后的商业逻辑来看创业机会。目的是能梳理出项目的商业逻辑，以协助创业者规划项目、投资者看清创业项目背后的价值。

一、基本需求

娱乐社交是人类的基本需求，也是传统互联网的主要服务内容，移动互联网很自然地提供了这类服务。这背后的商业价值就不需要再分析，这里只简要提一下。娱乐除了游戏（游戏产业很大，逻辑大家都明白），主要包括视频、音乐和阅读等。

二、记录信息

记得智能手机刚出来时，App都是关于如何管理电池、管理内存等，说白了就是帮你管理好自己的手机。随着这些基本的手机管理需求被满足以及被巨头们切入后，就慢慢切入到个人的自我信息管理。其商业逻辑就是帮你管理信息，不再需要笔记录。

三、找商家

"大众点评"就是找餐厅的一个例子，其商业逻辑就是帮用户快速找到自己需要的商家。这类应用的主题落在商家上。

虾米音乐

大众点评

叮咚运动

滴滴打车

铜板街

景点通

四、找人服务

这类移动互联网创业可以说是2013年上半年最火的一类项目，即帮用户直接找到"可以为他服务的人"。这类项目一般有两个应用端，需要服务的直接客户安装一个App，而提供服务的人安装一个终端App。这也是只有在移动互联网时代才能提供的直接服务。

五、直接购买

想到什么？淘宝？不错，现在在淘宝上可以买很多东西，但这里面还是有不少创业机会。项目的商业逻辑是减少购买环节、减低购买成本。

六、智能服务

这是一个替代的方式，原来需要人服务的，用机器代替。商业逻辑就非常简单，机器代替人服务，效率提升、成本降低。最直接的就是导航软件，替代了原来在高速口很多举牌子"带路"的人。

4.3 创业机会评估

瑜伽会所转让的分析

安静，某学院2008届社会体育专业毕业生，毕业后到了北京一家健身俱乐部做健美操教练，3年的工作中，由于良好的服务意识和扎实的基本功连续2年都获得了"优秀教练"的荣誉称号，并从教练升职为市场部经理。

在北京工作的这3年间，她发现随着都市人群生活节奏的加快，瑜伽作为一种新的健身方式，正在逐渐得到人们的认可，作为一种潮流，已发展成为大众化的全民健身运动。而且，在这3年的教练生涯中，她对瑜伽教授产生了浓厚的兴趣，一个回乡创业的念头在心头萌生。

"水蓝荫"瑜伽会所坐落在衡水市，占地面积300平方米，环境幽雅，符合国际瑜伽时尚健康标准。经营项目有特色课程的开设和瑜伽产品的销售。以"优越的地缘"、"经济实惠的价格"、"高质量的服务"赢得信赖。而且衡水市这两年还要加大往西、往南发展的力度，此处将会成为黄金地段。衡水市目前已有瑜伽项目的健身俱乐部7家和专门的瑜伽会所3家。瑜伽会所目前的消费群体主要是对健康、美丽、时尚、品位、自身完美有着强烈追求、家庭稳定、收入较高的25～45岁的中青年女性。瑜伽没有年龄和性别限制。由于经营者要出国发展，出国前急于将"水蓝荫"瑜伽会所进行转让。

小组讨论

请分析"水蓝荫"瑜伽会所的经营优势和劣势。

知识点一：蒂蒙斯创业机会评价框架

如何评价有效商机，创业学泰斗——蒂蒙斯的创业机会评价框架一直是企业行业的通用标准，涉及行业和市场、经济因素、收获条件、竞争优势、理想与现实的战略差异、管理团队、致命缺陷、个人标准八个方面的53项指标。具体如表4-1所示：

表4-1　莱蒙斯创业机会评价框架

一级指标	二级指标	
行业和市场	1. 市场容易识别，可以带来持续收入。	2. 顾客可以接受产品或服务，愿意为此付费。
	3. 产品的附加价值高。	4. 产品对市场的影响力高。
	5. 将要开发的产品生命长久。	6. 项目所在的行业是新兴行业，竞争不完善。
	7. 市场规模大，销售潜力达到1000万元到10亿元。	8. 市场成长率在30%~50%甚至更高。
	9. 现有厂商的生产能力几乎完全饱和。	10. 在五年内能占据市场的领导地位，达到20%以上。
	11. 拥有低成本的供货商，具有成本优势。	
经济因素	1. 达到盈亏平衡点所需要的时间在1.5~2年。	2. 盈亏平衡点不会逐渐提高。
	3. 投资回报率在25%以上。	4. 项目对资金的要求不是很大，能够获得融资。
	5. 销售额的年增长率高于15%。	6. 有良好的现金流量，能占到销售额的20%~30%。
	7. 能获得持久的毛利，毛利率要达到40%以上。	8. 能获得持久的税后利润，税后利润率要超过10%。
	9. 资产集中程度低。	10. 运营资金不多，需求量是逐渐增加的。
	11. 研究开发工作对资金的要求不高。	
收获条件	1. 项目带来的附加价值具有较高的战略意义。	2. 存在现有的或可预料的退出方式。
	3. 资本市场环境有利，可以实现资本的流动。	

续表

一级指标	二级指标	
竞争优势	1. 固定成本和可变成本低。	2. 对成本、价格和销售的控制较高。
	3. 已经获得或可以获得对专利所有权的保护。	4. 竞争对手尚未觉醒，竞争力较弱。
	5. 拥有专利或具有某种独占性。	6. 拥有发展良好的网络关系，容易获得合同。
	7. 拥有杰出的关键人员和管理团队。	
理想与现实的战略差异	1. 理想与现实情况相吻合。	2. 管理团队已经是最好的。
	3. 在客户服务管理方面有很好的服务理念。	4. 所创办的事业顺应时代潮流。
	5. 所采取的技术具有突破性，不存在许多替代品或竞争对手。	6. 具备灵活的适应能力，能快速地进行取舍。
	7. 始终在寻找新的机会。	8. 定价与市场领先者几乎持平。
	9. 能够获得销售渠道，或已经拥有现成的网络。	10. 能够允许失败。
管理团队	1. 创业者团队是一个优秀管理者的组合。	2. 行业和技术经验达到了本行业内的最高水平。
	3. 管理团队的正直廉洁程度能达到最高水准。	4. 管理团队知道自己缺乏哪方面的知识。
致命缺陷	不存在任何致命缺陷。	
个人标准	1. 个人目标与创业活动相符合。	2. 创业家可以做到在有限的风险下实现成功。
	3. 创业家能接受薪水减少等损失。	4. 创业家渴望进行创业这种生活方式，而不只是为了赚大钱。
	5. 创业家可以承受适当的风险。	6. 创业家在压力下状态依然良好。

知识点二：刘常勇的市场——回报评价框架

市场评价

（1）是否具有市场定位，专注于具体顾客需求，能否为顾客带来新的价值。

（2）根据波特的五力模型（五种力量分别为同行业内现有竞争者的竞争能力、潜在竞争者进入的能力、替代品的替代能力、供应商的讨价还价能力、购买者的讨价还价能力）进行创业机会的市场结构评价。

（3）分析创业机会所面临市场的规模大小。

（4）评价创业机会的市场渗透力。

（5）预测可能取得的市场占有率。

（6）分析产品成本结构。

回报评价

（1）税后利润至少高于5%。

（2）达到盈亏平衡的时间应该低于两年。

（3）投资回报率应高于25%。

（4）资本需求量较低。

（5）毛利率应该高于40%。

（6）能否创造新企业在市场上的战略价值。

（7）资本市场的活跃程度。

（8）退出和收获回报的难易程度。

知识点三：SWOT分析法

SWOT分析的目的是用最小的代价在最短的时间内确定问题是否能够解决，不是解决问题，而是确定问题是否值得去解决。

SWOT（Strengths Weakness Opportunity Threats）分析法，又称为态势分析法或优劣势分析法，用来确定企业自身的竞争优势（Strength）、竞争劣势（Weakness）、机会(Opportunity)和威胁（Threat），从而将公司的战略与公司内部资源、外部环境有机地结合起来，是一种常用的战略规划分析工具。

SWOT分析，是在内外部竞争环境和竞争条件下的态势分析，将与研究对象密切相关的各种主要内部优势、劣势和外部的机会和威胁等，通过调查列举出来，并依照矩阵形式排列，然后用系统分析的思想，把各种因素相互匹配起来加以分析，从中得出一系列相应的结论，而结论通常带有一定的决策性。运用这种方法，可以对研究对象所处的情景进行全面、系统、准确的研究，从而根据研究结果制定相应的发展战略、计划以及对策等。

分析环境因素

构造
SWOT矩阵

实际分析

运用各种调查研究方法，分析出公司所处的各种环境因素，即外部环境因素和内部能力因素。外部环境因素包括机会因素和威胁因素，它们是外部环境对公司的发展有直接影响的有利和不利因素，内部环境因素包括优势因素和弱点因素，它们是公司在其发展中自身存在的积极和消极因素。

将调查得出的各种因素根据轻重缓急或影响程度等排序方式，构造SWOT矩阵。在此过程中，将那些对公司发展有直接的、重要的、大量的、迫切的、久远的影响因素优先排列出来，而将那些间接的、次要的、少许的、不急的、短暂的影响因素排列在后面。

完成环境因素分析和SWOT矩阵的构造后，制订相应的行动计划。制订计划的基本思路是：发挥优势因素，克服弱点因素，利用机会因素，化解威胁因素；考虑过去，立足当前，着眼未来。运用系统分析的综合分析方法，将排列与考虑的各种环境因素相互匹配起来加以组合，得出一系列公司未来发展的可选择对策。

你身边的10个低成本创业机会

很多人的梦想都是自己创业做老板，可大多数人却止步于启动资金的不足。其实创业最重要的不是启动资金，而是创意，只要有个小创意加上自己现有的资源和技能，就能产生很多赚钱的想法。你可能会觉得上面的文字是："说"就天下无敌，"做"就有心无力，为了让你们都有心有力，接下来有10个低成本创业的例子，希望能够让你们都能成功做个小老板。

1.宠物保姆

很多主人都担心出去工作的时候，宠物自己留在家里。国外已经有了这项服务，在主人工作或者旅游的时候，就会雇用宠物保姆照顾宠物。服务内容包含几小时的散步、喂食等。

2.专业购买狂

如果你擅长发现礼物和喜欢购物，那么你可以发展这个作为你的事业，帮助人们追踪任何物品，从绝版书、黑胶唱片、葡萄酒到古董车，收取的费用取决于物品的价值和所需的时间。

3.清洁公司

抓住人们都很懒不想做家务的心理，这门生意大有所作为。召集几个好朋友，花个几千元在报纸上登一个小豆腐块广告，然后就去清洁搞卫生了。

4.淘宝卖家

只要一台相机、合理的摄影技巧和一个淘宝账户，你就能将产品放到网上售卖，要记住把成本、运费算好。

5.社交媒体托管运营

现在人人网、微博的影响力不容忽视，如果你热爱关注社交网络，那么不妨考虑一下，为当地的企业管理社交网络，推广产品、发布优惠活动、处理客户投诉、定期更新客户的新闻和信息，每个月收取固定管理费。

6.兼职秘书

很多小企业偶尔都需要专业秘书的支持，但专门雇用一个秘书又有点浪费，于是这时候他们都想要请一个兼职秘书。只要你去企业做个一两年秘书，有了理论跟经验，这时候就能做这门生意了，还能加入一个Skype号码（即时聊天软件、网络电话），提供电话应答服务。

7.优惠券服务

如果你喜欢散步，那么这个小事业是你的首选，保持健康的同时将超市、商店的优惠信息或活动记录好，给客户提供每天最新的优惠信息。

8.人口追踪

如果你喜欢研究人口方面的工作，那么你可以作为一个族谱专家，帮助人们写族谱，研究、追踪失去联络的亲人或者先人，目前线上有很多族谱的网站在运行，应该可以帮助你的研究。不过要注意你居住的地区，有些工作内容是需要预先获得官方认定或证书的。

9.作家或者翻译

现在的时代是资讯爆炸的时代，如果你有写作的天赋，不妨考虑写文章或者博客，或者你在某个领域有专长，不妨考虑编写一本电子书。例如，《迟到的间隔年》的作者就是边旅行边在论坛写游记，最后集结成册，在旅程的最后娶了一个日本姑娘，成为人生的赢家。

翻译是一个挺不错的工作，一开始自己翻译一点小文章，然后到字幕组工作，就算到最后不能依靠翻译活下去，但写在简历上面，顿时简历都变得高级了。

10.园丁

如果你有一双巧手，如果你热爱花草，你就印刷一些传单、名片发放到居民区，重点在一些老人比较多的社区，你可以帮助他们来照顾花草。

其实创业从周边的生活开始比较容易成功，因为跟其他地方相比，在这里你拥有最多的资源，其实上面10个小创业，都是发现市场空白——调用本身资源——创业成型这个模式。

╱ 本章总结 ╱

◆ 创意与创业机会，创业机会与商业机会。

◆ 创业机会的来源和特征。

◆ 创业机会的识别技巧。

◆ 创业机会的三种评价方法。

╱ 本章习题 ╱

请运用本节创业机会识别与评价方法，对小组的创意库的创意点子进行分析，找出适合创业的创业机会，并对其进行评价。

╱ 课外拓展 ╱

Airbnb模仿者众：入华定位与盈利尴尬

http://www.ebrun.com/20140307/93167.shtml。

第05章

一

创业风险的
评估与防范

5.1 如何评估创业风险

电驴之父：黄一孟

编选自：创业邦，http://magazine.cyzone.cn/articles/201202/2420.html。

电驴(VeryCD)之父黄一孟是一名中途离开大学的创业者。2009年底，因为VeryCD发展受到制约，黄一孟创办心动游戏，开始试着做网页游戏。决定做游戏，黄一孟的思路非常清晰，做一件事情一定要同时满足三个条件：自己喜欢做；自己擅长做；行业是健康的，并且没有瓶颈，能够赚到钱。

"从我们做互联网产品的角度看待这个行业，感觉市面上的产品有很多明显的缺点，如新手引导非常差、用户体验非常差，更新非常慢、游戏的运营非常烦琐等。"凭借多年的互联网经验累积，他觉得自己进入这个行业，可以比现在的人做得更好。

2010年7月，黄一孟推出第一款游戏《天地英雄》，游戏上线不久，后院起火，VeryCD的业务面临成立以来最大的灾难，因为拿不到网络视听牌照，VeryCD被迫停止音乐和影视资源下载服务，删除盗版视频，影视内容跳转向在线观看的电驴大全页面，流量瞬间掉了一半。

黄一孟感慨道，"7年的心血和积累，说关就要关，说停就要停。没有人能甘心，现在所能做的，唯有面对现实，准备好勇气，即使全部推倒从头再来，也绝不放弃"。

因为版权争议，VeryCD下载业务已经无法继续，黄一孟把主要精力放在了游戏上。

在调整原来业务的同时，黄一孟还要继续完善回合制的游戏——《天地英雄》，做了半年，反响不是很好，用户流失严重，就在行业资深专家都建议停掉时，他继续押宝《天地英雄》，一遍遍地调整产品，并从晕影效果出发持续地做推广广告，时间证明了黄一孟是对的，如今，这款游戏做到了2000组服务器，3500万美元的收入，进入行业里的前几名。他创办的心动游戏，在2012年时收入达到10亿元人民币。

从入不敷出的VeryCD，到年收入10亿元的网页游戏公司，黄一孟依靠自己的感觉和摸索去创业。

黄一孟创办电驴过程中是否存在风险，如果有风险，表现在哪些方面？

知识点一：什么是创业风险

风险和利益的大小是成正比的。

土光敏夫：日本经营管理学家，任职石川岛公司和东芝电气公司时，使两家公司起死回生并腾飞。

1. 什么是风险

　　风险是指在一个特定的时间内和一定的环境条件下，人们所期望的目标与实际结果之间的差异程度。企业在实现其目标的经营活动中，会遇到各种不确定性事件，这些事件发生的概率及其影响程度是无法事先预知的，这些事件将对经营活动产生影响，从而影响企业目标实现的程度。这种在一定环境下和一定限期内客观存在的、影响企业目标实现的各种不确定性事件就是风险。

在找风险投资的时候，必须跟风险投资共担风险，你拿到的可能性会更大。

马云：阿里巴巴集团创始人

2. 风险的由来

　　最普遍的一种说法是，在远古时期，以打鱼捕捞为生的渔民们，每次出海前都要祈祷，祈求神灵保佑自己能够平安归来，其中主要的祈祷内容就是让神灵保佑自己在出海时能够风平浪静、满载而归；他们在长期的捕捞实践中，深深地体会到"风"给他们带来的无法预测的危险，他们认识到，在出海捕捞打鱼的生活中，"风"即意味着"险"，这就是"风险"一词的由来。

3. 什么是创业风险

创业风险是指在创业过程中，由于创业环境的不确定性，创业机会与创业企业的复杂性，创业者、创业团队的能力与实力的有限性，而导致创业活动偏离预期目标的可能性及后果。

例如，政策不利变化带来的损失，技术转换失败带来的损失，团队成员分歧带来的损失等。

创业风险

知识点二：创业风险的构成

创业风险的构成主要包括以下三个方面：

创业风险因素是个抽象的概念，具体而言包括人的因素和物的因素，人的因素就是创业者以及团队的道德、心理情况和状态，如道德风险和心理风险等；物的因素就是有形的实实在在的情况，如技术不确定性，经济条件恶化等。

创业风险事件主要是创业风险的可能性变为现实，引起损失后果的事件。如因技术的不确定引起产品研发的失败，经济条件的恶化导致销售的下降等。

因风险事件出现，给创业者或创业企业带来的能够用金钱计量的经济损失。如产品研发失败将造成产品无法及时投放市场，从而带来一定的经济损失。

创业风险构成的案例赏析

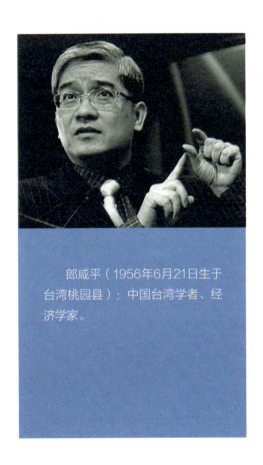

郎咸平（1956年6月21日生于台湾桃园县）：中国台湾学者、经济学家。

案例一：

2015年初，中国制造业不景气。经济学家郎咸平在中山演讲时直言："今天我可以很明确地告诉大家，今年中国将毫无疑问地进入大萧条，2016年会更差，这一切都是因为中国制造业危机正在爆发中。"

多年来一直以"危机"警示民众的知名经济学者郎咸平，在中山再度语出惊人。不过，时至今日，郎咸平的不少警示观点似乎得到一定程度上的应验，因而引起在场1800多名观众的阵阵掌声共鸣。

案例二：

金先生某次出差去深圳，看到深圳很多闹市区的路边正在立一些停车计费咪表，于是投入资金，研制停车计费咪表。尽管他很快研制出号称当代最先进的车载式咪表，但是公司却因为没有订单而长期亏损，两年后倒闭。

知识点三：创业风险分类

　　创业风险的分类很多，按照风险来源，分为主观风险和客观风险；按照创业风险影响程度的范围分为系统性风险与非系统性风险；按照创业风险的可控程度，分为可控风险和不可控风险；按照创业的过程，分为机会识别与评估中的风险、团队组建风险、确定并获得创业资源的风险、准备与撰写创业计划风险以及创业企业管理的风险；按照创业风险内容的表现形式，分为技术风险、管理风险、财务风险和市场风险。最常用的分类是以创业风险内容来划分的。

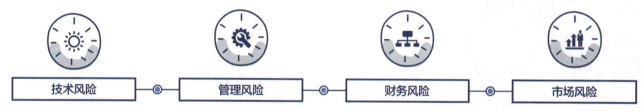

技术风险	管理风险	财务风险	市场风险
技术成功、技术前景、技术寿命、技术效果、技术成果转化等的不确定因素，都会带来技术风险，尤其是高新技术快速发展，技术存活时间的长短无法预知，旧生产技术短时间内被新技术取代，这些都会增加技术风险。	导致管理风险的原因很多，如管理者素质低下，缺乏诚信，权力分配不合理，管理不规范，决策失误，缺乏文化价值观等。	创业所需资金估计失误、创业资金匮乏、财务结构不合理、融资不当、现金流管理不力等都会造成财务风险。	市场供给和需求的变化、市场接受时间的不确定、市场价格变化、市场战略失误等都会带来市场风险。

创业风险分类的案例赏析

案例一：

　　张先生与开发出计算机远程控制全色护栏灯的朋友合作，注册了一家公司，拟进行产品的推广。刚刚做出样机，就有客户找上门来，看到计算机模拟演示效果后，便签订了一个很大的工程订单，由于工期较紧，便直接开始大批量生产，投入工程安装。由于抗干扰性能不过关，导致客户退货，造成了巨大的经济损失。

案例二：

　　陈先生在农产品市场租了一个摊位做菌类生意，开始有稳定低价的货源，市场销路很好。不久，为其供货的菌农，自己也在批发市场租了一个摊位，供货渠道中断，经营陷入了困境。

知识点四：创业风险的识别

"创业有风险，入行需谨慎"，创业过程中的风险需要创业者依据科学方法，结合有经验人士的指导，谨慎辨识与评估。

创业风险的识别方法

创业风险识别需要创业者对创业过程中可能发生的风险进行感知和预测，一般需要利用掌握的风险类型进行分类，全面观察创业过程，找出导致风险的原因，并将引起风险的因素分解成简单的、容易识别的要点，并标注出影响预期目标实现的各种风险，在这个过程中需要小团队的合作。

当然也可以采用以下办法：绘制创业流程图、市场需求调查法、制作风险清单、建立风险档案、头脑风暴等。如图5-1所示。

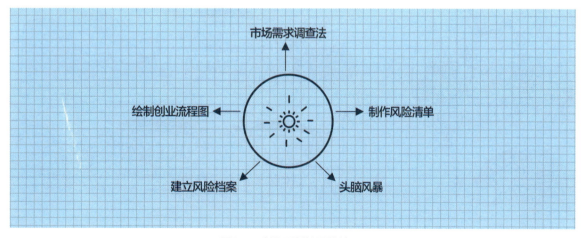

图5-1　创业风险的识别方法

1．绘制创业流程图

创业流程图有多种，这里着重介绍适合学生的创业流程图。

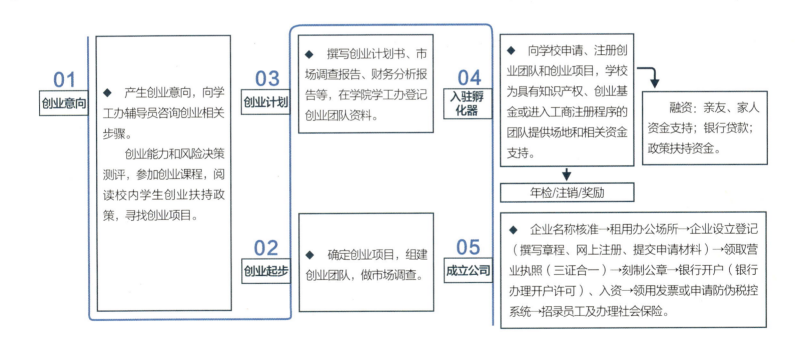

01 创业意向
◆ 产生创业意向，向学工办辅导员咨询创业相关步骤。
创业能力和风险决策测评，参加创业课程，阅读校内学生创业扶持政策，寻找创业项目。

02 创业起步
◆ 确定创业项目，组建创业团队，做市场调查。

03 创业计划
◆ 撰写创业计划书、市场调查报告、财务分析报告等，在学院学工办登记创业团队资料。

04 入驻孵化器
◆ 向学校申请、注册创业团队和创业项目，学校为具有知识产权、创业基金或进入工商注册程序的团队提供场地和相关资金支持。

年检/注销/奖励

融资：亲友、家人资金支持；银行贷款；政策扶持资金。

05 成立公司
◆ 企业名称核准→租用办公场所→企业设立登记（撰写章程、网上注册、提交申请材料）→领取营业执照（三证合一）→刻制公章→银行开户（银行办理开户许可）、入资→领用发票或申请防伪税控系统→招录员工及办理社会保险。

2．市场调查法

市场调查法即运用科学方法，有目的、系统地搜集、记录、整理有关市场信息和资料的方法，便于对市场情况进行全面掌握，为决策提供客观、正确的资料。市场调查包括调查内容和实施方式两个方面。

———— 市场调查内容 ————

市场调查内容	含义
市场环境调查	政治法律环境、经济环境、企业社会文化环境、企业自然地理环境、企业竞争环境等方面的调查
市场需求调查	社会购买力、市场商品需求机构、消费人口结构、消费者购买动机、消费者购买行为等方面的调查
竞争对手调查	竞争对手的数量和经营实力、竞争对手的市场占有率、竞争对手的竞争策略与手段、竞争对手的产品、竞争对手的技术发展等方面的调查
销售调查	主要指销售渠道的调查
产品调查	产品创业、产品概念测试、产品包装、产品品牌、产品服务、产品市场占有率、产品价格等方面的调查

市场调查步骤

正式调查的实施

预调查阶段

调查结果处理

确定调查目标 → 制订调查实施计划

问卷设计

抽样设计

资料收集 → 资料的整理分析 → 提交市场调查报告

（1）市场调查步骤——预调查阶段。

预调查阶段

确定调查目标

● ● ●　这一阶段，主要是提出问题与做初步的市场调查。

　　提出问题是市场调查的第一步，也可能是最难的一步。市场调查的问题是建立在对创业行业有深入了解上，结合个人与他人的经验与知识，符合自身能力特点，具有建设性、可行性与可操作性的市场调查问题。也就是说，这个问题可以得到具体答案并且这个答案对创业者有指导意义。

　　问题在提出之后，需要进行相应的初步调查，如一些探索性的调查。只有在结合初步调查结果，通过反复提问与问题修改后，才能最终确定我们的市场调查目标。

（2）市场调查步骤——正式调查阶段。

正式调查阶段

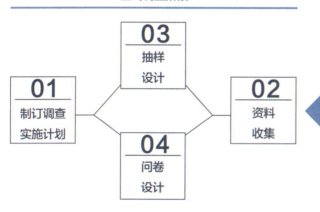

这一阶段的主要任务是收集市场调研所需资料。步骤是：制订调查实施计划、准备调查材料并进行抽样设计（问卷设计、抽样设计）与资料收集。

制订调查实施计划

应包含调查实施的方法、实施地点、人员分工、资金与时间安排等信息，调查实施计划越详尽，实施就会越顺利。

准备相应的调查材料

如果采用问卷法，需要编写或持有相应的问卷，访谈法需要制定访谈提纲，实验法需要联系实验场地与相关工具的准备。

抽样设计

确定接受调查的个体。创业者在进行市场调查中，一般采用前面所说的非全面调查，这就要求受调查的个体能够最大限度地代表想调查的那类消费者的总体。抽样方法有概率抽样与非概率抽样两种，创业者可以根据市场调查目的进行选择。

资料收集

实施阶段最后一个步骤，也是整个调查的执行步骤。实施人员除了按照实施计划执行以外，应尽量避免来自环境与实施人员个人的因素干扰。

（3）市场调查步骤——调查结果处理。

调查结果处理

调查结果处理

　　结果处理阶段的工作主要包含两方面，首先是调查资料的整理分析，其次是提交调查报告并对调查结果进行跟踪。

调查资料的整理分析

　　在很大程度上决定了市场调查的质量与可提供给创业者的指导信息，在分析过程中应当尽量遵守针对性原则、完整性原则、客观性原则与动态性原则。

调查报告撰写

　　要求：语言简洁、结构严谨、内容全面、资料翔实、结论明确。

　　禁忌：一忌堆砌数据，不作分析。

　　　　　二忌脱离材料，空发议论。

调查报告提纲范本

××网络用户市场调查报告提纲

一、概述

对××网络用户调查的背景进行简短的描述。

二、市场调查的目的和方式

（1）调查方法的确立。

调查方法、抽样方法、调查工具（问卷、实验工具等）、实施时间。

（2）调查内容。

依据调查目的设置具体的调查内容。

（3）调查对象。

调查样本的人口学信息、所属群体、根据调查目的其他特点的描述。

（4）调查目的。

三、调查结果

对收集资料进行客观描述性的展示。

四、调查结论

综合分析资料数据，向企业做出相关的结论与建议。

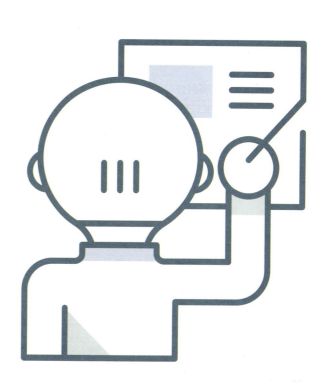

知识点五：创业风险的评估

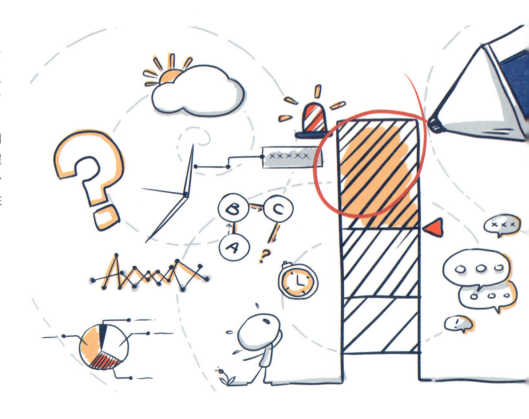

　　创业风险评估包括风险估计和风险评价。

　　创业风险评估主要是对创业风险事件发生的可能性大小、可能的结果范围和危害程度、预期发生的时间、风险因素所产生的风险时间的概率四个方面的估计。

　　创业风险评价则是针对风险估计的结果，运用各种风险评价技术来判定风险影响的大小、危害程度的高低。可以采用定量分析方法，如敏感性分析、决策性分析、影像图分析等，也可以采用定性分析方法，如专家调查法、层次分析法等。

大学生养猪创业风险评估——利弊分析

曾被人看不起的"小猪场"，如今却吸引着近千名大学生当"猪倌"。

● 众多大学生为什么到养猪场当"猪倌"？

● 不论从事何种职业，都是风险与利益并存，那么，大学生养猪创业的风险又来自哪些方面呢？

在大学毕业生的就业路中，自主创业正在悄然兴起，成为一条引人注目的就业之路。大学毕业生自主创业不仅能解决自身的就业问题，还能为他人创造更多的就业机会。

养猪，成了这两年大学生的自主创业项目。新闻报道中也屡有报道，应届大学毕业生甚至研究生都不约而同选择了同一份工作——养猪。至此，已有近千名大学生，落户养猪业，成了名副其实的"猪倌"。

曾经的"天之骄子"毕业后选择去养猪？一时间赞扬者有之，质疑者有之。那么，毫无经验的大学生毕业后回家养猪是不是风险很大？他们面临未知的生猪市场又有哪些难题？这一现象，颇值得研究。

大学生纷纷进军养猪业，对养猪业发展当然是一件好事。因为从目前生猪养殖看，中国生猪养殖行业中的主力仍是小散户，他们对生猪行业现代化水平的认知度还是非常低的，整个行业呈现出一种生产力水平低下的传统养殖的格局。时下，中国农业正处在转型关键期，生猪养殖也须实现从传统经营向现代化规模经营转变。大学生的参与，有利于加快这一进程，进而促进猪肉价格平稳走势，满足13亿人口对猪肉的消费需求。

大学生涌入生猪养殖业，也存在一定风险和问题。因为，根据市场规律，养猪行情多变，风险与养殖利益并存。猪肉同其他商品一样，存在运作风险，需要做好风险评估。同时，建立养殖场，需要占用大量土地，还有防止环境污染问题，这些还需要引起重视。

国家将增加生猪生产奖励补助资金，支持生猪产业生产。大学生进军生猪养殖业，总体上是一件好事，但需要防范风险。这里，不妨套用社会上警示股民"股市有风险，投资需谨慎"的流行语：养猪有风险，投资需谨慎。

头脑风暴

活动一：阅读"金先生停车计费咪表"案例，利用便利贴、白板等辅助工具，分组讨论 "车载咪表"项目的风险。

___

活动二： 阅读"张先生的计算机远程控制全色护栏灯"案例，利用便利贴、白板等辅助工具，分组讨论该项目的技术风险。

___

活动三： 阅读"陈先生的菌类摊位" 案例，利用便利贴、白板等辅助工具，分组讨论该项目的市场风险。

___

5.2 创业风险的防范

创业导师告诉你创业如何防范风险

编选自：房米网，http://news.fang33.com/260/84092.shtml。

"创业，如何防范风险？"由厦门卫视、海峡导报主办，居本传媒集团承办的2014鹭岛创业圈系列主题沙龙第五场暨"驿马创业营"首批创业导师聘书颁发仪式在鼎泰和云玺会所盛大举行。现场15位各行业企业家与50位创业者相聚，探讨创业如何防范风险。

厦门零度尚品成立于2009年，是主力运营男鞋、男包的高端品牌，2009~2013年在高端男鞋销售领域，保持领先地位。董事长涂春荣谈道，当年创业，市场低价位皮鞋皮具是最好卖的，最容易跑量，但是他想做的是5年以后的市场，这些年公司一直在做软实力。创业一直在机会与风险之间徘徊，从互联网成长起来的品牌，更多地面临着被淘汰的危险，而零度尚品刚好恰恰相反，因为零度从设计端、生产、产品细节、用户的体验、供应链的整合速度，在行业上比别人布局得早一点。

淘鞋网创始人涂荣标2002年开始与搭档一起创业，那时互联网开始普及，机会比较大，2008年成立了淘鞋网的时候，已是中国领先的鞋类B2B网站。

创业如何防范风险，涂荣标认为，一是创业者要根据自己的实力，专注自己擅长的领域。二是互联网变化非常快，团队要有好的创新意识，了解市场以及不同年龄层客户的需求。三是互联网、电商行业并没有想象的那么好，创业者要定好自己的目标，一步一个脚印往前走。

1999年，潘孝贞和一个搭档在厦门白手起家创业，成立厦门金牌厨柜股份有限公司，已历16个年头，全国有1000多家专卖店，在行业规模、高端定制方面优势明显。

潘孝贞谈道，创业初期首先考虑的不是风险，而是你的长板、核心竞争力，能够让企业生存下来。此外，现金流不要断，这是初创企业活下来、正常运转的根本。而当企业做到一定规模，更加要注意的是如何防范风险，对于像金牌橱柜这样的生产型企业来说，安全生产等尤为重要，要防患于未然。

试选择一个创业项目, 指出其风险所在, 并分析防范的方法。

知识点一：创业风险防范的常用之法

这是一种消极的创业风险防范之法，是设法回避损失发生的可能性，从根本上消除特定的风险或中途放弃某些既有的风险。使用情况：当某种特定风险所致损失的频率或者损失的幅度相当高，或者采用其他方法不符合成本效益的时候使用。

创业风险转嫁是创业者有意识地将损失或与损失有关的财务后果转嫁给他人去承担的方法，目的是为了避免承担风险的损失。具体方式：保险转嫁、转让转嫁、合同转嫁等。

创业风险自留是创业者自我承担风险损失的一种方法。使用情况：风险导致的损失概率和幅度较低、损失短期内可以预测以及最大损失不影响创业活动的情况下使用。

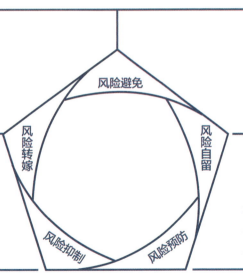

当损失发生时或在损失发生后为缩小损失幅度而采取的各种应对措施。使用情况：损失幅度高且风险又无法避免的情况下采用，如损失发生后的自救或损失处理等。

为了消除或减少风险因素，在风险损失发生前，采取的风险处理的具体措施。使用情况：通常在损失的频率高且损失的幅度低的情况下使用。

知识点二：创业者及新创企业的风险防范之法

这类风险防范是由创业者或创业企业自身因素引起的，由创业者或创业企业通过一定的手段可以预防和分散的防范之法，具体因创业风险类型而定，最常用的是从技术、管理、市场、财务四个维度来防范。

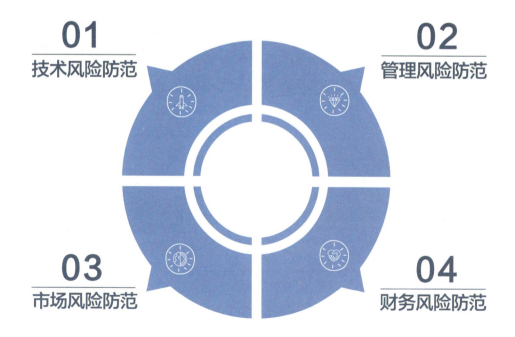

01 技术风险防范

02 管理风险防范

03 市场风险防范

04 财务风险防范

技术风险的防范之法

创业者可以通过自身能力建设或建立创新联盟等方式减少技术风险发生。具体可以通过下列措施防范：

◆ 加强对技术创新方案的可行性论证，减少技术开发与技术选择的盲目性，建立技术信息预警系统。

◆ 通过组建技术联合开发体系或建立创新联盟等方式分散风险。

◆ 提高创业企业技术系统的活力，降低技术风险发生的可能性。

◆ 重视专利申请、技术标准申请等保护性措施，运用法律手段。

管理风险的防范之法

提高管理者的素质，改变管理和决策方式可有效应对创业企业的管理风险，具体可以采取下列措施防范：

◆ 努力提高核心创业成员的素质，树立诚信意识和市场经济观念。

◆ 实行民主决策与集权管理相统一，合理分配企业的执行权力。

◆ 明确决策目标，完善决策机制，减少决策失误。

市场风险的防范之法

◆　建立市场监测及策略调整机制。

◆　在企业运营过程中，定期重复市场分析过程，保持对关键市场信号的敏感度，结合产品适销推广阶段，调整先期制定的市场营销策略机制。

◆　与强者联合，规避市场风险。

◆　借助行业中强势企业的力量，借船下海。

财务风险的防范之法

筹资困难和财务结构不合理是很多创业企业明显的财务特征和主要财务风险的来源。具体可用下列措施防范：

◆　创业者要对创业所需资金进行合理估计。

◆　学会建立和经营创业者自身和企业的信用，提高获得资金的概率。

◆　创业和团队要学会在企业的长远发展和目前利益之间进行权衡，设置合理的财务结构，从恰当的渠道获得资金。

◆　管好创业企业的现金流，避免现金流带来的财务拮据甚至破产清算。

曾经轰动一时的巨人集团轰然倒塌，引来行业内专家学者评论声不断，请搜集巨人集团的详细资料，结合你的理解，对其破产风险方面的原因进行分析。

1. 大学生创业存在十大风险， http://career.eol.cn/chuang_ye_zhi_dao_9472/20140324/t20140324_1089671.shtml.

2. 初创公司在创业初期所面临的最大风险是什么？ http://www.cyzone.cn/a/20140719/260672.html.

3. 创业学：第9章 创业风险与防范， http://max.book118.com/html/2012/0411/1557165.shtm.

4. SoFi创始人：初创公司面临的三大风险及如何应对， http://www.cyzone.cn/a/20140529/258322.html.

第06章

如何设计商业模式

6.1 商业模式解析

苏宁重塑商业模式　互联网+O2O模式

编选自：海商，http://www.hishop.com.cn/ecschool/o2o/show_19724.html。

2015年3月30日晚，苏宁云商发布2014年年报，由于之前业绩已经预报，2014年盈利没有悬念，苏宁2014年全年营收为1089亿元，同比增长3.45%；净利润为8.66亿元，同比增长133.19%。于是，年报中第一季度的预期则成为重要看点：预计2015年第一季度O2O全渠道商品销售规模(GMV)同比增长将达到30%，预计2015年第一季度线上平台实体商品交易规模同比增长将超过90%。

那么，苏宁的发展态势是怎么样的呢？

从公告分析，苏宁2014年的发展态势基本分成了上下半场，苏宁在下半场发力，第三、第四季度有力增长，第三、第四季度营业收入同比增长分别为15.90%、16.31%，互联网业务同比增长分别为52.26%、42.25%，而2015年第一季度，特别是最让人关注的线上，苏宁保持了良好增长，这也在印证苏宁正由弯道驶入直道，而据财报披露，截至2014年底，线上占整体销售比例已经突破了30%的心理线，高达32%，三分天下有其一，难怪会成为苏宁拉动O2O整体增长的关键引擎。

互联网+O2O模式

苏宁在重塑自己的商业模式，向两个方向演绎，向上升为云和大数据，向下沉为O2O。苏宁是从线下向线上融合，而过去的纯线上电商也呈现向线下发展的态势，很多产品物理空间的体验是不能替代的，用户需要多场景的叠加体验。所以，互联网零售的竞争还充满许多变数。苏宁自己的逻辑已经非常清晰了，在前端实现线上线下融合，在后端则是物流、资金流、信息流的互联网化，同时在组织架构上做出调整来适应互联网快速创新。这些在2014年基本调整到位，下半年起开始在发展速度上得到体现。所以，张近东在2015年一开年就提出了"新苏宁、新节奏"的新目标，并明确要对标互联网公司，制定高位增长目标。

2015年，苏宁要以C2B、众包打造互联网零售企业的极致单品模式；以互联网+O2O模式创新互联网渠道模式；以开放思维打造"物流云、零售公有云和金融云"三流合一的互联网零售生态圈，从而实现加速。

如果苏宁不转变，结果会怎样？除了"互联网+O2O"的商业模式，苏宁要想有大的突破，还可以选择哪些创新性的商业模式？

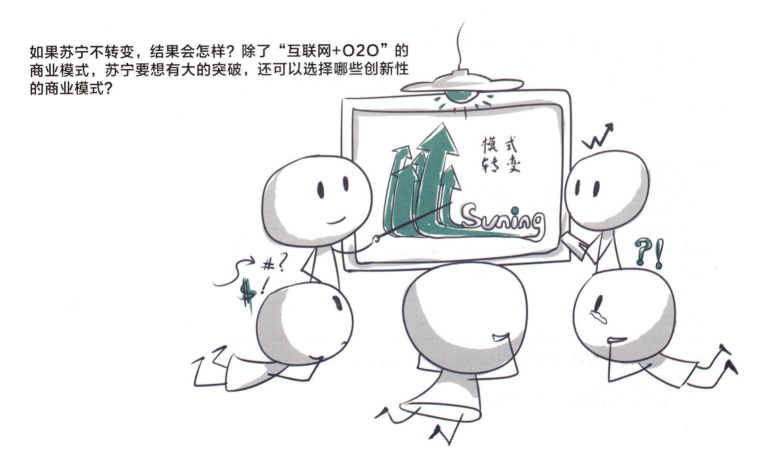

知识点一：什么是商业模式

硅谷著名的风险投资顾问之一罗伯森·斯蒂文问亚信总裁田溯宁："亚信的商业模式是什么？"

田溯宁反问罗伯森："什么是商业模式？"

罗伯森是这样解释的："一块钱通过你的公司绕了一圈，变成一块一，商业模式是指这一毛钱在什么地方增加的。"

什么是商业模式

"商业模式描述了企业如何创造价值、传递价值和获取价值的基本原理"。

"商业模式就是一个企业如何赚钱的故事"。

"通俗地理解，商业就是公司通过什么途径或方式来赚钱。"如饮料公司通过卖饮料来赚钱；快递公司通过送快递来赚钱；网络公司通过点击率来赚钱；通信公司通过收话费赚钱；超市通过平台和仓储来赚钱等。只要有赚钱的地儿，就有商业模式存在。

参考文献：

（1）［瑞士］亚历山大·奥斯特瓦德（Alexander Osterwalder），［比利时］伊夫·皮尼厄（Yves Pigneur）：《商业模式新生代》（Business Model Generation），王帅、毛心宇等译，机械工业出版社2015年版。

（2）李家华：《创业基础》，北京师范大学出版社2013年版。

知识点二：商业模式的本质和重要性

1．商业模式的本质

商业模式是一个逻辑系统，该逻辑性主要表现在层层递进的三个层面：价值发现、价值匹配和价值获取。

价值发现	价值匹配	价值获取
价值发现是明确价值创造的来源，是机会识别的延伸，是商业模式的关键环节。	价值匹配，就是明确合作伙伴，实现价值创造的过程。	价值获取，就是制定竞争策略，获取创新价值的过程。

2．商业模式的重要性

商业模式是创业者开发有效创意的重要环节，是新企业盈利的核心逻辑。许多创业企业的成功，并不是因为技术创新性有多强，而是因为开发出了一套切实可行的商业模式。

知识点三：经典的商业模式

经典的商业模式包括非绑定式商业模式、多边平台式商业模式、免费式商业模式和开放式商业模式四种。

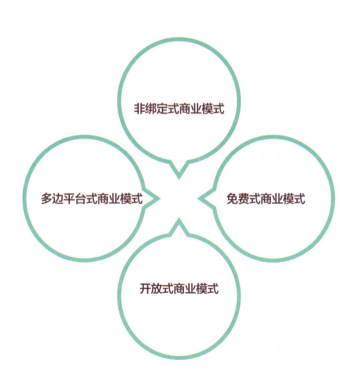

非绑定式商业模式

非绑定式商业模式存在三种不同的基本业务类型：客户关系型、产品创新型、基础设施型，而每种类型都包含不同的经济驱动因素、竞争驱动因素和文化驱动因素。三种类型可能同时存在于一家企业，但理论上形成独立的实体，便于避免冲突或权衡不利因素。

	客户关系型	产品创新型	基础设施型
经济驱动	因获取客户需要高昂的成本决定了其必须获取大规模的客户份额 范围经济是关键	更早进入市场可以保证溢价价格 速度是关键	高昂的固定成本要求大规模生产来降低单位成本 规模是关键
竞争因素	针对范围竞争，要求快速巩固，寡头占领市场	针对人才竞争，入门低，使得许多小公司繁荣昌盛	针对规模竞争，要求快速巩固，寡头占领市场
文化驱动	客户至上	创新至上，以员工为中心	统一标准，关注成本

示范案例

三种业务类型合一的私人银行

瑞士的私人银行一直以来以垂直整合的方式，为非常富有的人群提供银行服务。随着行业环境的变化，瑞士私人银行业的运转方式发生了变化。由于特殊服务提供商的涌现而导致银行价值链的分裂，使得外包变得越来越有吸引力，这些特殊服务提供商包括专注于处理银行交易的交易银行以及专注于设计新的金融产品的金融产品专营机构。

多边平台式
商业模式

　　"多边平台是将两个或者更多有明显区别但又相互依赖的客户群体集合在一起。只有相关客户群体同时存在的时候，平台才具有价值。多边平台通过促进各方客户群体之间的互动来创造价值。"例如，信用卡连接了商家和持卡人；报纸连接了读者和广告主；游戏机连接了游戏开发商和游戏玩家。

参考文献：

　　[瑞士]亚历山大·奥斯特瓦德（Alexander Osterwalder），[比利时]伊夫·皮尼厄（Yves Pigneur）：《商业模式新生代》（Business Model Generation），王帅、毛心宇等译，机械工业出版社2015年版。

苹果的平台运营商演变

切换到了多边平
台商业模式

iPod

2001

　　苹果公司在2001年推出一款独立的产品iPod，用户可以将CD中的音乐和互联网上下载的音乐拷贝到iPod中，它成了存储不同来源的音乐平台。

平台商业模式
得到了巩固

iTunes

2003

　　2003年，苹果公司推出iTunes音乐商店，并与iPod紧密集成在一起。该音乐商店允许用户购买和下载数字音乐，它把"音乐版权商"和听众直接连接，是苹果在开拓平台效应上的第一次尝试。

iPhone和App Store

2008

　　2008年，苹果为iPhone手机推出了自有应用商店（App Store），该商店允许用户直接从iTunes商店浏览、购买和下载应用程序，再安装到iPhone上，这一应用商店巩固了苹果公司的平台战略。

免费式
商业模式

"在免费式商业模式中，至少有一个庞大的客户细分群体可以享受持续的免费服务。"免费服务可以来自多种模式，主要有三种：基于多边平台的免费产品或服务、免费增收、"诱钩"模式，它们有一个共同特点，就是有一个客户细分群体持续从免费的产品或服务中受益。

广告：基于多边平台的免费产品或服务

广告是免费产品或服务上应用非常广泛的收入来源，在电视、广播、互联网上等都可以看到。只要有合适的产品或服务以及巨大的流量支撑，广告主就会对平台产生兴趣，同时，平台允许通过收费的方式来补贴免费的产品和服务。

免费增收：基础免费，增值收费

免费增收模式中有大量基础用户受益于没有任何附加条件的免费产品或服务，大部分免费用户永远不会付费，只有一小部分用户会订阅收费的增值服务，而这一小部分付费用户群体所支付的费用被用来补贴免费用户。被雅虎（Yahoo!）收购的流行照片共享网站——Flickr，它的用户可以免费注册允许他们上传和共享照片的账户，免费用户享有受限的存储空间和每月上传照片的最大数量。而一小部分年费用户可以享有无限上传和不限量的存储空间等。它是一个很好的免费增收商业模式的案例。

诱钩模式

是通过廉价的、有吸引力的甚至是免费的初始产品或服务，从而促进相关产品或服务的重复购买的商业模式。
移动通信行业通过免费送手机，再由按月消费的费用来弥补损失的方式，就是诱钩模式的很好案例。

吉列：剃刀与刀片

1904年，金·吉列将第一款可替换刀片剃须刀推向市场，决定以极低的折扣销售剃须刀架，甚至作为其他产品
的赠品来销售，以此创造一次性刀片的需求，从而创造了"剃刀与刀片"的诱钩模式。

开放式
商业模式

"开放式商业模式是'由外到内'，将企业内部闲置的创意和资产提供给外部伙伴。"这种模式可用于通过与外部伙伴系统性的合作，从而创造和捕捉价值。

宝洁的"连接和发展"战略模式

2000年6月宝洁的股价不断下跌，对于新任的CEO——雷富礼（A.G.Lafley）来说，要想突破困境，就需要创新。他突破常规，建立了一种新的创新文化，即从关注内部研发到关注开放式研发过程的转变，采用"连接和发展"的战略方式，通过外部伙伴关系促成内部的研发工作。于是，他制订了激情的奋斗目标，"在现有15%的基础上，将公司与外部伙伴的创新工作提高到总研发量的50%"，终于，他用了7年时间，完成了这一远大目标，并将研发生产率大幅度提升了85%。

依据掌握的"免费式商业模
式"和"开放式商业模式"的知
识，每个商业模式试着列举出两
个案例，并利用便利贴、白板等
辅助工具，将成果展示出来。

6.2 商业模式画布

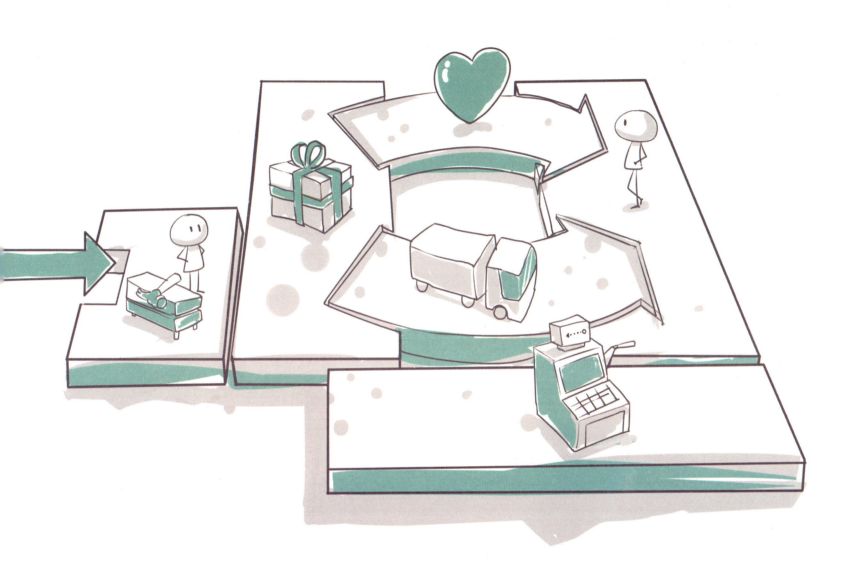

愤怒的小鸟的客户体验

编选自：杨红卫、杨军等：《创业基础》，吉林大学出版社2015年版。

《愤怒的小鸟》是一款由一家芬兰的手机游戏开发商Rovio于2009年12月正式发布的一款游戏，继在Apple Store首次登陆以来，迄今已经成功登陆了Android、Symbian、PC、MAC、PSP及Chrome等各大平台。这款简单生动的游戏一举成为苹果应用商店2010年最卖座的应用游戏，它的大卖和流行与其传达给玩家的价值主张和流畅的客户体验密不可分，我们就以这款游戏Angry Birds Rio的HD Free版为例，细数这款游戏里带给玩家的惊喜。

积分

伴随着木箱的倒塌，玩家会得到不同的积分。对于里程碑式的分数，游戏还给予玩家徽章作为奖励，这就相当于图像化的积分，若是分数足够高就能获得3星徽章。如此积分奖励让玩家有种战斗的成就感。

关卡

该款免费版游戏分4级，每级3关，一共12关。全程体验之后发现，每一级的难度都在逐步提高，且机关也逐级增多。

排行榜

每关结束，都可以查看自己的成绩，排行榜上清晰地展示了在玩家列表中的位置，从名次表中得到成就感和认同感。

社交

在Facebook网络版中，《愤怒的小鸟》推出了"Share & Play"的功能，玩家在突破一个关卡后，可以将这个关卡分享和嵌入到自己的Facebook页面，让朋友直接挑战他创下的分数。

《愤怒的小鸟》这款游戏之所以吸引人，是因为它同时满足了不同群体玩家的需要，也满足了同一个玩家不同层次的需求，尤其是高层次尊重与价值感的需求，以系统的激励方式，大大地提升了游戏爱好者的客户体验。

通过《愤怒的小鸟》传达给游戏玩家的价值主张和流畅的客户体验，请试玩这款游戏，从玩家角度总结该款游戏的客户体验，再从开发商的角度考虑，本款游戏想要给玩家传达哪些价值主张，并分享讨论成果。

知识点一：商业模式画布

　　如果要画一幅画，首先就要勾勒出草图。在创业活动中，商业模式画布就如同画出创业的草图，将商业模式设计过程中所要关注的点列出来并进行分析，然后找出每个点最切合企业实际的具体实施办法，这样，一套完整的商业模式就设计完成了。

重要 合作	关键 业务	价值 主张	客户 关系	客户 细分
	核心 资源		渠道 通路	
成本 结构		收入 来源		

知识点二：商业模式画布九要素

1. 客户细分（CS）

Customer Segments
企业或机构所服务的一个或多个客户群体分类。

2. 价值主张（VP）

Value Propositions
体现解决客户难题和满足客户需求的价值方式。

3. 渠道通路（CH）

Channels
通过沟通、分销和销售渠道向客户传递价值主张。

4. 客户关系（CR）

Customer Relationships
在每一个客户细分市场中建立和维护客户关系。

5. 收入来源（RS）

Revenue Streams
通过成功地为客户提供价值主张，获取收入。

6. 核心资源（KR）

Key Resources
为了给细分客户提供和交付之前承诺的要素所具备的重要资产。

7. 关键业务（KA）

Key Activities
通过执行一些关键业务活动，来运转商业模式。

8. 重要合作（KP）

Key Partnerships
需要从企业外部获得资源，也就是外包资源。

9. 成本结构（CS）

Cost Structure
以上八个要素引发的成本构成。

1. 客户细分（CS）

客户细分就是描述企业或机构想要接触和服务的不同群体或者组织，只要回答好"我们正在为谁创造价值"、"谁是我们最重要的客户"这两个问题，就清楚了客户细分要素，它是商业模式的核心。如表6-1所示。

表6-1 客户细分的类型

大众市场	在这个市场中，价值主张、渠道通路和客户关系全部聚焦在一个大范围的客户群中，其需求和需要解决的问题大致相同，一般集中在消费类电子行业中
利基市场	以迎合特定客户细分群体为目标，价值主张、渠道通路和客户关系转为特定需求定制，此商业模式常见于供应商——采购商的关系中
区隔化市场	不同的客户需求及困扰问题在细分市场上有所差别，如银行及服务机构区分设置的VIP服务和普通客户服务
多元化市场	具有多元化客户商业模式的企业可以服务于两个不同需求和困扰问题的客户细分群体，如亚马逊的在线存储空间业务和按需服务器使用业务
多边平台或多边市场	有些企业为两个或更多的相互依存的客户细分群体提供服务，如信用卡公司为信用卡持有者服务，也为受理信用卡的商家提供服务，同时，也需要广告商为其产品等提供资金

2. 价值主张（VP）

价值主张，就是给特定客户细分群体提供能够满足他们需求或者解决其问题的产品或服务。理解价值主张须回答以下四个问题："我们该向客户传递什么样的价值？""我们正在帮助我们的客户解决哪一类难题？""我们正在满足哪些客户需求？""我们正在提供给客户细分群体哪些系列的产品和服务？"如表6-2所示。

表6-2　价值要素

价格	以更低更实惠的价格提供同质化的价值是满足价格敏感客户群体的常见做法，越来越多的免费产品和服务广泛地渗透到各个行业中
可达性	为客户提供产品和服务也可以创造价值，这种创造既可以是商业模式创新，也可以是技术创新
可用性/便利性	为客户群体提供更方便或更易于使用的产品或服务，也可以创造价值，如苹果公司的iPod、iTunes、App Store的多边服务平台，可下载音乐及应用服务
设计	设计是价值主张的重要参考要素，优秀的设计可以令产品脱颖而出，如苹果手机的流畅型外观
客户体验	通过把事情做好，做到极致，给客户更舒适、更贴心和更人性化的体验，从而创造出价值，苹果和宜家在客户体验方面做得很到位
风险控制	当客户购买产品或服务时，帮助客户把控或控制风险，也可以创造价值

3. 渠道通路（CH）

渠道通路表明企业如何通过沟通、接触其客户细分群体来传递他们的价值主张。对于渠道通路的理解，可以尝试回答以下四个问题："通过哪些渠道可以解除我们的客户细分群体？""我们现在如何接触他们，我们的渠道如何整合？""哪些渠道最有效，哪些渠道成本效益最好？""如何把我们的渠道与客户的例行程序进行整合？"

可以选择自有渠道（直接渠道，包括销售队伍和在线销售）和合作伙伴渠道（非直销渠道，包括自有店铺、合作伙伴店铺和批发商）两种形式。

渠道通路的价值（功能）

认知： 提升产品或服务在客户中的认知
评估： 帮助客户评估企业价值主张
购买： 协助客户购买特定产品或服务
传递： 向客户传递价值主张
售后： 提供售后支持给客户

渠道阶段

第一阶段：认知	第二阶段：评估	第三阶段：购买	第四阶段：传递	第五阶段：售后
如何在客户中提升关于产品和服务的认知	如何帮助客户去评估企业的价值主张	如何协助客户购买特定的产品或服务	如何把产品或服务传递给客户	如何为客户提供售后支持

4. 客户关系（CR）

　　客户关系就是讲述企业与特定客户细分群体建立的关系类型。对于客户关系的解读，回答以下四个问题："我们每个客户细分群体希望我们与之建立和保持何种关系？""哪些关系我们已经建立了？""这些关系成本如何？""如何把他们与商业模式的其余部分进行整合？"

个人助理： 基于人与人之间的互动

自助服务： 为客户提供自助服务所必需的所有条件，与客户不直接接触

自动化服务： 整合更加精细的自动化过程，为客户提供自助服务

客户关系类型

专用个人助理： 为单一客户安排的专门客户代表，层次最深、最亲密的关系

社区： 利用用户社区与客户/潜在客户建立更为深入的联系，促进社区成员间互动

共同创作： 与客户一起创造价值，超越传统的客户与供应商间的关系

5. 收入来源（RS）

收入来源就是企业从单个客户群体中获取的现金收入，当然是扣除成本的收入。理解收入来源，吃透以下五个问题："什么样的价值能让客户愿意付费？""他们现在付费买什么？""他们是如何支付费用的？""他们更愿意如何支付费用？""每个收入来源占总收入的比例是多少？"如表6-3所示。

表6-3 收入来源

资产销售	被广泛使用的收入来源方式是销售实体产品的所有权，如图书、家电、汽车等
使用收费	通过特定的服务来收费，客户使用的服务越多，付费越多
订阅收费	销售重复使用的服务，如订阅服务，会员卡服务等
租赁收费	对某个特定资产在固定时间内将使用权出租给他人使用，出租方可以获得经常性的收入，租用方只需承担限定时间内的费用，无须支付购买的费用
授权收费	将受法律保护的知识产权授权给客户使用，从而换取授权费用，授权方只需出让版权，无须制造产品，在媒体行业比较普遍
经纪收费	以提供中介服务而收取佣金的方式，保证双方或多方的利益，如房屋中介
广告收费	为特定产品、服务或品牌提供广告宣传服务，包括传统的媒体行业和会展行业，也包括以软件和服务为主的其他行业

6. 核心资源（KR）

为了让商业模式有效运转，而所必需投入的最重要资源，可以是实体资产、金融资产、知识资产或人力资源。对于核心资源的理解，应回答好以下两个问题："我们的价值主张需要什么样的核心资源？""我们的渠道通路需要什么样的核心资源？"

核心资源分类：

包括实体的资产，如生产设施、不动产、汽车、销售网点等

包括品牌、专有知识、专利和版权、合作关系和客户数据库等

知识密集型产业和创意产业中的人力资源至关重要

有些商业模式需要金融资源或财务担保，如现金、信贷额度

7. 关键业务（KA）

为了确保商业模式的可行，企业必须做的最重要的事情，就是关键业务，它是企业得以成功运营必须实施的最重要行为。理解关键业务，应回答好以下两个问题："我们的价值主张需要什么样的关键业务？""我们的渠道通路需要什么样的关键业务？"

关键业务分类：

制造产品是企业商业模式的核心，此类业务涉及生产一定数量或满足一定质量的产品，与设计、制造有关

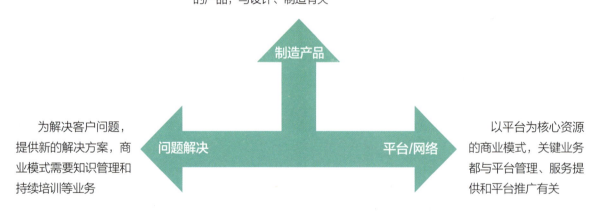

为解决客户问题，提供新的解决方案，商业模式需要知识管理和持续培训等业务

以平台为核心资源的商业模式，关键业务都与平台管理、服务提供和平台推广有关

8. 重要合作（KP）

为了让商业模式有效运作，需要供应商与合作伙伴的网络来支持。对于重要合作的理解，应回答好以下四个问题："谁是我们的重要伙伴？""谁是我们的重要供应商？""我正在从伙伴那里获得哪些核心资源？""合作伙伴都执行哪些关键业务？"

关键业务分类：

9. 成本结构（CS）

运营一个商业模式所产生的所有成本就是成本结构。关于成本结构，应回答好以下三个问题："什么是我们商业模式中最重要的固有成本？""哪些核心资源花费最多？""哪些关键业务花费最多？"

成本结构类型

成本结构特点

（1）成本驱动。

侧重点在于在每个地方尽可能地降低成本，从而创造和维持最经济的成本结构，一般采用低价的价值主张，最大程度自动化和广泛外包。

（2）价值驱动。

价值驱动型商业模式通常是以增值型的价值主张和高度个性化服务的方式，不太关注成本构成，而是专注于创造价值。

固定成本	可变成本
不受业务量变动影响，保持不变的成本，制造业以高比例固定成本为特征	随着业务量的比例变化的成本，如音乐节以高比例可变成本为特征
规模经济	**范围经济**
企业享受产量扩充带来的成本优势	企业因享有较大精英范围而具有的成本优势

6.3 商业模式设计

中国好声音的本土化商业模式创新

编选自：虎嗅网，http://www.huxiu.com/article/2762/1.html。

《中国好声音》自开播以来收视率一路飙升，广告费和版权费在2012年就达到了3亿多元，使得电视台、制作方和冠名商都赚了个盆满钵满。

《中国好声音》的成功是站在其原版——荷兰"The Voice"这一巨人的肩膀上，并对它进行了本土化的创新。

制作单位参与广告分成

制作团队灿星制作真正实现制播分离，而且与播出平台浙江卫视达成协议，如果节目收视率达到一定标准，将由双方共同参与广告的分成。而因为灿星制作承担了所有的版权费，如果节目达不到规定的收视标准，他们还将单方面担负广告商的损失。利润与风险双重刺激下，逼着灿星制作不惜成本与投入打造最好的产品。

打造全产业链

《中国好声音》还把明星导师当成了打造产业链的合作伙伴，吸引明星们长期共同投入。在引入原版"The Voice"的其他国家中，节目结束于那一季冠军的产生，除了节目本身的衍生品或线上歌曲的继续销售之外，歌手签约、演唱会、唱片发售等获利环节都与节目的制作方没有任何关系。但灿星制作把选手签约以及签约之后的商业演出等项目都收归自己所有，并与明星导师们合作，开发包括音乐学院、演唱会、音乐剧、线下演出等在内的全产业链。

八大品牌策略

《中国好声音》的品牌策划人邹凌远总结为:

迎合需求:一反选秀节目的"恶俗、毒舌、冷酷、拜金、富二代、造假"等卖点,给观众提供新颖的节目形式和更贴近生活、朴实无华的感动。

定位准确:不以貌取人,只用声音打动人,而明星导师们选取学员的标准也一律以"好声音"为评判。

标准高:节目经验来自欧美原版节目的成功运作。而浙江卫视和灿星制作在本土化运营、幕后阵容上也力求高标准。

引起共鸣:以故事塑造不同的歌手个体,激起受众的共鸣。

体验式互动营销:整个过程等于是向观众展示体验一次产品使用的过程,这样的节目能够充分调动各方参与的积极性。

名人效应:刘欢、那英、庾澄庆、杨坤组成了《中国好声音》的首个导师团,一播出又吸引了姚晨、李玟、冯小刚等名人的微博传播。

公关炒作:多层次的网络口碑打造,大范围公关炒作。甚至,一些质疑声可能都是节目组事先安排好的。

有效利用新媒体:节目组不仅开通了官方微博、嘉宾微博,还有歌手微博,外加微博软文和活动的配合,充分调动了网友参与,形成社会议题。

　　近日，中国东方卫视的综艺节目《四大名助》被指抄袭韩国KBS综艺节目《大国民脱口秀你好》，自此事爆出后，许多的娱乐节目和影视剧目被爆出抄袭，对于抄袭事件，评论不一，有人认为不影响观看，更多人认为可以借鉴，但在借鉴的基础上应有创新，如《中国好声音》的商业模式创新。

　　阅读《中国好声音》商业模式成功创新案例，针对抄袭事件大众的观点，从商业模式角度说一说你的想法。

商业模式设计方法

就设计角度而言，"洞察客户需求"、"创意构思"、"原形绘制"等都是具有创意性设计的方法，商业模式设计本身就是具有创意设计的过程，因此，其设计方法可以采用设计领域的技术方法和工具，通过洞察客户的一切需求、可视化思考 、制作商业模式原型、讲述形象生动的故事、推测可能发生的情景五种方法来构思设计。

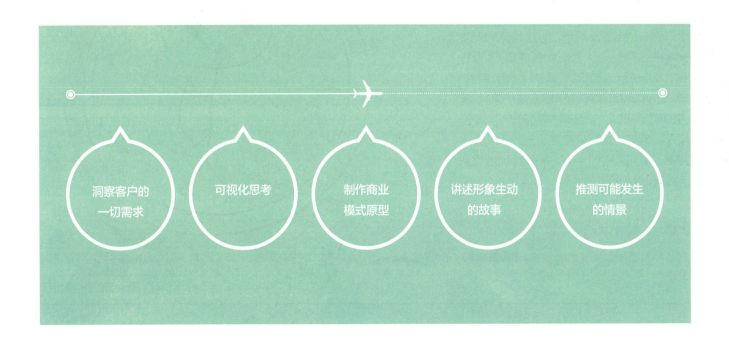

知识点一：洞察客户的一切

　　客户视角是整个商业模式设计过程的指导原则和标准，从客户的角度看待问题，可以获得全新的机会，当然并不意味着完全按照客户的思维和喜好来制定商业模式，但是必须要洞察到客户的一切，甚至包括喜怒哀乐、穿着等日常生活习惯。

　　为了能够真正洞察客户的一切，可以借用"移情图"（它是XPLANE开发设计的一个可视化思考工具），它可以帮助使用者更好地理解客户的环境、行为、关注点和愿望，以及客户为什么愿意付钱。如何使用"移情图"并让其发挥作用呢？首先，找出商业模式中可以提供服务的所有客户细分群体，选出三个最具代表性的分析候选人，进行客户描述分析，这个分析包括姓名、收入、婚姻状况等。其次，从"看—听—说—感受"四类感触，回答以下六个问题，并且在活动挂图、白板、便贴纸上描绘新定义的客户。

客户"移情图"的使用

他看到了什么?

描述客户在他的环境中看到了什么

- 环境看起来是什么?
- 他的周围出现了谁?
- 他有哪些朋友?
- 他每天会接触到哪些类型的产品或者被提供过哪些服务?
- 他遇到过哪些难题?

他听到了什么?

描述客户所处环境是如何影响客户的

- 他的亲人说了什么?他的朋友呢?
- 谁能真正影响他?是如何影响的?
- 哪些媒体渠道会影响到他?

他怎么说?怎么做?

设想客户可能会说什么,在公众场合有哪些行为

- 他对别人说什么?他的态度是什么?
- 在公开场合他会有哪些可能的行为?
- 客户所说和所做是否是他的真正感受?

他的想法和感受是什么?

设法描述客户所想和感受

- 想象一下他的情感,什么能感动他?
- 他有哪些喜好?对他来说什么最重要?
- 他有困扰的问题吗?如果有,是什么?

他的痛苦是什么?

- 他受过哪些挫折?
- 他最害怕什么?恐惧什么?
- 他害怕承担哪些风险?
- 是什么阻碍了他想获取自己最想要的东西或完成最想完成的事情?

他想得到什么?

- 他真正想要什么?希望达到什么目的?
- 他如何衡量成功?设想一下他可能用什么方法、手段和策略来达成自己的理想和心愿?

知识点二：可视化思考

　　利用图片、草图、图表、便利贴、演示文档等视觉化工具来思考和讨论商业模式的过程就是可视化思考。由于商业模式是由各个模块及其相关关系组成的复杂概念，不把它描绘出来就很难理解一个个的模式，而可视化的思考与展示，使得商业模式明确而有形，讨论和改变起来更加清晰。

　　在众多的可视化工具中，值得推荐的是便利贴和商业模式画布缩略图。

可视化工具的使用

工具之一：便利贴

- 使用粗的马克笔
- 每张便利贴上只写一个元素
- 每张便利贴上只写几个关键词

工具之二：绘图

　　绘图可以在瞬间传递信息，简单的图画能够表达出大量文字传达的意思。这种方法很简单，就是用一个笑脸的简笔画表达情绪，用一个大钱袋和小钱袋表达比例，即使再粗糙的画，也可将抽象的事情变得形象和具体。

可视化思考的过程

　　可视化思考有四个过程：理解本质、促进对话、探索创意、促进交流，针对不同需求的不同类型的视觉化，讲述视觉故事，这里简单介绍讲述视觉故事。讲述视觉故事是解释商业模式的很有效的方式，用单张图来介绍效果更好，可以用演示文档，也可以用便利贴一张张地粘上去。

　　讲述视觉故事有四个步骤：

| 1. 绘制商业模式 | 2. 画出每个商业模式的九大要素 | 3. 设定故事情节（九大要素的先后顺序） | 4. 讲述故事（用便利贴或者演示文档） |

知识点三：制作商业模式原型

原型制作广泛应用于产品设计、架构和交互设计，在商业模式设计过程中，引入原型制作，是将原型当作思维工具，有助于从不同的方向对商业模式的要素做出思考和选择。

商业模式原型可以用商业模式画布简单描绘成完全经过深思熟虑的概念形式，也可以表现为模拟新业务运作的电子表格形式。

商业模式原型制作阶段

Step 1
简单素描

Step 2
详细绘制画布

Step 3
形成商业案例

Step 4
现场检验

抛砖引玉，形成粗略的想法： 绘制简单画布，并用关键元素来描述

◆ 概括想法
◆ 表现价值主张
◆ 表现主要收入来源

探索如何使想法具有可操作性： 绘制详细的画布，探索让这个商业模式落到实处所必需的元素

◆ 绘制完整的画布
◆ 再三考虑业务逻辑
◆ 评估市场潜力
◆ 清楚九大要素之间的关系
◆ 基本数据检查

检视想法可行性： 将详细的画布转化成电子表格，评估原型盈利的潜力

◆ 将画布填充完整
◆ 录入关键数据
◆ 计算成本和收入
◆ 评估盈利潜力
◆ 构想不同的财务场景，并对其进行测试

调查客户的接受度与模式的可行性： 选择客户，对新的商业模式进行实地检验

◆ 准备一个有说服力的商业案例
◆ 对预期和实际客户进行实地验证
◆ 检验商业模式中的主要要素，包括价值主张、渠道、定价及市场中的关键要素

知识点四：讲述生动形象的故事

为了让商业模式的创意不再抽象，并调动团队成员的积极性，可以用讲故事的方式将商业模式简单易懂地表现出来。故事的内容一定要简单易懂，主人公只需要一位，结合观众的实际情况，可以从不同的视角，如公司视角和客户视角等，塑造一位与众不同的主人公。

除了设定好故事情景，也需要运用好的技巧将故事生动、形象地呈现出来，以下几种技巧可供选择：

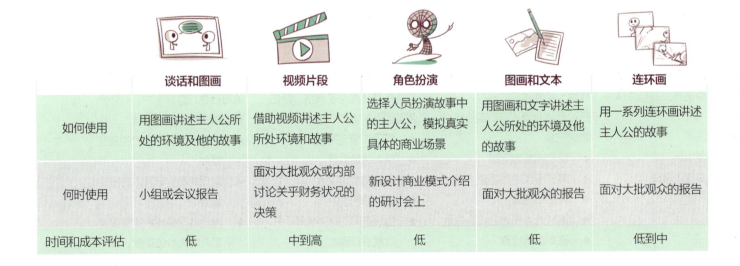

	谈话和图画	视频片段	角色扮演	图画和文本	连环画
如何使用	用图画讲述主人公所处的环境及他的故事	借助视频讲述主人公所处环境和故事	选择人员扮演故事中的主人公，模拟真实具体的商业场景	用图画和文字讲述主人公所处的环境及他的故事	用一系列连环画讲述主人公的故事
何时使用	小组或会议报告	面对大批观众或内部讨论关乎财务状况的决策	新设计商业模式介绍的研讨会上	面对大批观众的报告	面对大批观众的报告
时间和成本评估	低	中到高	低	低	低到中

知识点五：推测可能发生的情景

与"可视化思考"、"商业模式原型制作"、"故事讲述"一样，"推测情景"也是将抽象概念形象化的好方法，其主要作用是通过对环境的详细化设计，有助于熟悉商业模式流程。

推测可能发生的情景有两种方式，一是建立在客户洞察基础上的情景推测，二是未来情景的推测，这里着重介绍第一种。

建立在客户洞察基础上的情景推测

主要针对不同的客户背景，包括客户使用什么类型的产品和服务，如何使用它们，客户在使用该种产品和服务的时候做些什么、说些什么、想些什么，客户的顾虑、愿望、目的是什么等，用独特的具体的图像来表示推测的结果，这样就会把客户洞察用具体化的形象表现出来。

建立在客户洞察基础上的情景推测的示例：基于卫星定位系统（GPS）的地区地图服务

汤姆一直梦想着拥有自己的公司，他知道那比较难，但若为梦想而活，即使累些，挣钱少些也是值得的。

汤姆热衷于电影。他简直就是一本电影百科全书，这也是他的DVD上门配送服务的客户们最欣赏的地方。在上门配送之前，客户们可以向他咨询演员、拍摄技巧或者关于电影的任何问题。

汤姆发现生意越来越不好做，但他发现使用移动通信服务商提供的GPS配送服务，可以提高工作效率，改善服务质量，只需支付一点点服务费，手机就能容易安装上这种能够整合客户关系管理的软件。通过帮助汤姆设计更好的配送路线，该软件为汤姆节省了很多时间，甚至还能把汤姆和两个周末业务繁忙时才过来帮忙的助手的手机整合到一起。

思考：这种增值服务能让客户觉得值得每月支付费用吗？

通过哪种渠道，这些客户细分群体可以被最容易地接触到？

这种服务还需要哪些其他设备或软件，才能实现整合？

选择任一种或两种商业模式设计的方法，回答上文中提到的商业模式九大要素的相关问题，利用便利贴等辅助工具，进行小组头脑风暴讨论，将讨论过程中的资料展示出来，并将结果汇总分享。

1.《商业模式新生代（个人篇）》（预览版），http://www.docin.com/p-743672255.html.

2. 洞悉目前全世界最好的商业模式，http://ricebox31.sinaapp.com/html/2749.html.

3. 七个步骤！教你打造最好的商业模式，http://www.askci.com/bschool/2014/12/09/1722126ggg_all.shtml.

4. 和黄太吉、快好味学学，如何进行品牌与商业模式的顶层设计，http://www.cyzone.cn/a/20151106/283238.html.

5. 颠覆式创新之父克里斯坦森：什么是商业模式以及如何建立？从一杯奶昔说起，http://www.cyzone.cn/a/20151102/282928.html.

6. 关于商业模式的学习资料，http://www.cyzone.cn/index.php?m=search&c=index&a=init&typeid=&siteid=1&wd=%E5%95%86%E4%B8%9A%E6%A8%A1%E5%BC%8F.

第07章

如何撰写商业计划

周鸿祎关于商业计划书的"十条军规"

周鸿祎在如今的互联网时代被塑造成一个颇具话题性的人物，他一手创办的360公司亦是如此。2012年3月30日，周鸿祎带领奇虎360在纽交所上市，个人财富达到5.8亿美元。

一份非常好的商业计划书应包含哪些内容，应如何表达呢？下面是周鸿祎先生认为商业计划书应该包括的十方面内容，希望对你有所帮助。

1.直接告诉投资人你在做什么

用几句话清楚说明你发现的目前市场中存在的空白点，或者存在一个什么问题以及这个问题有多严重。

例如，现在网游市场里盗号问题严重，你有一个产品能解决这个问题，只需要一句话说清楚就可以。

2.说明你的产品或解决方案

你有什么样的解决方案或者什么样的产品，能够解决这个问题？你的方案或者产品是什么，提供了怎样的功能？是否有成功的案例？如360解决了用户查杀木马和病毒插件的问题、QQ解决了用户网络交流的问题。

3.划分产品用户群

你的产品将面对的用户群是哪些？一定要有一个用户群的划分。

4.告诉别人为什么这件事情只有你能做

说明你的竞争力。为什么这件事情你能做，而别人不能做？例如，是你有更多的免费带宽，还是存储不花钱？否则如果这件事谁都能做，为什么要投资给你？

你有什么特别的核心竞争力？有什么与众不同的地方？所以，关键不在于所干事情的大小，而在于你能比别人干得好，与别人干得不一样。

5.用有力的数字告诉投资人市场有多大

论证一下整体市场规模有多大，你认为这个市场的未来如何，千万不要随意估算，用最有说服力的数字表达，切忌长篇大论的行业分析报告，因为投资人每天都在看各种报告，对此十分了解。

6.阐释清楚你的盈利模式

如果知道如何挣钱，清晰简单地表达自己的盈利模式，如果真的不知道如何赚钱，可以老老实实告诉投资人，我不知道如何赚钱，但是中国会有1亿人使用，如果有1亿人用我觉得肯定有它的价值。

千万不要生拉硬套地说出一些盈利点，很多时候一个崭新的项目在刚开始的时候都是不知道如何赚钱的，投资人比你有经验，告诉他你的产品多有价值就行了，投资人会帮助你梳理。

7.简单地告诉投资人所在市场的竞争情况

用简单的几句话告诉投资人，这个市场里有没有其他人在做，具体情况是怎样。有其他人在做同样的事不可怕，重要的是你能不能对这个产业和行业有一个基本了解和客观认识。

8.突出自己的亮点

只要有一点比对方"亮"就行。刚出来的产品肯定有很多

问题，但要说明你的优点在哪里。

9.告诉投资人你的资金需求

做一些简单的财务分析。不要预算未来三年挣多少钱，没人会信。说说未来一年或者六个月需要多少钱，用这些钱干什么?切记结合实际，千万不要随口要价。

10.详细介绍自己的团队

团队都做过什么? 团队成员的工作经历怎样? 团队成员的实际经验都有哪些?

7.1 商业计划书面面观

米饭有约：约会见面新主张

编选自：创业邦，http://www.cyzone.cn/a/20111216/220208.html。

　　"宅"是时下最流行的关键词之一。随着都市生活节奏的加快，上班、下班、吃饭、睡觉成为每个上班族每天的例行生活。城市化让大家的生活越来越丰富，但同时也让人与人之间的距离越来越远。手机、网络的盛行改变了大众的生活方式，也在一定程度上造成了沟通的减少。总之，人们的交际圈子在缩窄。如何打破僵局？

第一部分：米饭有约介绍

　　（1）背景采用了传统的单色页面，LOGO和名称都用浅色加以凸显。初始页面加载速度还是比较快的，大约2~3秒进入主页。

　　（2）第一次进入主页面后，有非常清楚的演示指导。

　　（3）提示结束之后，会进入一个注册页面。注册完成后，下次点击直接进入并显示详情。在未体验App之前先出现注册界面，从用户体验的角度考虑，这不是一个很好的设计。

第二部分：使用初体验

　　（1）主页面是简洁的三个部分：标题栏、主页面和功能栏。主页提示已有的约会，也可以通过左上角的按钮添加约会，并设置公开级别。初始的"消息"一栏还有米饭有约的简介。到目前为止可以看出，米饭有约在使用指导和帮助用户了解产品方面，做得还是不错的。

（2）约会管理是比较重要的一个板块。分为"我的约会"、"好友约会"和"热门约会"三个部分。可以分别查看自己发布的、朋友发布的和目前参与人数比较多的约会活动。其中"热门约会"还会显示发起人的信息、内容、时间、地点等，同时还有明显的剩余时间提示，避免用户错过约会时间。

（3）选择某一活动后，可以选择直接加入或者只关注先不参加。后者类似于淘宝的购物车、收藏夹。但是错过活动时间的话，就会失效。

（4）参加过若干次聚会后，会认识了一些新的朋友，这个时候就需要一个专门管理好友的板块。此板块的功能和SNS社区又有些相似，同时还可以通过人人和开心等社交网站寻找好友加入。其实这也是一种让用户自发推荐的方法。

第三部分：发现亮点

（1）层次清晰，有非常清楚的使用说明，非常便于用户操作，没有很复杂的多级页面，能营造很好的用户体验氛围。

（2）可以采用自己发起和参与别人的方式，很灵活，同时给广大的宅男宅女提供了一种非常实际的新型交友方式。

"米饭有约"是一个非常好的创意，假如你是创始人，该如何设计这份商业计划书，让创意变为收益？

Eugene Kleiner

查立

桂曙光

周鸿祎

如果你想踏踏实实地做一份工作的话，写一份商业计划书能迫使你进行系统的思考。有些创意可能听起来很棒，但是当你把所有的细节和数据写下来的时候，自己就崩溃了。

每一个创业公司的业务都是独特的，创业者要如实、简洁地将自己创业项目的核心要素展开细述，专注于描述清楚你是谁（who）？你做的是什么（what）？如何做（how）？

融资工作真正启动，是从融资商业计划书（Business Plan for Financing）的准备开始的，商业计划书的好坏，有时候决定了融资的成败。

如果10页的计划书可以引起我们的兴趣，我们会与你联系，这个时候你可以有机会，我可能会给你3小时的时间进行讨论。

知识点一：什么是商业计划书

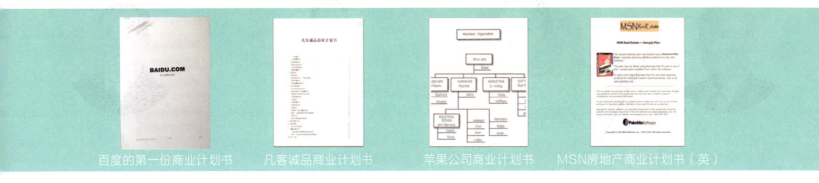

百度的第一份商业计划书　　凡客诚品商业计划书　　苹果公司商业计划书　　MSN房地产商业计划书（英）

　　商业计划书(Business Plan)是公司、企业或项目单位为了达到招商融资和其他发展目标的目的，在经过前期对项目科学地调研、分析、搜集与整理有关资料的基础上，根据一定的格式和内容的具体要求而编辑整理的一个向读者全面展示公司和项目目前状况、未来发展潜力的书面材料。

　　初创期企业的商业计划书，也可以称作创业计划书。商业计划书是大多数创业企业融资必备的敲门砖，好的商业计划书会为企业顺利地融资铺路。

　　从某种意义上说，商业计划书就是一份创意的推销说明书，它不仅能说明技术优势和市场潜力、企业的发展规划，而且也是一个人思维方式的反映，是风险投资家特别看重的一份文件。

知识点二：商业计划书的作用

A

达到企业
融资的目的

　　商业计划书是争取项目融资投资的敲门砖。投资者每天会接收到很多商业计划书，商业计划书的质量和专业性就成了企业需求投资的关键点。企业家在争取获得风险投资之初，首先应该将商业计划书的制作列为头等大事。

B

全面了解
自己的企业

　　通过制订相应的商业计划，你会对自己企业的各个方面有一个全面的了解。它可以更好地帮助你分析目标客户、规划市场范畴、形成定价策略并对竞争性的环境做出界定，以在其中开展业务及获得成功。商业计划书的制订保证了这些方方面面的考虑能够协调一致。

C

向合作伙伴
展示自己

　　使用商业计划书，为业务合作伙伴和其他相关机构提供信息。在编撰计划书过程中，最重要的目的是找到一个与自己能够成为战略合作伙伴的人，以期待企业更加充满活力，达到多方的共同发展。

知识点三：商业计划书的结构和内容

摘要　　　　　　　企业概述　　　　　　生产与经营

产品与服务　　　　市场与竞争　　　　　管理团队

财务分析与融资计划　　风险应对　　　　　附录

"米饭有约"的商业计划书

一、项目概述

（1）公司成立：上海米范网络科技有限公司创立于上海，创业团队于2011年4月启动创业项目——米饭互动社区。

（2）公司定位：公司定位为移动互联网平台运营服务商，通过开发创新的社交应用平台，为智能手机用户提供社交、生活服务等移动信息服务。

（3）业务方向：SNS+LBS for 聚会约会，聚会约会是人与人直接发生社交关系最基本、最频繁的活动，也是对移动社交服务和地理信息服务最有需求的场合。

（4）创业团队：公司创始人均为移动互联网行业资深业者，曾在亿动广告传媒和瀚银手付通等互联网新锐公司担任管理层职务。

（5）融资需求：公司目前处于A轮融资阶段，计划融资200万美元，主要用于产品升级优化及未来两年的市场拓展。

二、移动互联网市场

（1）移动互联网应用成为市场发展焦点。

2011年10月，中国iPhone用户达到1700万，Android用户数已突破3000万。

（2）LBS市场将迎来爆发式增长。

艾媒市场咨询研究数据显示，过去三年，中国LBS个人应用市场规模保持快速增长态势，2008年的市场规模为3.35亿元，2009年突增至6.44亿元，到了2010年，这一数据改写为9.98亿元，同比增长135%。2013年，中国LBS个人应用市场总体规模突破70亿元，五年平均增幅超过100%。

（3）LBS和SNS的融合产生新的重量级应用。

社会关系网络服务：随着新浪微博、人人网等各大SNS纷纷开放平台，社交应用将进入多元化发展时代，新应用将能站在巨人肩上迅速发展用户，获得更大的市场影响力。

移动定位服务：缺乏定位功能支持的SNS，只能在虚拟世界进行人际交流，通过LBS定位将使SNS成为真正线上线下互动的社交平台，由此带来了全新的用户体验和商业模式。

三、业务与产品

（1）以约会为切入点。

米饭有约将LBS定位和SNS社交结合，独创LBS应用在约会场合。麻烦的约会通知、找地点都轻松搞定。宅男宅女们在无聊之际，看好友谁有安排，用米饭找同城活动，安排约会还有最热门的节目推荐。

约会通知
OUT 电话一个个通知辛苦
IN 米饭一次通知搞定

找地方
OUT 电话问路没方向
IN 米饭地图给指示

见面找人
OUT 谁到谁没到犯晕
IN 米饭签到找人方便

（2）现实社交与手机应用的完美结合。

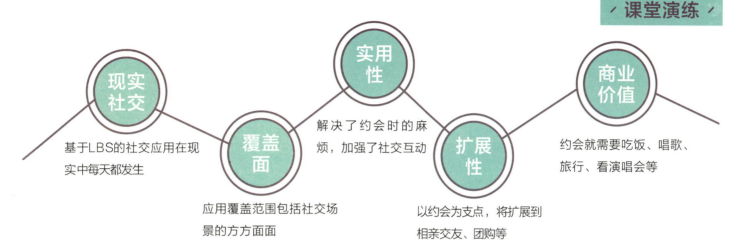

现实社交
基于LBS的社交应用在现实中每天都发生

覆盖面
应用覆盖范围包括社交场景的方方面面

实用性
解决了约会时的麻烦，加强了社交互动

扩展性
以约会为支点，将扩展到相亲交友、团购等

商业价值
约会就需要吃饭、唱歌、旅行、看演唱会等

（3）商业模式。

约会所关联的商业消费活动多，通过团购、优惠券、线下活动等方式能够创造巨大的商业价值。通过周边区域的商户推荐，能让用户方便地选择希望的约会场所。

（4）用户推广。

产品官网下载、APP Store、网络推广、好友推荐。

思考讨论

案例分析中有哪些没有提及的商业计划书模块？请举例分析。

7.2 商业计划书的撰写与演示

五分钟搞定雷军一亿投资，YOU+到底凭什么？

编选自：中国企业家网，http://www.iceo.com.cn/com2013/2015/0620/299490.shtml。

西三环YOU+青年创业社区，是三栋黄黑相间的楼房，墙上各式涂鸦，楼房中间围起了一个不小的院子，随意摆放着几张超大号懒人沙发，几个年轻人慵懒地倚在上面晒太阳，与几十米外喧闹的西三环对比鲜明。

2015年8月，YOU+拿到顺为基金领投的1亿元人民币投资，创始人刘洋笑谈只用了五分钟就说服了雷军（顺为基金董事长、小米手机创始人），"当我跟他说YOU+的理念是陪伴年轻人成长，给他们一个家的时候，一下子就打动了他"。

这家青年社区因为雷军一夜间声名鹊起。在此之前，YOU+已在广州深耕了两年，第一家店开业不到一个月，133间客房就全部住满。现在，YOU+在广州已有四家店，北京两家，两地共有租户4000余人。刘洋告诉记者，YOU+与其他公寓不同，"他们做的是房子的生意，我做的是人的生意"。

苏州街店是YOU+在北京第一栋公寓，由于刚刚装修完，空气中还隐约有油漆的味道，"房间都预订完了，但我跟他们说过一段时间再搬过来，现在只住了一小部分。"刘洋说。

这里一共有396个房间，除了少量四人间和二人间之外，大部分都是单人间，最多可以住600多人，排队等着住进来的却有3000多人，"成为家友比例比高校录取率都低。"刘洋笑着说。

刘洋将公寓一楼近1000平方米的大厅规划成公共区域。上午十点左右，不少人在办公或聊天，甚至还有创业团队将这里作为临时办公室。在大厅的尽头，是一个小型健身房，每次使用只是象征性地收一元钱，除此之外，还有吧台、台球桌等。

"虽然把这些区域盖成房间能增加不少营业收入，但还是希望能提供一个家友互相交流的区域，这是YOU+最与众不同的地方。"刘洋边介绍，边熟络地跟他们打招呼，每天处理完工作之后，他就到处溜达着跟家友聊天。

做YOU+并不是刘洋一时心血来潮，从上大学到现在，他在外面漂了15年，"很多年轻人都有这种经历，在一个陌生的城市受到欺负、受到侮辱"。刘洋经常跟外地人交流这种感受，改变的欲望也逐渐强烈，他找到了年轻人租房市场的痛点。

更重要的是，他认为这些年轻人其实更需要的是朋友，而不仅是一间屋子，他做YOU+的初衷就是想为他们提供一个社区，有互相倾诉的地方。这是打动雷军的一个重要原因。

虽然做的是出租房屋生意，但刘洋没想从房子上挣钱，而是把目光投向了"人"，YOU+如果做到足够大，赚钱的方式自然也就出现了。这是典型的互联网思维，搭平台，吸引用户，流量够了，商业模式就完成闭环。他坦言现在还没想怎么赚钱，但YOU+租户群体特征相对统一，已经有不少企业找到他提出合作，"比如他们都爱看《变形金刚4》，他们可以团购电影票，也有厂商愿意为他们定制某种产品"。

目前，全国YOU+公寓的租户一共有三四千人，刘洋认为当这个数字增长到"十万"、"一百万"的时候，商业模式自然就会流动起来。"就算是给他们提供盒饭也行啊。"他开玩笑。

YOU+是一个相对较重的创业项目，除了租房子这个重头开支，装修既占时间也要花不少钱。创业之初，YOU+差点因为缺钱夭折，"当时我们只有一个Idea，需要500万元启动资金，天使投资人觉得500万元太多，建议我们去找A轮投资人，但A轮又觉得我们没有样板房，不靠谱。"最后刘洋卖了上海的房子，筹集到第一笔钱。

YOU+的第一家店是广州的凤凰店，原址是高露洁牙膏厂的厂房。在房屋改造装修到70%的时候，公司的资金链断了，更让刘洋郁闷的是，他发现自己之前犯了致命的错误，由于选错了隔音材料，导致每间房屋的两面墙必须全部推倒重来，虽然有人劝他"先开业再说，大不了再翻修"，但这个建议始终无法说服他。

为了筹集资金，另一个联合创始人刘昕将自己的房子抵押出去，加上跟朋友借的钱，一共200多万元。等完成大约90%的时候，资金链再次断裂，公司的银行账户只剩了几千块钱，也没有朋友和投资人借钱给他们。

无奈之下，他们只能将粗装修的房子推出去，鼓励租户自己动手装修房间。没想到这种新颖的方式反而赢得了年轻人的欢迎，就这样，刘洋用用户的订金完成了后续的装修工程。

市场上其他房屋出租公司跟投资人都会"谈收益、谈如何把房子租出去"，但刘洋不习惯这种思维方式，他想把YOU+做成开放的平台，住在这里的家友可以从中有所收获，当然，他们也需要为这个平台做贡献。

"在广州YOU+，一个家友辞去原来的工作，现在在YOU+里卖各种产品，生活得也很不错"，刘洋称这种案例并不罕见。相比于其他房屋出租平台，YOU+给租户的开放性更大，所有的租户都可以随意更改自己房间的设计。一个较为极端的例子是，在广州的YOU+公寓，一个家友租了两间相邻的房间，然后把中间的墙敲掉，改成了一间大房间。

之所以允许家友这样做，刘洋是想加深他们对YOU+的黏性，"而且他们会乐于把改造后的房间分享给朋友"，这一招很是奏效，这几年，YOU+每年续租的比例都要远高于传统的房屋出租。

刘洋将YOU+分成两种类型，一种是创业社区，另一种是生活社区。在挑选到底哪些人可以入住时，创业社区的要求要远远高于生活社区。以苏州街YOU+为例，50%以上的家友都是创业者，另外一部分则是投资人、媒体等行业人士，"我希望住进来的人都能够提供自己的资源。"

"上周刚刚给一个入住三天的家友找到了投资。"他兴奋地说。被投资的钟孟奇主要做免费艺术品租赁，作为一个初创者，钟

孟奇手上没有任何投资人的资源。在一次闲聊中，刘洋知道了这个项目，非常看好，便惦记着帮她找投资人，在一次偶遇曾经投资超级课程表的天使投资人朱波时，刘洋一说完，朱波就惦记上了这个项目，一回到北京就和另一个天使投资人共同投资给钟孟奇200万元。

刘洋做创业社区和自己在创业道路中得到的帮助分不开。在谈到雷军时，他的语调会低沉下来，"你跟很多投资人说，我想要一辆奥迪，他们会说'我先给你一辆凯越，以后再换成奥迪'，但雷军不是，他上来就会说'我给你一辆凯迪拉克'，这不仅是钱多钱少的问题，更是对创业者的认可。"

5分钟搞定雷军1亿元投资，YOU+到底是怎样做到的？

知识点一：商业计划书的撰写

摘要

企业概述

生产与经营

产品与服务

摘要是风险投资者最先看到的部分，是整个商业计划书的高度浓缩以及精华之所在。"摘要部分要能够激发风险投资者的兴趣，投资者才能继续将商业计划书读下去，风险投资者的时间和精力是有限的，不可能将每份商业计划书都逐个看一遍"。

创业者应该努力地向风险投资者介绍公司以及所在行业的情况，尽可能简明扼要，同时还要全面。风险投资商不会投资给一个自己不了解的企业，企业概述这一部分，是为了让风险投资者对公司有一个初步的了解。主要包括以下内容：企业的名称、业务性质、注册场所、经营地点、公司的法律形式等。

生产与经营也是风险投资者非常关注的内容。"经营"是一个描述如何购买原材料、组织生产、组织待售产品及服务的术语。它的内容广泛，包括原材料的来源、劳动力的雇佣、设备的获得和成品的运输。生产型、销售型和服务型企业的计划书中，这部分的内容各不相同。

产品介绍是商业计划书中必不可少的一项内容。通常，产品介绍应包括：产品的概念、性能及特征；主要产品介绍；产品的市场竞争力；产品的研究和开发过程；发展新产品的计划和成本分析；产品的市场前景预测；产品的品牌和专利。

知识链接

市场与竞争

　　创业者要在对市场进行充分调研的基础上，对自身产品或服务的市场进行合理的预测，并制定出相应的市场策略。

　　一个好的市场分析需要花相当多的时间和精力去完成，商业计划的写作者必须对它的目标市场及其顾客和竞争者、如何开展市场竞争、潜在销售额和市场份额做到全面掌握。

管理团队

　　在商业计划书的写作过程中，管理团队起着重大的作用，一个成功的核心团队不但能够在企业遇到风险的时候使企业转危为安，而且一个具有强大实力的核心团队是企业在以后的发展过程中的一个坚实的后盾，在处理问题与解决问题的时候能够起到积极、正面的作用。

财务分析与融资计划

　　相对来讲，财务分析是整个商业计划书中比较专业的部分，对写作者有较高的要求。在商业计划书的写作过程中，财务分析将是一个需要花费相当多时间和精力来写的部分。如果作者缺乏这方面的知识，就需要请求一定的专业人士的帮助。财务分析主要分为这三大部分：对公司的财务状况进行回顾；对公司未来的财务进行预测；提出创业公司的融资计划和资金使用计划。

风险应对

　　商业计划书写作中应该对公司可能遇到的各种风险做出实事求是的分析，使得整个创业计划显得更客观；同时，还要提出一些针对所提出风险的防范措施，尽量让风险投资家相信，所有这些风险都能够得到有效的控制。在企业经营过程中，风险是任何企业都无法回避的问题，对于创业企业更是如此。风险可以降低，但不可消除。

附录

附录同样是商业计划书的一个重要部分。为了使正文言简意赅，许多不能在正文中过多叙述的内容可以放在附录部分。特别是一些表格、个人简历、市场调查结果、相关的辅助证明材料等，都应该放在附录部分。因此，附录绝不是可有可无的东西，它是正文的重要补充。

知识点二：商业计划书的演示

　　商业计划书的演示，同商业计划书本身一样重要。当你向别人口头介绍自己的商业计划书时，你的观众不只关注你的计划书，他们同样关注你和你的团队。如何推销自己、你的面部表情、你的幻灯片、你怎样应对困难问题等，都是评判你是否是一个有效经营者的线索。

1. 演示前准备

　　首先，准备商业计划书演讲的第一步是尽可能多地搜集听众信息，这可能需要你做些跑腿的工作，去努力搜集情报，并且，它们通常都十分值得。所有的风险投资公司都有自己的网站，上面会列有公司曾经投资的企业和合作伙伴，通过网络搜索和仔细调查也很容易找到有关投资者的背景信息。如果你的商业计划书要与其他对手一起竞争，那么了解考官的姓名及其背景资料也十分必要。

　　其次，你需要弄清楚自己拥有多少时间并提前做好规划。

演讲的重要注意事项就是严格控制时间。如果一群投资者告诉你，你拥有一个小时的发言时间，但最后半小时是用来接受提问的，你就必须在30分钟内结束演讲，不能延时。同时，着装也要得体，如果你不能确定自己到底应该选择怎样的衣服，可以打电话给即将面试公司的前台，咨询着装事宜。一般情况下，应该身着正装而不应随意穿戴，但如果你要面试的公司拥有标志明显的T恤或其他印有公司名称或标志的衣物，你的团队成员可以选择这样的服装。此外，即使你还是刚入门的新手，也应带好名片。

　　再次，最好能根据时间分类演练，如3分钟演讲、5分钟演讲、10分钟演讲和15分钟演讲，并严格控制时间。

　　最后，你要尽可能多地了解演讲场地的情况。如果你要在一个小会议厅里演讲，通常不需要做过多的调整，但如果你要置身于一个较大的舞台，就需要采用扩大幻灯片字体或设计更新颖的形式向更多的观众演示。

演示前准备　　　　**演示内容**　　　　**演示技巧**

2.演示内容

一次精彩的商业计划书演讲还有一个决定性的因素，就是演讲的内容。很显然，你不可能在一份25～35页的商业计划书或一场二三十分钟的演讲中传递所有的信息。所以，你必须把重点放在观众认为最重要的部分。对于风险投资者来说，你的企业发展速度和预期收益率是他们关注的重点；对于银行家来说，你的现金流是否可以预测以及怎样最大限度地降低风险是他们关注的重点。你必须预先确定观众关心的敏感问题，然后依此组织你的演讲内容。

根据专家建议，商业计划书演示可以由12张左右的幻灯片组成。每张幻灯片用时两分钟左右，正好适合一场二三十分钟的演讲。在演讲前，尽量保证你的观众人手一份你的商业计划书，可多带一些备用。

商业计划书的演讲范例

演讲一般由一张标题幻灯片开始，它在正式陈述前等待观众的准备阶段用于投影播放。

编选自：［美］布鲁斯·R.巴林杰克：《创业计划：从创意到执行方案》，陈忠卫等译，机械工程出版社2009年版。

公司名称/标志

创始人姓名

创始人联系方式

致谢人

日期

注释：这张幻灯片必须醒目、整齐，务必包含一位创始人的联系方式。必须在首页幻灯片标记上正确的日期以及致谢人以使演讲更加人性化。

第1张：概述
● 产品或服务的简要介绍。
● 演讲要点的简单介绍。
● 这项商业活动带来的潜在收益（商业的、社会的及财务的）的简要介绍。

注释：这张幻灯片应该使观众对于你的这项商业计划以及它的潜在价值有个总体上的认识。适合插入一些故事、轶事或是统计数据生动地向人们展示这项计划的重要性。如果开始没有抓住观众注意力的话，下面就很难办到了。针对你的观众量体裁衣，设计一些发言。如果你的商业计划书中有些闪光点，不妨在这里提出。

第2张：问题

● 说明亟待解决的问题。

——问题在哪？

——为什么顾客对现有状况不满意？

——问题未来的出路是什么？

● 通过调查研究证实问题。

——潜在顾客的需求是什么？

——专家的观点。

● 问题的严重性。

第3张：解决办法

● 说明你的公司就是问题的解决办法。

——展示你的解决办法与其他解决方案相比的独特之处。

● 展示你的解决方案在多大程度上改变顾客的生活，是更富足，还是更高效或是更实用。

● 说明为了防止他人短期内抄袭你的方案设置了什么障碍。

注释：首先要提出问题（如提出没有专门针对50岁以上中老年人的健身中心），接着说明你的公司（下一张会提到）就可以解决这个问题。你必须通过原始调查或间接调查验证你的观点。原始调查非常重要，向观众证明你通过与潜在顾客的对话，了解到他们认同你对问题的看法。也可以引用行业专家或服务机构的分析结果，但没有什么比你自己的数据更加令人信服。向观众传递问题的严重性，这些问题通常意味着一个巨大的潜力市场，进而吸引权益投资人的兴趣。

注释：说明你的公司就是问题的解决办法，证明为什么你的解决方案优于别人。说明你的公司将会对顾客的生活产生多大的影响：是微不足道，还是适度或是很多？你也要提到有关抄袭的问题。你怎样防止他人立刻复制你的创意？这里就要牵涉到有关专利和知识产权的问题，你也会因此尝到作为先驱者的甜头。

第4张：机会和目标市场

● 清楚地定位具体目标市场。

——描述保持目标市场广阔前景的商业和环境趋势。

● 最好能用图表展示目标市场的规模、预期销售额（最少三年）和预期市场份额。

——说明怎样达到你的销售额。

——准备好解答对于数据的疑问。

第5张：技术

● 如果有需要，介绍你的产品（或服务）的独特之处。

——不要笼统地论述总体技术方面。

——使你的描述简单易懂。

● 展示你的产品图片、相关描述或是样品。

——如果可以的话，演讲时最好能展示产品的样品。

● 说明可能涉及的知识产权问题。

注释：清楚地定位具体目标市场。如果你认为有必要，用图示表明怎样进行市场细分，用语言展示你对目标市场以及消费者行为已经相当了解，具体说明保持目标市场广阔前景的相关趋势，用产出额展示目标市场的规模、最少三年的预期销售额和预期市场份额。图表一定要制作得漂亮些，它能打破那种主要依赖于文字进行演讲的枯燥感。要在听众中留下一种对预期的销售额具有高度合理性支撑的印象，并随时准备解答对于数据的疑问。

注释：这张幻灯片并非必需，但通常情况下都会有。你必须介绍你的技术或是产品服务的任何不寻常之处，务必使用通俗易懂的语言。展示产品或服务的图片（用一个艺术家的作品就足够描述了），可能的情况下展示一个样品。如果你的产品存在一个可展示的样品，演讲时务必带上。另外，还要说明可能涉及的知识产权问题。

第6张：竞争

● 详述你的直接、间接、未来竞争者。

● 展示你的竞争者分析方格。

● 通过竞争者分析方格说明你与竞争对手相比的有哪些竞争优势。

——说明为什么你的竞争优势是持久的。

——如果你的退出策略是被某个实力更强的竞争对手收购，不妨在这里提出这种可能性。

第7张：市场和销售

● 描述你的总体市场计划。

● 描述你的定价策略。

● 说明你的销售过程。

——说明行业内消费者（厂商）的购买动机是什么。

——说明怎样唤起消费者对你的产品或服务的注意。

——说明产品怎么样抵达最终消费者。

● 说明是自己培育销售力量还是与中间商合作。

注释：展示你面临的竞争格局。不要保守地陈述你目前及将来面临的竞争情况以致降低可信度。通过竞争者分析方格从视觉上更加直观地描述你的竞争优势。说明为什么你的竞争优势是持久的。如果你的退出策略是被某个实力更强的竞争对手收购，不妨在这里提出这种可能性。说明你的竞争优势会对潜在兼并者带来什么益处。

注释：从描述的总体市场计划开始，说明你的定价策略，是使用成本加成定价法还是价值定价法。阐明你的价格与竞争对手相比如何。说明你的销售过程，让观众了解清楚你怎样唤起消费者对产品或服务的注意，以及产品怎样抵达最终消费者。如果你打算建立自己的销售队伍，谈谈销售人员的酬劳问题。如果你已经展开对消费者购买动机调查或其他有关消费者对该产品的认知的调查测试，不妨在这里公布结果。

第8张：管理团队

● 介绍你现有的管理团队。

——介绍他们的个人背景与专长。

——介绍他们的背景、专长对这份事业的成功发挥了怎样的重要作用。

——介绍团队如何展开合作。

● 说明管理团队现存的缺陷以及你打算如何弥补。

● 简要介绍你的董事会或顾问委员会成员。

第9张：财务规划

● 介绍未来3~5年你总体的收入规划及现金流规划。

——尽量把规划内容集中在一张幻灯片上。

——如果显示的字体太小，就换另一张幻灯片。

注释：观众会把管理团队看作是你事业成功的一个关键因素。介绍团队的组成以及成员的背景、专长、对公司的成功发挥了怎样的重要作用。如果你已经组成了一批董事会或顾问委员会成员，简要地就关键人物做个介绍。通过展示成员的技能，概括说明管理团队现存的缺陷，并提出你打算如何弥补。如果你已经集结了一批优秀的队伍（如员工或顾问），可以简要谈谈你是如何用自己的理念感染他们的。如果观众发现你能够把一群出色的员工或顾问招致麾下，他们也会相信你能把产品卖给愿意花钱购买的顾客。

注释：介绍未来3~5年你总体的收入规划及现金流规划。如果显示的字体太小，就换另一张幻灯片。务必保证如果有人对细节问题询问时有实际的数据支持。对你的数据了如指掌，如果有人对这份规划中的任何数字提出疑问，回答时不能有迟疑或磕绊。准备对数据背后的假设进行解释。按行业规范给出你的预计销售利润表。

第10张：现状

● 用数据突出已经取得的重大进展。

● 介绍发起人、管理团队、前期投资者已经向企业投入了多少资金。

——说明资金是如何被使用的。

● 介绍企业现有的所有权结构。

● 介绍企业的产权形式（如有限责任公司、非纳税公司、普通公司）。

第11张：财务要求

● 介绍你想要融资的渠道及资金使用方式。

——渠道和资金使用方式的介绍要尽可能具体，尤其是资金的使用方式。

● 介绍资金筹得后能取得的重大进展。

注释：通过企业已经取得的重大进展介绍企业的现状。介绍发起人、管理团队、前期投资者已经向企业投入了多少资金，以及资金是如何被使用的。投资者特别关注你的资金使用是否有效率，不要削减已取得成果的价值。介绍企业现有的所有权结构（可以用图表示）和企业的产权形式。

注释：这张幻灯片具体介绍你想要融资的数目及资金的使用方式。如果你的演讲对象是股权投资者，那么，你就得准备阐述拟让渡出多少股份；如果是想获得银行贷款，交代清楚想获得贷款的期限。介绍资金筹得后能够取得的重大进展。

第12张：总结

● 总结介绍企业最大的优势。

● 总结介绍创业团队最大的优势。

● 介绍企业的退出战略。

● 征求反馈。

——如果有可能的话召开后续会议。

注释：当演讲接近尾声时，要总结一下在风险创业和创业团队中最具有优势的地方（最多3点），要介绍企业的退出战略。如果面对的是银行股权投资者的话，要征求反馈信息。如果你参加的是一个创业计划书竞赛，还要感谢评委的工作，并准备好回答提问。

3. 演示技巧

▶ 准备充分，言语诚恳。

▶ 提前到VC的办公室。

▶ 调好财务模型格式，以便打印。

▶ 控制时间，突出重点。

▶ 带一个保存有演示文件的U盘。

▶ VC想要多听听团队的介绍。

▶ 关闭你的电脑屏幕保护程序。

▶ 每家VC都有自己的风格，投其所好。

课堂演练步骤

任务1

任务2

任务3

日程表

一 二 三 四 五 六 日

商业计划书

撰写商业计划书不存在唯一的最好方法，只要你觉得适宜，并且与你的情况相符就可以。

编选自：〔美〕杰弗里·蒂蒙斯、小斯蒂芬·斯皮内利：《创业学》，周伟民、吕长春译，人民邮电出版社2005年版。

商业计划指南

姓名：

团队（企业）：

数据：

步骤一：把信息细分成多个关键部分

为每一部分设定优先度、负责人、草案和终稿的截止日期。

注意：当你把信息细分时，要牢记该计划要逻辑合理并且信息应该前后一致。要注意的是，因为市场商机部分是计划的核心和灵魂，也极可能是最难写的一部分，最好给它设定一个高优先度，并从那里开始着手。记住，要包括表中列出的这些任务。

部分或任务	优先度	负责人	开始日期	第一稿截止日期	完成日期或终稿到期日

步骤二：列出必须完成的任务

  设计一张准备该计划的总日程表，设置优先度、负责人、完成该计划各项任务的截止日期，把较大的项目（获取客户和竞争者的情报以及参观贸易展会等现场工作）分割成一些易于管理的小的组成部分（如出行前必须打的电话），并把这些组成部分作为一项任务。表述要尽可能具体些。

任务	优先度	负责人	开始日期	完成日期

步骤三：把细分表和任务表结合起来，创建一个日程表

在合并两表时，要考虑是否遗漏了什么，以及你对人们能做什么，什么时候能做，需要做什么等的判断是否现实。在创建日历表时，在任务开始的那个星期画个记号"×"，在任务完成的那个星期画个记号"×"，然后把这些"×"连起来。在你把所有任务排到日历表上时，再次仔细查看，看看是否有冲突和不现实的地方。特别要注意评估团队成员的日程是否安排得太满。

任务	星期														
	1	2	3	4	5	6	7	8	9	10	11	12	13	14	15

步骤四：按教材所给的框架建立并撰写一份商业计划书

　　框架只是参考，在准备自己的计划时，你很可能想按不同的顺序来考虑各个部分。同样，当把各部分整合进最终计划时，你可能会选择不太一样的材料表述方式。

步骤五：整合各部分

　　把分散的各部分合成一个完整连贯的商业计划，可为其创建的目的服务。

步骤六：获得反馈

　　商业计划书写完后，建议你让别人审阅。无论你和你的团队如何优秀，还是很可能忽略一些问题，并且在处理与公司有关的问题时会思路不清。一个好的审阅者可以给你提供一种外部的客观评价。如律师从业者可以帮助你检查计划书中容易引起歧义的表述，加入有必要的警告等内容。

第08章

如何整合创业资源

朱新礼创业人生

编选自：慧聪网、新浪博客。

汇源如何能从一个负债千万元的山东小企业，发展到被国家九大部委授予的"农业产业化国家重点龙头企业"？

担任过农村党支部书记、县外经委副主任等职的朱新礼，作为一名常年工作在基层的党员干部，对农村、对果农有着浓浓的眷恋之情，更为"三农"问题长期得不到解决而深感忧虑。

1992年6月，朱新礼辞去公职创业。20世纪80年代后期，"要致富，种果树"一度成为沂蒙山区的开发之路，但由于交通、信息、加工业的滞后，果农丰产不丰收，有果卖不出。有的只能眼睁睁地看着成熟的苹果烂掉，有的干脆砍掉山坡上的果树再去种粮。

1992年春天，小平同志南方谈话犹如一股春风吹遍祖国大地，机遇和责任激励了许多人走进商品经济的大潮。于是，朱新礼毅然扔掉了令人羡慕的"铁饭碗"，决心为广大果农闯出一条致富之路。

"我当时接手的是一个负债千万元、停产三年、已经倒闭的县办罐头厂。工人吃饭的钱都没有，去银行贷款更是困难，因为人家看不起你，不信任你。我们就用补偿贸易的方法，用外国人的设备去挣外国人的钱。"朱新礼回忆道。

1993年，第一批浓缩苹果汁生产出来了，朱新礼只身一人带着样品，背着煎饼去德国参加食品展。请不起翻译，就请朋友在国外读书的孩子客串帮忙，没钱吃饭，每天在宾馆用煎饼充饥。优质的产品连同朱新礼的真诚，终于打动了外国公司。第一批价值500万美元的订单拿回来时，许多人仍不敢相信这是事实。

初尝胜果，朱新礼并没有就此而止。1994年，朱新礼带领不到30人的队伍来到北京顺义安营扎寨。朱新礼把汇源总部移到北京后，就加快了"大汇源"的发展步伐，为了缩短时间，在最短的时间实现最大的利益，他制订了"两条腿走路"战略计划。

"第一条腿"，生产的浓缩果汁100%出口。一来抵销债务，二来增加收入，扩大生产，为开拓国内市场做好准备。

"第二条腿"，除了继续出口外，一部分力量开始转向国内市场，开拓国内市场。因为国内市场潜力巨大，汇源要取得更大的发展也必须站稳和依托国内市场。

在北京站稳脚跟后，汇源便红红火火地开始以"星星之火，可以燎原"之势迅速在全国拓展开来。汇源势如破竹，迅速占领了国内大片市场，逐渐成为家喻户晓的品牌。

"汇源"凭借100%纯果汁，充分满足了人们对营养健康的需求，在专业化的大品牌下开发出400多种新产品，使汇源在短短几年的时间里跃升为中国果汁行业的"航母"。其产品线先后从鲜桃汁、鲜橙汁、猕猴桃汁、苹果汁扩展到野酸枣汁、野山楂汁、葡萄汁、木瓜汁、蓝莓汁等，销售收入、市场占有率等均名列前茅，成为当之无愧的老大。

俗话说："前方奋斗，后方支援。"现代激烈的商场竞争，要想站稳脚跟，需要建立坚固的大本营。

在20世纪90年代初，果汁市场的参战人马还很少，汇源发展所向披靡，没遇到什么强悍的对手。但是从1994年起，果汁市场形势迅速好转，随着人们消费观念的转变，果汁开始成为香饽饽了。中国有巨大的消费群体，果汁需求潜力无限，短时间内吸引了众多的饮料巨头纷纷加入。可口可乐、百事可乐、康师傅、娃哈哈、农夫山泉、健力宝等纷纷杀入果汁饮料市场，这对刚刚启航的汇源巨轮来说，面临着异常严酷的市场挑战。

但是朱新礼镇定自若，不害怕竞争。在他看来，国际巨头进入是早晚的事。他认真分析市场动态，寻找制胜关键，"果汁饮料，尤其是100%纯果汁饮料将成为市场的主流。中国果汁行业的竞争已经升级，竞争的焦点正由下游生产环节向上游原料供应环节转移。对于源头的控制能力，是企业在竞争中胜出的关键要素。"

为了加强源头把控，从1997年开始，汇源在吉林、北京、山东、河北、湖北、湖南、江西、广西、三峡库区和新疆等十几个省市建立了绿色环保的水果基地。

到1999年，汇源拥有了20多个现代化的工厂，带动了60多个果蔬茶等原料基地的建设和发展，数以百万的果农从中受益。

汇源开始在全国范围内稳健推进产能布局，从源头抓起，围绕水果基地的建设，逐步推进市场开发。这样不仅把全国各地优质水果基地牢牢掌控在手中，而且还可以在全国范围内形成一个反应灵敏的网络，实现生产与销售一体化运作，降低成本，提高效率。业内人士指出，汇源布局全国、做深做透中国市场的意图非常明显，对各地优质水果基地的建设和把控，不仅有利于汇源在未来的竞争中掌握话语权，而且能够有效改善当地的产业结构，对社会主义新农村建设也具有很大的推动作用。

从2006年开始，汇源把建设上游水果基地提升到战略的高度，有计划、有步骤地进行全国布局；2007年以来汇源加速布局，在湖南怀化、山西右玉、吉林舒兰、安徽砀山等地签约新建了多个大型水果基地项目。为了扩展华东和华南市场，汇源在2007年内分别在华东、华南地区，投资兴建大型工厂。2007年6月6日，汇源一期固定资产投资2亿元的饮料食品加工项目在桐城市落户。8月16日，"汇源集团南丰蜜橘加工项目签约仪式"在汇源总部举行。该项目主要是开发南丰蜜橘系列产品，建立一个集分选、仓储、鲜销和加工、罐装为一体的综合基地。

2007年8月18日，"汇源集团山东乐陵水果食品加工项目"破土动工，该项目将在乐陵建立起集苗木繁育、水果种植、加工、包装、储存、交易为一体的水果原料基地，全面提高果汁原料品质。朱新礼表示要通过汇源的努力，促进中国水果品种改良，提高中国水果产业的附加值，推动我国水果种植业由产品数量型向质量效益型转变，提升整个行业的发展水平和市场竞争力。朱新礼说："汇源要在全国范围内建设优质水果示范基地，通过大规模培训果农、订单农业等方式，不断提升我国水果种植业的科技含量和收益水平。"

征战南北、兼并东西，汇源迅速在全国拓疆，占领了大片市场和优质的原料产地。纵贯南北、横贯东西，汇源形成了庞大的"帝国"版图，朱新礼正在朝着他的目标努力着。

8.1 如何组建创业团队

解密腾讯五虎将：
史上最强创业团队的完美组合

编选自：http://www.shangxunnet.com/edu/201503/15/edu477_
2.html。

1998年秋天，马化腾与他的同学张志东"合资"注册了深圳腾讯计算机系统有限公司。之后又吸纳了三位股东：曾李青、许晨晔、陈一丹。

为避免彼此争夺权力，马化腾在创立腾讯之初就和四个伙伴约定：各展所长、各管一摊。马化腾是CEO（首席执行官），张志东是CTO（首席技术官），曾李青是COO（首席运营官），许晨晔是CIO（首席信息官），陈一丹是CAO（首席行政官）。

之所以将创业五兄弟称为"难得"，是因为直到2005年的时候，这五人的创业团队还基本保持这样的合作阵形，不离不弃。都说一山不容二虎，尤其是在企业迅速壮大的过程中，要保持创始人团队的稳定合作尤其不容易。在这个背后，工程师出身的马化腾从一开始就对合作框架进行理性设计是功不可没的。

从股份构成上来看。五个人一共凑了50万元，其中马化腾出了23.75万元，占了47.5%的股份；张志东出了10万元，占20%;曾李青出了6.25万元，占12.5%的股份；其他两人各出5万元，各占10%的股份。虽然主要资金由马化腾所出，他却自愿把所占的股份降到一半以下，47.5%。"要他们的总和比我多一点点，不要形成一种垄断、独裁的局面。"而同时，他自己又一定要出主要的资金，占大股。"如果没有一个主心骨，股份大家平分，到时候也肯定会出问题，同样完蛋。"

保持稳定的另一个关键因素，就在于搭档之间的"合理组合"。

《中国互联网史》作者林军回忆说，"马化腾非常聪明，但非常固执，注重用户体验，愿意从普通的用户的角度去看产品。张志东是脑袋非常活跃，对技术很沉迷的一个人。马化腾技术上也非常好，但是他的长处是能够把很多事情简单化，而张志东更多是把一个事情做得完美化。"

许晨晔和马化腾、张志东同为深圳大学计算机系的同学，他是一个非常随和而有自己的观点，但不轻易表达的人，是有名的"好好先生"。而陈一丹是马化腾在深圳中学时的同学，后来也就读深圳大学，他十分严谨，同时又是一个非常张扬的人，他能在不同的状态下激起大家的激情。

如果说，其他几位合作者都只是"搭档级人物"的话，只有

曾李青是腾讯五个创始人中最好玩、最开放、最具激情和感召力的一个，与温和的马化腾、爱好技术的张志东相比，是另一个类型。其大开大合的性格，也比马化腾更具备攻击性，更像拿主意的人。不过或许正是这一点，也导致他最早脱离了团队，单独创业。

后来，马化腾在接受多家媒体的联合采访时承认，他最开始也考虑过和张志东、曾李青三个人均分股份的方法，但最后还是采取了五人创业团队，根据分工占据不同的股份结构的策略。

即便是后来有人想加钱占更大的股份，马化腾说不行，"根据我对你能力的判断，你不适合拿更多的股份"。因为在马化腾看来，未来的潜力要和应有的股份匹配，不匹配就要出问题。如果拿大股的不干事，干事的股份又少，矛盾就会发生。

当然，经过几次稀释，最后他们上市所持有的股份比例只有当初的1/3，即便是这样，他们每个人的身价仍达到了数十亿元人民币，是一个皆大欢喜的结局。

可以说，在中国的民营业中，能够像马化腾这样，既包容又拉拢，选择性格不同、各有特长的人组成一个创业团队，并在成功开拓局面后还能依旧保持着长期默契合作，是很少见的。而马化腾的成功之处，就在于其从一开始就很好地设计了创业团队的责、权、利。能力越大，责任越大，权力越大，收益也就越大。

腾讯的创业团队有何特点？为什么说他们是完美组合？

柳传志

关于公司团队建设，柳传志的观点一如既往，即建班子、定战略、带队伍。具体而言，就是怎么有一个好的班子；怎么样制订战略并执行；如何带好队伍。

正确地做事，那是执行层和作业层的事；

做正确的事，那是董事会和经理层的事。

每个层面都不要过分干涉，各司其职，如果谁不称职，就坚决换掉他。

马云

谈到公司的团队建设、组织建设方面，马云提到很重要的一点：接班人制度，对此，他坦言作为公司的决策者、管理者，要随时想着当自己生病或是有其他事情需要脱身的时候，能立刻找到一个可以取代你的人，马云并再三强调，公司不是一个人的，公司不能被任何一个人"绑架"。

王石

我从来不培养接班人，我是培养团队，我是建立制度，我是树立品牌。这个团队怎么建立？我觉得团队是综合性的。团队建设当中，需要把握的第一要点是制度；第二，透明不黑箱；第三，规范不权谋；第四，要讲责任。

李开复

比点子更重要的是什么？李开复强调三点：一是在正确的时间做正确的事情；二是团队要非常好，要看人；三是团队要有执行力，知道如何把一个点子落实下去。他举例说，如果20年前有人拿了谷歌的商业计划去投，会失败，如果15年前有人拿了Facebook的商业计划去投，也会失败。"今天他们成功了，是因为在正确的时间做了正确的事情，而不是点子本身改变世界"。

俞敏洪

对于迅速发展的初创企业来说，也许有多个关键因素决定其能否取得更大的成功，但其中最重要也最困难的要数"团队建设"。原因很简单，没有人会拥有企业不断发展扩大后所需的全部技能、经验、关系或者声誉。因此，一个创业者最至关重要的工作是组建一个核心团队。

知识点一：创业团队的作用及组建原则

每一个伟大企业的背后，必然有一个伟大的创业团队。一项针对104家高科技企业的研究报告指出，在年销售额达到500万美元以上的高成长企业中，有83.3%是以团队形式建立的；而在另外73家停止经营的企业中，仅有53.8%有数位创始人。这一模式在一项关于"128公路一百强"的研究中表现得更为明显：100家创立时间较短、销售额高于平均数几倍的企业中，有70%以上有多位创始人。

凡事预则立，不预则废。在我们组建创业团队之前，最好先明确一下团队的组建原则。

团队组建原则	具体内容
目标明确合理原则	目标必须是明确、合理、切实可行的，这样才能使团队成员清楚地认识到共同的奋斗方向，并真正达到激励的目的
互补原则	团队成员相互间在知识、技能、经验等方面实现互补，并通过相互协作发挥出"1+1>2"的协同效应
精简高效原则	为了减少创业期的运作成本、最大比例地分享成果，创业团队人员构成应在保证企业能高效运作的前提下尽量精简
动态开放原则	创业过程充满了不确定性，在组建创业团队时，应注意保持团队的动态性和开放性，使最适合的人员能被吸纳到创业团队中来

知识点二：影响创业团队组建的关键因素

创业者。创业者的能力和思想意识从根本上决定了是否要组建创业团队、团队组建的时间表、由哪些人组成团队。创业者只有意识到组建团队可以弥补自身能力与创业目标之间存在的差距，才有可能考虑是否需要组建创业团队，以及对什么时候需要引进什么样的人员才能和自己形成互补做出准确判断。

商机。根据创业者与商机间的匹配程度，再决定是否要组建团队，以及如何组建团队。

团队目标与价值观。共同的价值观、统一的目标是组建创业团队的前提，团队成员若不认可团队目标，就不可能全心全意为此目标的实现而与其他团队成员相互合作、共同奋斗。

团队成员。团队成员的能力的总和决定了创业团队整体能力和发展潜力。创业团队成员的才能互补是组建创业团队的必要条件。而团队成员间的互信是形成团队的基础。互信的缺乏，将直接导致团队成员间协作障碍的出现。

外部环境。创业团队的生存和发展直接受到了制度性环境、基础设施服务、经济环境、社会环境、市场环境、资源环境等多种外部要素的影响。这些外部环境要素从宏观上间接地影响着对创业团队组建类型的需求。

创业团队的组建受到很多因素的影响，这些因素相互作用，共同影响着组建过程并进一步影响着团队建成后的运行效率。

知识点三：成员的选择

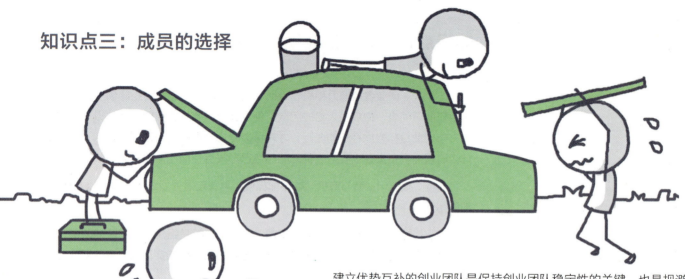

　　建立优势互补的创业团队是保持创业团队稳定性的关键，也是规避和降低团队组建模式风险的有效手段。在团队创建初期，人数不宜过多，能满足基本的需求即可。在成员选择上，要综合考虑成员在能力和技术上的互补性，基本保证具备理想团队所需的几种角色。而且，成员的能力和技术应该处于同一等级，不宜差异过大。如果团队成员在对项目的理解能力、表达能力、执行能力、社会资源能力、思维创新能力等方面存在较大的差异性，就会产生严重的沟通和执行障碍。

　　此外，在选择成员时还要考虑创业激情的影响。在企业初创期，所有成员每天都需要超负荷工作，如果缺乏创业激情和对事业的信心，不管其专业水平多高，都可能成为团队中的消极因素，对其他成员产生致命的负面影响。

知识点四：创业团队的类型

A 领袖型

　　在团队中一般都有一个核心主导人物（Core Leader），充当了领军的角色。这种团队在形成之前，一般是Core Leader有了创业的想法，然后根据自己的设想进行创业团队的组织。因此，在团队形成之前，Core Leader已经就团队组成进行过仔细思考，根据自己的想法选择相应人物加入团队，这些加入创业团队的成员也许是Core Leader熟悉的人，也有可能是不熟悉的人，但其他的团队成员在企业中更多时候充当的是支持者角色（Supporter）。

B 伙伴型

　　这种创业团队的成员一般在创业之前都有密切的关系，如同学、亲友、同事、朋友等。一般都是在交往过程中，共同认可某一创业想法，并就创业达成了共识以后，开始共同进行创业。在创业团队组成时，没有明确的核心人物，大家根据各自的特点进行自发的组织角色定位。因此，在企业初创时期，各位成员基本上扮演的是协作者或者伙伴角色（Partner）。

C 核心型

　　这种创业团队是由伙伴型创业团队演化而来。基本上是前两种的中间形态。在团队中，有一个核心成员，但是该核心成员地位的确立是团队成员协商的结果，因此核心人物某种意义上说是整个团队的代言人，而不是主导型人物，其在团队中的行为必须充分考虑其他团队成员的意见，不像领袖型创业团队中的核心主导人物那样有权威。

以5~7人为一组，要求在最短时间内集齐以下物品：

A．一幅画（XX老师）

B．一根一米长的绳子

C．一朵花（任何材质）

D．一段才艺节目（排除唱歌）

E．一份手抄诗词（带秋字）

目的：

● 团队中要发现每一个人的能力。

● 团队合作中，任务分配要合理。

● 团队中每一个人的能力充分发挥后，才能更好地完成任务。

结合创业团队的组建原则，组建最为合理、配合最为默契的团队，并指出其团队类型。

8.2 如何筹集启动资金

京东的融资之路

编选自：腾讯科技、青年创业网。

刘强东，京东商城创始人，并任京东商城董事局主席兼首席执行官。他于1998年6月18日，在北京中关村创办了京东公司。公司早期代理销售光磁产品，并在短短两年内成为全国最具影响力的光磁产品代理商。2003年，"非典"造成了对传统零售业的重大冲击，刘强东果断放弃了在全国扩张连锁店的计划。

2004年1月，刘强东带领公司进入了电子商务领域，正式创办了"京东多媒体网"（为京东商城的前身）。2011年12月12日，获得第十二届中国经济年度人物。

随着京东CEO刘强东带领京东高管团队一起敲响纳斯达克上市钟，京东估值近300亿美元，在已上市中国互联网公司中仅次于腾讯和百度。京东在这一轮上市和腾讯股份增持中，一共筹资32亿美元，短期内已不再需要融资。

相比今天的辉煌，京东也有过很长一段苦涩时光。过去多年，京东一直被认为是行业异类，在电商行业左右冲杀，却陷入巨亏、随时面临倒闭境地。刘强东更被视为一个草莽创业英雄。

京东最苦的时候是2008年，发展进入最关键阶段，资金却面临枯竭。早期投资京东，并伴随京东一路走过来的今日资本总裁徐新对腾讯科技表示，刘强东一度为融资急得白了头发。

京东开始融资是2007年，当时年销售过8000万元，刘强东觉得靠自有资金不行。京东几乎快到山穷水尽时，今日资本找上门来，在2007年3月和8月，分两次向京东注资共1000万美元。

当时一片鼓噪中，京东很快浮躁，大笔花钱，但1000万美元很快花完，到2008年10月想再拿钱时金融危机已经很严重了。刘强东和助理有半年跑着见40多个VC，最多一天见过5个VC，结果所有人都说不，而京东如果再拿不到钱，只能过桥贷款，每年利息是20%，相当于放高利贷。

徐新回忆说，今日资本第一轮投资京东后，京东成长非常快，本来目标翻一倍，结果翻了两倍，但这笔钱完全不够，再去融资时是2008年，金融危机来了。曾有几个机构带着京东和今日资本为京东寻求新一轮融资，许诺融资2亿美元，大家喜出望外，结果见了十几个投资人，都不肯投。

金融危机下恐慌情绪蔓延，投资人心态大变。徐新说，京东估值不断下降，从2亿美元降到1.5亿美元，降到8000万美元，记得谈了一个投资人，从6500万美元降到4500万美元，徐新给刘强东打电话，说价格虽然不好，但第一次创业成功非常重要，京东得要这笔钱。

当徐新和刘强东勉强同意时，投资人却变卦。最终今日资本追加800万美元，另一机构投资1200万美元，京东共融2000万美元。徐新说，形势的骤变把刘强东吓坏了，几个月时间头发已白。

刘强东后来回忆这段经历时也感到后怕，称那个年代所有人都不敢投，雄牛资本投京东1200万美元，今日资本投800万美元，另一VC投100万美元，京东得以扩大，要不然京东就完了。

在京东的融资之路中，采用了哪些方式来筹集资金？

创业之门

> To be or not to be, It's a question.

创业启动资金对于创业者来说极为重要。如果没有资金，企业就不可能创立。只有筹得第一笔资金，才能迈出创业的第一步。

筹集资金有很多种渠道，对大多数创业者来说，启动资金的筹集是个不小的难题。筹集启动资金主要有以下几种方式。

一、自筹

对于初次创业的人来说，特别是尚未毕业或刚毕业的大学生来说，依靠自己的力量，用打工积累资金或平时积蓄的生活费来创业不失为一种很好的选择。

如果有条件的话，我们也要学会"不把鸡蛋放在一个篮子里"。对于有条件的初次创业者，可以不把所有的钱都一次性投入一个项目，因为谁也不能保证自己的创业会百分之百成功，一旦出现偏差，没有了资金支持，结果很可能就是满盘皆输，不仅会给自己的生活带来困难，而且对创业者自身的信心和激情也会造成一定的打击。

二、亲友相助

每个人或多或少都会有些亲人朋友，因为大家彼此熟悉、彼此信任，相对来说比较容易取得借款。但对于创业者个人来说，你必须要在借钱之前就计划好自己的还款能力，不能不加考虑、不计后果地借钱。创业成功，皆大欢喜，但若创业受挫或者失败，不仅会欠下一大笔债务，而且和亲朋好友之间也很可能会产生难以修复的矛盾、误解和不愉快，断了多年的亲情和友情，得不偿失。

另外，不管是和自己亲戚借钱，还是和朋友借钱，不管你与对方关系有多铁、多亲密，一定要主动给对方写借条，这是君子协议，也是我们的责任和义务所在。

创业借贷

三、银行贷款

向银行贷款是一种比较正式的融资方式。创业者，特别是初次创业的创业者，要想获得银行贷款的确不容易，但是也不是完全不可能。几乎所有企业的倒闭，无论倒闭的根源在哪里，最后都会体现在"差钱"上，资金链断裂又筹措不到钱，只能仰天长叹一声"天要亡我"。其实不是"天要亡你"，是你没有"未雨绸缪"。因此对于创业者来说，无论你是创业初期需要融资，还是在创业中期扩大生产需要银行的资金援助，与银行搞好关系都是非常重要的，而且，创业者要想顺利得到银行的贷款，还必须对银行借贷的形式和流程有所了解。

现在国家大力支持大学生创业，银行部门也相继推出相关辅助政策，这是我们可以利用的有利因素。

四、政府优惠基金

近年来，为促进、带动就业，政府出台相关优惠政策支持大学生自主创业。如创业补贴、贴息贷款、小额贷款等。创业者可通过这种路径获得第一笔启动资金。

五、民间借贷

民间借贷是一种向社会上的财务机构进行的借贷。如个人信用贷款，社会上这类专门做民间贷款业务的财务机构并不少见。如个人信用贷款，一般额度在1万~50万元，无抵押、无担保、无户籍限制、手续简便。但是这种贷款利息高、贷期短，属于游离在正规金融边界的高利贷，创业者采用这种贷款方式时要慎重考虑。

还有一种民间贷款比较好一些，就是借方和贷方相互认识，但不是很熟，借方不想因为白借对方的钱不给利息而欠人情，这样借方只要向贷方付给和银行同样的利息，或略高于银行的利息就可以了。这样不仅解决了借方的资金困难，而贷方也因为得到利息而获利。创业者能够借到这样的民间贷款，还是比较理想的。这种借贷方式是建立在彼此的信用和较好的人际关系上的，因此创业者一定要讲信用，到期必还，并支付利息。

六、获得风险投资

相对银行贷款讲求安全性，回避风险的特点，风险投资则偏好高风险项目，追逐高风险后隐藏的高收益，意在管理风险、驾驭风险，看重的是企业未来的收益和高成长性。如果创业者能够确保自己的企业是一个前途远大的高成长性企业，风险投资也是一个不错的选择。

创业者要想获得风险投资人的青睐，除了要专注自己的好项目，还要学会用一系列扎实的数据说服投资者，还有就是对项目的包装，包括创业计划书、训练核心团队、做好财务预测等。在申请风险投资中，一份翔实、系统、可操作的商业计划书始终扮演着重要的角色，它是获得风险投资最有价值的工具。

获得风险投资并不容易。创业者应根据自己的创业实况，判断是否适合争取风投。

你知道多少种筹集创业启动资金的方式?

创业启动资金的募集并不局限于自筹、亲友相助、银行贷款、政府优惠基金、民间借贷、获得风投这六种方式,只要不违背法律和道德,任何可行的方式都是值得尝试的。

活动方式: 以5~7人为一组,在半个小时内,选取以下任一种方式进行启动资金募集方式的角色扮演。

自筹　亲友相助　银行贷款　?　政府优惠基金　民间借贷　获得风投

8.3 建立人脉资源库

赖淑惠的朋友经

编选自：《人力资源管理师：商业领袖的7大人脉宝典》，http://www.chinatat.com/renliziyuanguanlishi/
244/ma20140704165112481113931.shtml。

中国台北"身心灵成长协会"的创办人赖淑惠在做房产中介时就十分重视"结交小人物"。当时赖淑惠住在一个大厦里，同时兼营这个楼的房产中介，经她一番细心观察后，发现凡是对大厦有兴趣的买家，第一个总是先询问大门管理员："最近有没有住户要卖房子啊？价钱多少呢？"

有趣的是，每次管理员的回答几乎都是："你去问住在八楼的赖小姐，她很喜欢买卖房子，这样就不必再去找其他中介商了。"此外，该楼谁要钱急用要卖房子的消息也总是第一个传到她的耳朵里。因此，赖淑惠在这座大厦一个物业上整整赚进1000多万元。

为什么管理员愿意帮赖淑惠的忙？其实就是她将任何人都当成家人般关心，赖淑惠每天出入大门时，必会向当日值班的管理员打招呼，出差返回时也会顺道带些当地名产略表心意。

根据赖淑惠讲述的人脉积累的故事，以及很多成功企业家告诉年轻创业者"人脉是创业的首要要素"这个道理，讨论人脉资源对于创业的重要性，并说一说，如何拓展自己的人脉圈。

知识点一：人脉资源的开拓

对于创业者，特别是年轻的创业者来说，人脉是一种非常宝贵的资源。人脉资源丰富的创业者，在创业路上自然左右逢源处处得到贵人相助。关键是创业者如何拓展人脉关系。有人将人脉资源的拓展概括为五句话：慷慨大气交朋友，放低姿态增人望，不因人微生轻视，困苦不离见真情，坚持原则得信任。这几句话点出了拓展人脉资源的几个关键点：平等地对待他人，营建良好的个人形象，尽可能地扩展自己的人际圈，结交有助于自己事业的朋友，名片管理常保险等。

1. 平等地对待他人

从人际资源的角度上来说，资源并没有好坏之分，只有启用时机和作用大小之分，只要是资源，就有开发的价值。因此，大可不必对一些身处高位的人奴颜婢膝，而对一些暂时情况不是很好的人鄙薄轻视。用平等的态度去对待他人，往往会让我们得到很多意想不到的好处。

2. 营造良好的形象

　　个人形象在人际交往中的重要性毋庸置疑。我们要学会"放低姿态"，以谦虚的态度去对待他人，学会仔细倾听别人的话，要学会"忖度他人之心"，理解朋友的立场，尽量体谅他们。这样既能学习他们的优点，也能让朋友感到自己被尊重和理解，这样能留给人很好的印象，营造出良好的个人形象。

3. 策略性地选择人脉资源

花一些时间做研究，可以让你更好地了解自己的目标市场。策略性地选择自己的人脉十分重要。计划参与一些能让你直接联系到目标市场的活动，或让别人为你介绍目标市场。

如果你想让人脉为长期的资源建设带来成果，关键不是认识很多人，而是认识正确的人。

4. 名片管理常保险

它属于人脉资源开拓的技术操作方法。中国台湾有位著名的"名片管理大师"叫杨舜仁，他号称有16000多张不同人的名片，而经过他自己建立的一套名片管理系统，可以在几秒内找出任何一个想要的人的资料。

每天换到的名片要立即在背面批注，包括相遇地点、介绍人，兴趣特征，以及交谈时所聊到的问题等，越翔实越好，然后在建立"新联络人"时，将这些信息打在备注栏里，以后只要用"搜寻"功能，便能将同性质的人找出来。

知识点二：创业导师

创业导师是创业者人脉资源库里一个非常重要的角色。

现在的创业者大多都是"80后"、"90后"，他们积极、聪明、敢于拼搏，但这些年轻的创业者们难免会被一些夸大其词的报道所误导。很多关于创业人物的报道都倾向于故事化、传奇化，却往往都忽视了他们背后导师的作用。在很多报道中，一个初出茅庐的年轻人，似乎一夜之间就身怀绝技，成就一番事业。像Facebook创始人扎克伯格、谷歌的布林和佩奇，都蒙上了一层神奇的光环，年轻创业者们很容易被这种光环所迷惑，觉得自己也是无所不能的。其实，真正的创业远没有那么简单。

要想在创业道路上顺风顺水，创业导师的指导是非常重要的。创业导师在硅谷是一个非常成熟的机制。为什么扎克伯格、布林和佩奇都是还没毕业就创业，并在经营和管理上做得风生水起？背后都有一到两位导师在起作用。Facebook的第一位大陆籍员工王淮写过一本《打造Facebook》，专门有一章写到了硅谷的导师制度。Facebook的高速成长固然和扎克伯格的个人能力有很大关系，但其背后的导师的作用也不可小觑。在创业公司的发展过程中，这些人能起到非常关键的作用。

创业初期的"容错率"非常低，初创企业资金紧张，资源有限，一旦走错一步，创业者就会和他的伟大梦想一起坠入谷底。这个时候，如果能有一位导师给创业指明一个方向或者推荐创业者需要拜访的专家，风险无疑将会大大减小。年轻的创业者们要主动找一些导师来"点拨"和帮助自己，这样能起到事半功倍的作用。

联动你的人脉资源

1. 内容

以小组为单位，在15分钟之内，找到身边的创业人才，并归类展示。

2. 要求

▶ 相关创业人才要有一技之长。

▶ 相关人才能找到具体的联系方式。

3. 规则

找到最多的、合适的创业人才的小组获胜。

图书在版编目（CIP）数据

创业基础与实务（上下册）/ 葛向东，陈工孟主编 . -- 北京 ： 经济管理出版社，2017.10
ISBN 978-7-5096-5412-5

Ⅰ . ①创… Ⅱ . ①葛… ②陈… Ⅲ . ①创业—基本知识 Ⅳ . ① F241.4

中国版本图书馆CIP数据核字2017.10（2022.7重印）第249070号

组稿编辑：魏晨红

责任编辑：魏晨红

责任印制：司东翔

出版发行：经济管理出版社（北京市海淀区北蜂窝 8 号中雅大厦 A 座 11 层　　100038）

网　址：www.E-mp.com.cn

电　话：（010）51915602

印　刷：北京市海淀区唐家岭福利印刷厂

经　销：新华书店

开　本：787mm×1092mm/16

印　张：39.5（上、下册）

字　数：730 千字（上、下册）

版　次：2017 年 10 月第 1 版　　2022 年 7 月第 6 次印刷

书　号：ISBN 978-7-5096-5412-5

定价（上、下册）：118.00 元

创业基础与实务

Basic Knowledge and Practice of Business Startups

主编◎葛向东　陈工孟

经济管理出版社

ECONOMY & MANAGEMENT PUBLISHING HOUSE

GTA 创新创业系列教材

主编：

葛向东　　　　陈工孟

副主编：

孙　勇　　　姚志存　　　丁　艳

专家指导委员会：

李家华	俞仲文	廖文剑	何国杰	王春雷	王　毅
仇旭东	丁　艳	吴烨宇	房巧红	张建军	高思凯
廖志德（台）	张秉纶（台）				

编写委员会：

曹明磊	陈新贵	傅　宝	傅小凤	高进红	何　悦
胡腾辉	李昌俊	李新新	李　洋	林　琳	刘冬东
皮竟成	盛　洁	王华巍	汪贤锋	汪玉奎	王　寅
文　勇	吴海静	吴瑕玉	裘　伟	徐晨晨	徐小红
袁文刚	张晶晶	赵正清			

　　对于一个人来说，创业不仅是一次改变人生道路的机会，更是提升人生境界和格局的机会。当翻开这本书的时候，我希望大家不只是翻开了创业学习的新篇章，而是翻开了整个人生的新篇章。未来的创业道路或许会有曲折，但这也是我们成长必须经历的阵痛。"坚持就是胜利"，只要勇敢坚持，回报必然丰厚。

　　创新创业，青年当先。青年学生是"大众创业，万众创新"的主力军之一，也是国家保持发展与繁荣的根本保证。同学们，创业的大时代已经来临，希望大家能够好好把握创业学习的机会，不断提升自己，去努力实现我们心中的"中国梦"！

前言

本书分为上下两册，共 15 章，以创业素质、创业前期准备、企业运营管理为线索，对创业的流程进行深入浅出的实务性分析。

第 1 章至第 3 章，清晰地介绍了何为创业及创业前个人素质诊断。

第 4 章至第 5 章，分析了如何识别和评估创业机会，创业过程中需要防范哪些风险以及如何防范。

第 6 章至第 7 章，着重介绍了创业过程中最重要的商业模式设计、商业计划书撰写与展示技巧。与此同时，站在风险投资家的立场上指导创业者如何撰写和展示一份令人满意的商业计划书。

第 8 章至第 9 章，第 8 章介绍了创业前准备的最后一步，即如何整合创业资源。第 9 章涵盖了创业政策、企业选址、注册资本选择、工商登记注册流程、成本控制等内容，清晰地呈现了企业的设立过程。

第 10 章至第 13 章，重点介绍新企业如何生存和运营，从新企业如何生存到人力资源管理，再到市场营销管理，最后抛出重要的一环：新企业如何实现规范化管理，指出企业创立只是开始，成功运营才是关键。

第 14 章至第 15 章，设置了一个选择命题，无论创业成功还是失败，都要坦然面对、勇敢抉择，更要有 "不以成败论英雄" 的胸襟，适当的时候听取一些创业家的经验之谈，会有所启发。

本书编写工作得到了六安职业技术学院葛向东校长、孙勇校长、姚志存院长的大力支持，同时还获得了李家华教授、陈工孟博士的专业指导；创业导师廖志德、张秉纶、马孟骏等为本书贡献了宝贵的教学经验和学术意见；此外，丁艳博士、王毅院长、吴烨宇院长等也为本书的成功面世提供了重要指导，在此表示衷心的感谢！

本书在编写过程中难免存在疏漏或不当之处，还请读者指正，我们会尽全力在下一版中进行完善，让创新创业教育成为一项与时俱进的持续事业！

课程资源体验网址：http://www.gtafe.com/ContentShow/PCProductDetail/326

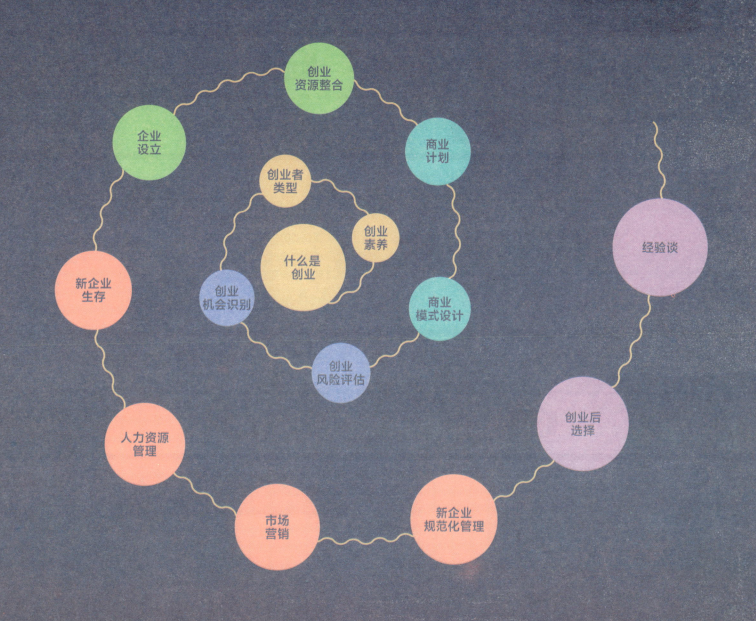

目录

第 09 章

—

设立你的企业

9.1 你了解创业政策吗？

喜荣的创业路

　　喜荣在创业第一年，通过多方的努力，购买了灰雁、山鸡、贵妃鸡、珍珠鸡、孔雀等 10 多个特禽品种的 2000 多枚种蛋，眼看辛苦付出就要获得回报，但突发的瘟疫，致使 1500 多只幼禽死亡，让喜荣损失了 10 多万元。但喜荣并未因此放弃，经朋友建议，喜荣参加了人力资源和社会保障部门为高校毕业生举办的"SYB 创业培训"。通过学习，喜荣进一步了解了企业的运作模式、风险评估、组织结构、财务状况等。在老师和学员们的帮助下，喜荣完成了开办"农家乐"的详细计划书。随后在塔城地、市两级举办的首届高校毕业生创业大赛中，喜荣凭借着对项目的自信和出色发挥，最终代表塔城地区参加了新疆高校毕业生创业大赛，并荣获全疆第二名的好成绩，获得创业基金 1 万元。之后，塔城地区及塔城市又提供给喜荣 5000 元创业资金，当地人力资源和社会保障部门还为其办理了 5 万元的小额贴息贷款。在多方支持下，喜荣成立了塔城市格瑞德生态农牧业开发有限责任公司，注册资金 50 万元，主要经营生态种植、生态养殖、餐饮、娱乐和农副产品加工。

对创业政策的了解为喜荣的创业之路带来了哪些帮助？对你有什么启示？

知识点一：大学生创业优惠政策来源

目前，大学生优惠政策的来源主要有以下五个方面：

1. 国家相关创业政策

国家相关的创业政策更多的是对创业环境的宏观调控，引导地方与其他相关机构制定创业优惠制度与条例，营造全民创业的氛围。

2. 人力资源和社会保障部

人力资源和社会保障部是统筹机关、企事业单位人员管理，统筹城乡就业和社会保障政策的中国国家权力机构。人力资源和社会保障部近年来出台了一系列税收优惠政策、小额担保贷款和贴息政策、税费减免政策、培训补贴政策与落户政策来促进大学生创业，全方位地支持创业者。

3. 地方相关创业政策

各级地方政府依据当地的情况，对创业者提供个性化并且优惠力度更大的支持服务，效果最为明显。例如，将网络创业高校毕业生列为小额担保贷款、贴息和社保补贴政策扶持对象。

4. 金融机构创业相关支持

除了响应政策号召的一系列大学生创业贷款措施，平安银行的零抵押贷款、渣打银行的"现贷派"、招商银行的小额贷款等银行自主的贷款业务都是创业者筹募资金的好去处。

5. 各大院校相关创业支持

针对创业，各大高校都有相应的支持与服务、全方位的创业孵化基地，甚至独立的创业学院。例如，华南理工大学广州学院创新创业园区、清华创业园大学生创业孵化基地、宁波大红鹰学院国泰安创业学院等，为创业学子提供了从技术、培训到资金的全方位支持。

知识点二：大学生创业优惠政策种类

大学生创业的优惠政策有很多，这里列举部分种类供大家参考。如图 9-1 所示。

图 9-1　大学生创业优惠政策种类

1. 政府优惠贷款

优惠贷款是最直接的创业扶持措施，对初创企业的帮助也最大。

例如，国家规定：大学毕业生在毕业后两年内自主创业，到创业实体所在地的工商部门办理营业执照，注册资金在 50 万元以下的，允许分期到位，首期到位资金不低于注册资本的 10%（出资额不低于 3 万元），1 年内实缴注册资本追加到 50% 以上，余款可在 3 年内分期到位。

2. 减免税政策

减免税政策是国家扶持大学生创业的一大举措。

例如，国家规定：大学毕业生新办咨询业、信息业、技术服务业的企业或经营单位，经税务部门批准，免征企业所得税两年；新办从事交通运输、邮电通信的企业或经营单位，经税务部门批准，第一年免征企业所得税，第二年减半征收企业所得税；新办从事公用事业、商业、物资业、对外贸易业、旅游业、物流业、仓储业、居民服务业、饮食业、教育文化事业、卫生事业的企业或经营单位，经税务部门批准，免征企业所得税一年。

3. 银行优惠贷款

国家和地方政府规定了银行小额贷款的优惠。

例如，国家规定：银行要为自主创业的毕业生提供小额贷款，并简化程序，提供开户和结算便利，贷款额度在 2 万元左右。贷款期限最长为两年，到期确定需延长的，可申请延期一次。

4. 其他便利措施

除了上述各类优惠政策，国家和地方政府通常还会为创业者提供其他的一些便利措施。

例如，国家规定：政府人事行政部门所属的人才中介服务机构，免费为自主创业毕业生保管人事档案（包括代办社保、职称、档案工资等有关手续）两年；提供免费查询人才、劳动力供求信息，免费发布招聘广告等服务。

讨论：查找所在地区针对大学生创业的优惠政策，并分享。

9.2 如何进行企业选址

小饰品店的选址教训

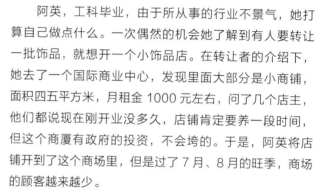

阿英，工科毕业，由于所从事的行业不景气，她打算自己做点什么。一次偶然的机会她了解到有人要转让一批饰品，就想开一个小饰品店。在转让者的介绍下，她去了一个国际商业中心，发现里面大部分是小商铺，面积四五平方米，月租金1000元左右，问了几个店主，他们都说现在刚开业没多久，店铺肯定要养一段时间，但这个商厦有政府的投资，不会垮的。于是，阿英将店铺开到了这个商场里，但是过了7月、8月的旺季，商场的顾客越来越少。

后来阿英才知道这个商厦的开发商是地产商，他们在开盘时炒作得非常厉害，然而将商铺卖出后就不再宣传，以致商厦开业半年了附近的住户竟然还未全部知晓。商铺大部分都卖给了个人，再由业主进行出租，这给管理带来了很大困难。另外，由于大家对商厦的期望值很高，租金也很高，所以货物的价格自然就高，但是附近居民的消费水平和购买能力并不高。即使后来商铺的摊位租金降到了300元，可还是赔钱。合同到期后，90%的商户已经撤离，阿英也无法再坚持下去，只得带着一堆货收场。

从阿英失败的选址教训中，讨论选址对企业运营的影响，并思考哪类企业更注重选址。

知识点一：影响企业选址的因素

影响企业选址的因素很多，可以从以下几个方面考虑：

1. 市场因素

市场因素主要从消费者与竞争对手两个方面进行考虑。从市场层面出发，除了上述两方面外，还要从销售渠道和产品方面全方位考虑所在地的市场因素。

2. 商圈因素

商圈因素是对特定商业圈进行特定分析。例如，大学城学生集中，可以开办高等培训机构，而在大型住宅社区，则是大型超市与餐饮业的黄金地段。在选择商圈时，也一定要注意周围人群的消费水平，这样才能准确定位，找到最合适的地址。

3. 物业因素

物业因素是创业者需要了解地段或房屋的规划用途与自己的经营项目是否相符；该物业是否有合法权证；还应考虑该物业的历史、空置待租的原因、坐落地段的声誉与形象，如是不是环境污染区、有没有治安问题等。

4. 政府支持因素

政府支持因素是指经营业务最好能得到当地所属区域政府的支持，至少不能与当地的政策相悖。

5. 个人因素

个人因素是指创业者在选择创业地点时受到个人经历、个人喜好、人际关系等非外部因素的影响。例如，许多人喜欢在家乡或伴侣工作的地方创业。

6. 价格因素

价格因素是指创业者应当关注所创业地区需要的相应资金成本与安排。包括资金、业务性质、创业成功或失败后的安排、物业市场的供求情况、利率趋势等。

影响企业选址的因素很多，通过系统结构性的方法对候选地址进行有效的归纳、分析、总结，能为创业者提供很大的便利，而一个好的企业选址，也是企业发展的重要影响因素之一，甚至直接影响企业的成功与失败。

知识点二：企业选址的方法

1. 优缺点比较法

优缺点比较法是一种最简单的企业选址分析方法，尤其适应于对非经济因素的比较，当几个选址方案在费用和效益方面比较接近时，非经济因素就可能成为要考虑的关键因素。

优缺点比较法的具体做法是：罗列出各个方案的优缺点进行分析比较，并按最优、次优、一般、较差、极坏五个等级对各个方案的各个特点进行评分,将每个方案的各项得分相加，得分最多的方案为最优方案。

2. 因素评分法

因素评分法与优缺点比较法有相似的地方，不同的是因素评分法采用权数来评价各个影响企业选址因素的重要性，包括定性因素和定量因素。具体步骤为：

（1）决定一组相关的选址决策因素。

（2）根据企业目标为每个因素赋予一个权重，以此显示它与所有其他因素相比的相对重要性，各因素比重总和一般是1.00。

（3）用各个因素的得分与相应的权重相乘，并把所有因素的加权值相加，得到每个备选地址的最终得分。

（4）选择总得分最高的地址作为最佳的选址。

3. 不同行业的选址差异

由于经营模式、利润模式、客户群体与销售模式等不同，不同行业在地址的选择上存在着较大的差异。结合大学生创业的特点，本书将企业划分为店面企业、高新技术企业与制造企业三类进行选址差异的分析。

店面企业选址

店面企业主要是指企业与消费者的交易在一个相对固定的场所完成，对于大学生来讲，店面企业主要是指各类服务性的行业。例如，培训机构、各类连锁经营的餐饮店、服装店，甚至彩票店等。这类企业的选址可以从以下几个方面考虑，详见图9-2。

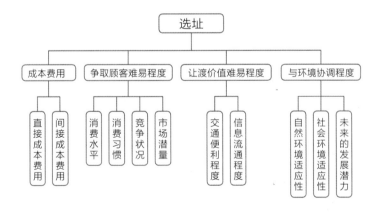

图9-2　店面企业选址考虑的因素

高新技术企业选址

　　提到高新技术企业的选址，使人容易联想到"硅谷、中关村、深圳特区科技工业园、台湾新竹科学园区"等著名园区，这也直接反映了高新技术企业在选址上不同于传统企业的地方。高新技术企业具有以非实物形态的科技投入为主，市场定位为开拓全球市场，寻求长期生存、发展空间的经营特征。这使得高新技术企业在选址时，自然条件等传统因素影响弱化，人才与科技教育资源等成为影响企业选址行为的关键因素。

制造企业选址

中国一直被誉为"世界的工厂"，制造业一直是我国国民经济的支柱产业。制造业是指对制造资源（物料、能源、设备、工具、资金、技术、信息和人力等），按照市场要求，通过制造过程，转化为可供人们使用和利用的工业品与生活消费品的行业。由于制造业往往需要较大的场地，因而制造业的选址对企业的发展尤为重要。

总而言之，在为企业选址时要对各方面的因素进行综合考虑，选择最适合企业发展的土壤，只有这样初创企业才能更顺利地发展。

制造业的选址归纳起来有以下几个原则：

（1）能源、资源供应方便，劳动力充裕。
（2）靠近目标顾客群、服务方便。
（3）政策、税收、地价综合效益高。
（4）有利于集聚人才和企业长远发展。

制造业

名企选址

一个很有趣的对比案例。1999 年，丁磊带着网易从羊城广州北上首都北京，而马云却带着阿里巴巴从北京回到了杭州。这两件事颇耐人寻味。网易是门户网站，需要的是知名度、市场和充足的资金，广州虽然各方面条件也不错，但显然不能与中国互联网风潮的起源地——北京相比。而阿里巴巴做的是电子商务，主要是为中小企业服务，当时的浙江有着中国最庞大的中小企业集群，是阿里巴巴最适宜生长的土壤。远离北京、深圳这些 IT 中心，也大大降低了阿里巴巴的人力成本。后来的发展证明，这两家企业的选址都是非常正确的。

（1）分析所在地区的优势，说说本地最适合开办哪种类型的企业？

（2）如果你要开一家送水公司，选址时你需要优先考虑哪些因素？

9.3 如何进行工商登记注册

工商登记注册

1 元 YI YUAN

企业登记注册流程

经过精心策划和认真筹备，初创企业就像一个孕育已久的胎儿，工商登记注册是企业"呱呱坠地"的最后一步。

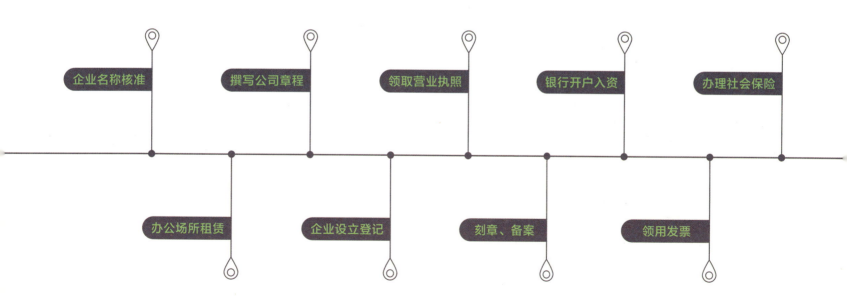

企业名称核准

撰写公司章程

领取营业执照

银行开户入资

办理社会保险

办公场所租赁

企业设立登记

刻章、备案

领用发票

第一步：企业名称核准

● 办理部门：工商行政管理局

设立公司前向工商行政管理局申请名称预先核准（网上申报核准），核准后发放《名称预先核准通知书》。

● 需要材料

（1）全体投资者共同签署的《企业名称预先核准申请书》（原件1份）。

（2）字号查询证明（原件1份）。

（3）经办人身份证明（复印件1份，验原件）；由企业登记代理机构代理的，同时提交企业登记代理机构营业执照（复印件1份，须加盖本企业印章，并注明"与原件一致"）。

（4）投资者的资格证明复印件。股东或发起人的营业执照或事业法人登记证或社团法人登记证或其他有关法律法规规定的资格证明（复印件1份，加盖公章并注明"与原件一致"），自然人为股东的提交身份证（复印件1份，验原件）。

● 注意事项

（1）企业名称一般应当由以下部分依次组成：×××（市）+字号（商号）+行业（或者行业特点）+组织形式。

（2）所用商号不得与其他已核准或注册的相同行业或无标明行业的企业名称中的字号（商号）相同，但有投资关系的除外。

（3）不得与其他企业变更名称未满1年的原名称相同。

（4）不得与已注销登记或被吊销营业执照未满3年的企业名称相同。

（5）（以广东为例）名称冠"广东"的公司，需符合《广东省企业冠省名登记管理办法》的规定。

（6）企业名称冠"中国"、"中华"、"全国"、"国家"、"国际"等字样的，或者在名称中间使用"中国"、"中华"、"全国"、"国家"等字样的，或名称不含行政区划的，需符合《企业名称登记管理实施办法》第五条、第十条的规定。

（7）企业名称中不得含有另一个企业名称。企业分支机构名称应当冠以其所从属企业的名称。

（8）企业名称应当使用符合国家规范的汉字，不得使用汉语拼音字母、阿拉伯数字（部分地区除外）。

（9）企业名称中的字号应当由两个以上的字组成。行政区划不得用作字号，但县级以上行政区划的地名具有其他含义的除外。

（10）企业名称不应明示或暗示有超越其经营范围的业务。

第二步：办公场所租赁

● **办理部门：房屋租赁公司**

● **需要材料**

法人身份证及复印件。

● **注意事项**

（1）申请人对其所提交的文件、证件的真实性、有效性和合法性承担责任。

（2）申请人应使用钢笔、毛笔或签字笔工整地填写申请书并签字。

（3）申请人提交的文件、证件应当规整、洁净。

第三步：撰写公司章程

● **参考材料**

（1）《中华人民共和国民法通则》及其司法解释。

（2）《中华人民共和国企业法人登记管理条例》。

● **注意事项**

（1）股东应当在公司章程上签名、盖章。

（2）公司章程应向工商行政管理机关备案。

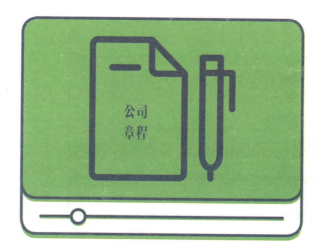

第四步：企业设立登记

● **办理部门：工商行政管理局**

网上系统登录，填报设立申请信息，上传文件。

● **参考材料**

（1）《中华人民共和国企业法人登记管理条例》（2011年）。

（2）《国家工商总局企业登记网上注册申请操作指引》。

第五步：领取营业执照

● **办理部门：工商行政管理局**

预约递交书面材料日期，受理窗口递交材料（需根据要求对打印出的纸质材料进行签字盖章），经纸质材料被审查合格后，领取核准通知书、纸质营业执照、电子营业执照。

● **需要材料**

（1）公司登记（备案）申请书。

（2）《企业法人营业执照》（三证合一：工商营业执照、组织机构代码证和税务登记证）。

第六步：刻章、备案

● 办理部门：公安局

刻章（公章、财务章、合同章、私章/人名章）。

● 需要材料

（1）营业执照副本原件。

（2）法人身份证复印件。

（3）税务登记证。

（4）法人代表授权刻章委托书。

（5）经办人身份证。

● 注意事项

（1）公司必备的章：公章、财务章、合同章、私章/人名章。

（2）企业在备齐上述有关资料后到辖区派出所加具意见，并由派出所出具《刻制印章申请表》。

（3）企业将资料递交公安分局治安管理大队审批。

（4）审批合格后由分局治安大队开具《刻章许可证》，企业凭《刻章许可证》到指定印章刻制店刻制。

第七步：银行开户入资

● 办理部门：银行

办理银行开户和入资。

● 需要材料

（1）营业执照原件及副本。

（2）公章、财务章、私章/人名章。

（3）法人身份证复印件两份，并在复印件注明各股东入资金额。

（4）经办人身份证复印件一份。

（5）房屋租赁协议。

（6）支票购买人两寸近照两张、身份证复印件一份。

（7）《企业名称预先核准通知书》或《企业法人营业执照》（入资时需要）。

● 注意事项

（1）开户时填写开户申请书，申请书上加盖公章。

（2）企业应该在其登记机关所在地入资银行开立入资专户，一般不得异地开立入资专户。

第八步：领用发票

● 办理部门：税务局

领用发票，申请防伪控制系统。

● 参考材料

（1）《中华人民共和国发票管理办法》（中华人民共和国国务院令第587号）。

（2）《中华人民共和国发票管理办法实施细则》（国家税务总局令第37号）。

● 需要材料

（1）《税务登记证》副本或一照一码原件、复印件（加盖公章）。

（2）法定代表人身份证明复印件（加盖公章）。

（3）购票员身份证明原件、复印件（加盖公章）。

（4）《购票员授权委托证明书》（国税网站下载或办税服务厅表格区领取，在表格公章区处加盖公章，法定代表人签名或加盖私人印章，法定代表人本人办理不需要此表）。

（5）发票专用章印模。

● 注意事项

（1）申请人如实填写《税务登记表》。

（2）提供有关资料向区县地方税务局行政许可窗口提出办证申请。

第九步：办理社会保险

● 办理部门：人力资源和社会保障局

办理企业社会保险登记（网上申请）。

● 需要材料

（1）《深圳市企业参加社会保险登记表》（以深圳为例，通过网上申报成功后打印的登记表）。

（2）银行开户许可证原件或开户银行印鉴卡原件（盖银行公章）。

● 注意事项

（1）企业应参保险种：养老、医疗、工伤、失业、生育。

（2）企业自网上申报成功之日起（不含当日）5个工作日内并且在当月20日前需将登记表及相关需提供的材料交到所在地社保机构办理社保登记手续，逾期不办理的，系统将自动取消企业网上申报的数据。

（3）企业成功办理登记手续后，当月20日（含当日）前所申报的社保业务属当月缴费记录，20日后的属次月缴费记录。

（4）社保机构统一在每月的23日（含当日）至月底托收社保费。

李明准备开办一家注册资本为2000万元的公司，朋友说这样的公司必须去市里的工商局进行注册，这种说法对吗？为什么？

9.4 如何控制设立成本

小 A 的苦恼

资料来源：创业邦。

"工资成本大概能占到总成本的 70%"，接受创业邦采访的创业者小 A 说，工资成本是他们最大的支出、最大的负担。他不希望我们报道公司的名字，他觉得自己的公司还太小，还不够"光鲜"。

小 A 公司的主要业务是承接互联网、移动互联网方面的外包业务，成立还不到一年，有十多名员工，办公室位于上地的漫游世纪，和很多创业企业一起办公，按工位数量支付租金。在办公场所租金方面，他们的支出并不多，他告诉我们一个月只有三四千元的支出。

说起工资成本，他说招人是一个难点，总要花不少时间在招人上。"你们主要有哪些招聘渠道？58 同城、赶集网，还是智联招聘、前程无忧？"小 A 说也试过免费的 58 同城和赶集网等，但效果很不理想，应聘人员的资历很难满足他们的要求，"在智联招聘上我们收到的基本上都是大专及以上学历的，但在 58 同城、赶集网上收到的很多是中等学历的，我们也不

是唯学历是从，我自己也只是高中毕业，但根据创业的经验来看，一个人的学历还是能从一定程度上证明他的能力，当然也有例外。所以我们后来招聘的都是大专及以上学历的，而且我们也尽量给员工提供比较有竞争力的薪金待遇。"

我们了解到小 A 的公司并没有天使投资，投入的全是自己的积蓄，资金实力并不雄厚，而且其在外包业务上并没有很大的优势，对于成立还不到一年的小型创业公司来说，如何给员工提供有竞争力的薪金待遇，的确是个问题。小 A 也知道创业企业失败的概率非常大，但是他仍坚信创业企业只要挺过了第一年，基本上成功的概率就很大。所以，他目前最大的目标就是在第一年能盈亏平衡，甚至有一点点盈利。为了做到这一点，他只给自己开最低的工资，能满足最基本的生活需求就行，他透露自己的月薪只有 2000 元。

其实很多小企业，为了压缩工资成本，会在员工的保险、公积金等方面做文章，小 A 说他们是完全按照《劳动法》来执行，给员工上"五险一金"，这部分的工作是外包给一个熟人推荐的会计来做。

用人成本不断攀升，企业的工资成本基本上没有压缩的空间，只能从提高员工效率、团队效率方面做文章。"我们舍得高薪招人，因为如果一个开发人员的技术水平不行，会添很多麻烦，而且会影响到客户的满意度，影响以后的订单。"

新创立的企业如何节约用人开支？说说你的具体想法。

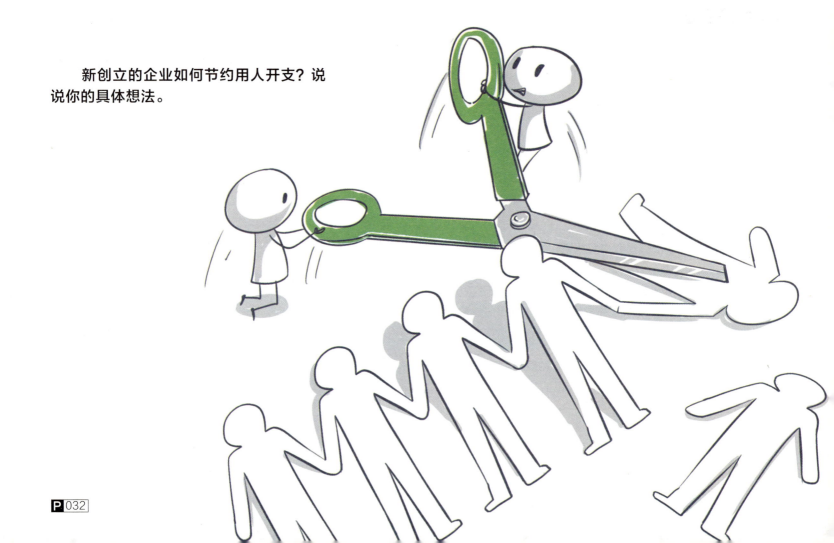

　　创业者募集到足够的资金后，很快就会面临如何"花钱"的问题。在企业设立之初，我们就要树立起牢固的成本意识，控制好企业的设立成本，把钱用在能立即产生利润的"刀刃"上，为企业未来的发展提供更大的空间。

　　如何控制企业的设立成本？写好一篇文章，需要紧紧抓住"人物"、"时间"、"地点"三要素；要写好"企业设立成本"这篇文章，也需要从这三个方面着手：人员、时间、地点。恰当处理这三要素的关系，设立成本就能得到很好的控制。

知识点一：人员成本控制

对初创企业来说，人员成本是个大难题。

创业者通常会觉得招人不容易，优秀的人才薪资要求高，就算满足了他的要求也不一定能来；而一般的人对公司发展贡献平平，在满足客户需求方面差强人意。人员招进来之后，工资成本很多时候都让创业者感到压力很大。不管是优秀人才还是一般人才，都面临着流失的危机。

开篇案例中小Ａ的苦恼在创业者中非常常见。如何用最低的成本挖掘优秀人才并留住人才，是很多创业者面临的考验。在资金捉襟见肘的情况下，可以考虑稀释股权，让出一部分股权给管理及技术能力突出、能为公司未来发展做出突出贡献的人才。只有这样，才能有效激励优秀人才，使他们能为企业做出应有的贡献。

知识点二：时间成本控制

　　所谓"时间就是金钱"，时间成本对初创企业来说非常重要。企业要在尽可能短的时间内找到客户，并拿出能得到客户认可的产品。正如麋鹿刚出生就需要为生存奔跑一样，初创企业必须和时间展开赛跑，全力控制时间成本。

　　时间在某种意义上对初创企业来说就是生命，可以在创业前就找好客户和市场，并尽量压缩产品开发的时间，这样能为稚嫩的初创企业赢得更好的生存机会。

一个失败创业者的自白

做了两年的项目失败了，我们的项目做的是数码 3C 的优惠信息，当时的市场是不错的。我是一个"80 后"，小硕一枚；我们的 1 号创始人是"90 后"，有激情、有梦想，我们两个人组建了创业团队。从一开始，我们的规划和分工很明确，前端、后台、美工、数据库以及市场营销各司其职。

第一个产品开发出来之后，出现了严重的问题。因为前端的失误，产品页面竟然不能兼容最流行的 IE 浏览器。换人之后，修修补补的时间也花了，但最终的结果却是还不如重新开发来得快。

宝贵的时间就这样被白白浪费了。新产品开发出来之后，运营推广也不给力，企业产品迟迟未能得到市场认可。时间一天天过去，终于到了谁也拖不起的地步，一个本来市场前景一片大好的项目就此夭折。

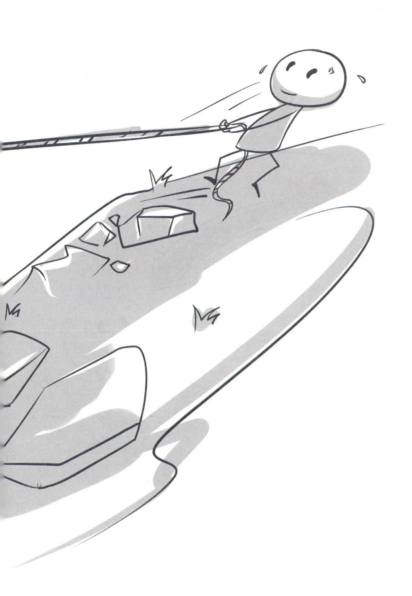

知识点三：地点成本控制

　　有些创业者追求一些不切实际的"光鲜"，认为既然当上了老板，就要有老板的样子。所以，在租金、车辆方面付出了不必要的成本，给企业带来了沉重的财务负担。

　　其实，我们在初创期应该在场地租金和其他方面尽可能节约，把钱花在能立即产生效益的地方，如市场推广、产品开发等，这样对企业的发展来说是比较有利的。

张云从小爱看创业类的电视剧，他非常羡慕剧中人物在豪华办公室办公，出入有豪车的生活。现在，他抵押了自己的房产，获得了 100 万元的创业启动资金，准备开一家小型贸易公司，业务范围是省内。他租用了市中心繁华地段月租金 3 万元的写字楼，购置了价值 30 万元的轿车，聘请了月薪过万元的高级助理。请问你认同他的做法吗？如果是你，你会怎么做？

′ 本章习题 ′

　　如果你要开设一家超市，你应该考虑哪些因素？

　　如果你要开设一家网店，你又应该考虑哪些因素？

　　在你看来，两者考虑的因素有哪些不同，又有哪些相似之处？

′ 课外拓展 ′

（1）瓦伦汀商店企业组织形式选择案例。
http://wenku.baidu.com/link?url=TAdCZ6Hm-BWFZLdlil4W3M96r13K0f_yHU9hv97FNqEIJk6UGH3_3Zhvt6PWYXHrK0UhP6_84mQBHsuPvfLfxOZNsOw5e0a_NuHZnM9hkjy.

（2）2014年中国十大企业选址事件发布。
http://chanye.focus.cn/zhuanti14/shidaqiyexuanzhi/.

（3）企业选址影响因素及步骤（含案例）。
http://wenku.baidu.com/link?url=gObqnZT7huQn1NTuMXIVtFGZRHcs0TEfuoUzuFORDh9Oj-PyZRU0wTFb8lu8aHGEJ0G1wCMEz9LxBTyW_951zNo9J-8VUd9yASvcjGFGmpG###.

（4）查立：笑傲注册资金。
http://www.cyzone.cn/a/20120302/223791.html.

（5）一个印裔美国女孩的社会企业。
http://acadol.hnu.edu.cn/Hunan/university/onlineCourse/detail.do?id=7.

第10章

一

新企业如何生存

10.1 新企业的生存之道

放弃白领去创业，20万元投资特产生意，结果失败

1. 第一次创业，20万元投资陌生行业

创业当年，安娜29岁，是一名工作稳定的白领。因为觉得工作压力大，她一心想开家自己的公司，"再也不用看老板的脸色"。她的创业出发点，代表了众多年轻白领的想法，只是她更有行动力，说干就干。4年后，第一次创业失败，20万元积蓄打了水漂儿。

"这辈子我再也不想做特产行业了。"安娜说，当时创业就是想大赚一把，没想到一下子就亏了20多万元。"自己没有经验，当时的一股激情却变成了如今的后悔莫及。"安娜说，投资陌生行业是她栽跟头的主要原因，因为在此之前，她从未经过商。"当时做特产在郑州还没有几家，加上进货渠道稳定，就觉得自己一定可以。但是这个事情不是想干就能干成的。做生意不仅要有人脉，而且还要懂得其中的行道，但是我一窍不通。"她想着只要努力打拼就能有收获，一味勇往直前。

2009年初，安娜的特产店就这样盲目地在陇海路上开张了。

2. 贪大求全，不给自己留后路

也许是因为前期投入的资金过大，忽略了一些资金上的细节。"一开始创业总想给人们留下个好印象吧，从选址到装修，再到办公用品我都要选择最好的，认为大钱都花了，何必在乎这些小钱。"她说。

安娜当时租赁的门面房面积达120平方米，每月租金将近9000元。租下这个店后，她就着手开始装修，"心气高，对装修的要求也高，觉得自己做就要做个有档次的店，装修费和设备配置费用就花了3万多元。"

现在安娜说，其实做特产行业根本就不需要太大的面积，只要够展示自己独特的产品就好了。"当时做生意的钱都是东拼西凑的，一个工薪族怎么会有那么多存款，想着生意独一门，很快就能把本钱赚回来。俗话说得好，开店容易守店难，一旦项目启动起来，需要花钱的地方很多，很多时候都是拆东墙补西墙。"

为了提升知名度，一年内，安娜又在郑州市区内开了三家类似规模的特产店，虽然在一定程度上提升了产品的知名度，但是从某种意义上来看，这也加速了创业泡沫的破灭。

贪大求全，这几乎是很多创业投资者的共性，殊不知种种危机就蛰伏其中，一不小心就可能爆发。安娜说，凡事都应留有余力，应有防风险意识，手中应有充足的资金，不至于满盘皆输。

3. 大量投入只为吸引眼球

"为了提升知名度，我不停地在本地一些媒体投放广告，但是效果并不如想象中那么好。"安娜说，这么做是为了能让更多的消费者了解她的产品。

"生意结束后，和一个朋友聊天，他告诉我这样一个道理。对于初创公司来说，最重要的就是销售。不赚钱的生意就不是生意。没有销售，就没有业务。"安娜说，先吸引眼球，之后再寻找盈利，这种创业最初的态度是有问题的。

4. 招聘员工只看个人能力

创业就像是一条行驶的大船，有掌舵的，也要有划船的。安娜说，招聘员工就像组成家庭。"当初我认为高薪就能招到好的员工，但是实际上发现，这些员工根本就不会为你带来经济效益，因为他们没有和你坐在同一条船上。"

安娜说，当时她只考虑了员工的个人能力，而忽略了整个销售团队的建立，没有培养大家的凝聚力，所以员工的更替速度很快。这也就变相地增加了成本投入。"新员工就像潜在客户一样，如果经营者无法清楚地将愿景和价值观传达给他们，就很难说服他们与公司站在一起，踏上新的冒险旅途。"

（1）企业的生存阶段有哪些风险？

（2）你从安娜的创业经历中总结出了哪些经验？

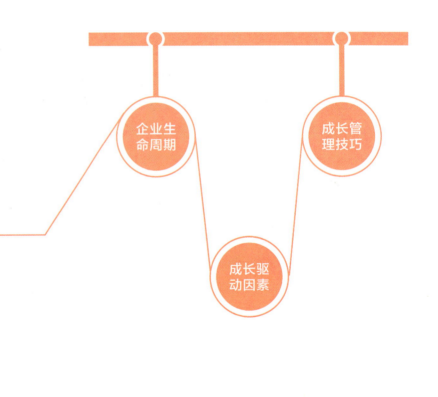

企业生命周期

成长管理技巧

成长驱动因素

　　"别再和我谈对新产品的构想，告诉我你能卖出去多少现有的产品"是新企业的典型独白，新企业的首要任务是从无到有，把产品或服务卖出去，收获第一桶金，在市场上找到立足点，使自己生存下来。那么对于新企业来说，要找准生存点，首先要掌握企业成长的生命周期，其次要了解推动企业成长的驱动因素，最后要因地制宜地使用新企业的管理技巧。

知识点一：企业成长的生命周期

自 20 世纪 70 年代中期以来，全球企业的平均寿命在逐渐缩短。西方的大型企业的平均寿命不超过 40 年，中小企业的平均寿命不到 7 年。在我国，大型企业的平均寿命仅 10 年左右，至于数量更多的中小企业，其状况更是不容乐观。据有关部门统计，我国有 68% 的中型企业的生命周期不超过 5 年。

1. 什么是企业的生命周期

1989 年，美国著名管理学者伊克·爱迪思提出了企业生命周期的理论，他认为企业就像生物体一样，都有生命周期，企业的成长和老化同生物体一样，主要是通过灵活性与可控性两大因素之间的关系来表现。企业在年轻时充满活力，但控制力却不一定很强；企业在老化时，可控性增加，但灵活性却减少了（见图 10-1）。

企业都会经历一个从出生、成长到老化直至死亡的生命历程，而企业在生命周期的每个阶段都会面临许多转型的问题，只有解决了这些问题，才能进一步地成长，同时，企业在不断成长的过程中逐步提升了其处理问题的能力，一旦这种能力下降，企业就步入了趋向"死亡"的"老化"阶段。

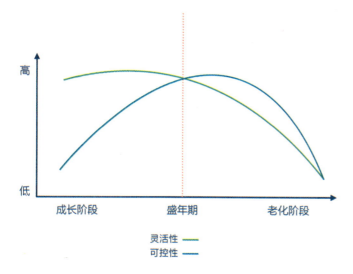

图 10-1　企业生命周期的灵活性与可控性

2. 企业生命周期的相关模型

企业生命周期模型有多种，其中最典型的当属拉里·格雷纳的五阶段模型和爱迪思的生命周期模型。

（1）拉里·格雷纳的五阶段模型。哈佛大学教授拉里·格雷纳的五阶段模型认为，企业每个阶段都由前期的演进和后期的变革或危机部分组成，这些变革或危机加速了企业向下一个阶段的跃进。每个阶段都有其独特的管理方式，而变革期则有公司面临的居支配地位的管理问题形成。

格雷纳的模型中，企业的发展可以分为通过创新成长、通过指导成长、通过分权成长、通过协调成长、通过合作成长五个阶段（见图10-2）。度过这五个阶段，企业就会成长壮大，但格雷纳的模型侧重于企业内部管理的发展变化。

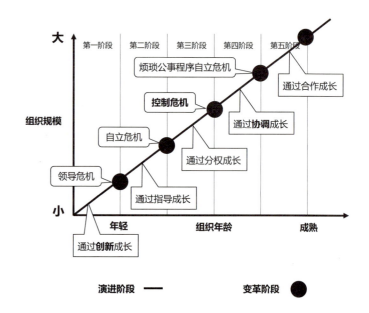

图 10-2　格雷纳的企业五阶段模型

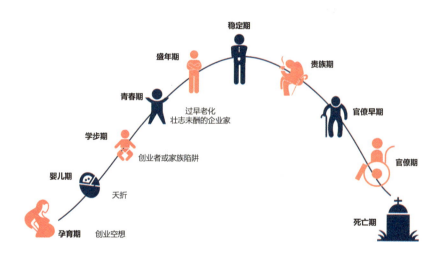

图 10-3　爱迪思的企业生命周期模型

（2）爱迪思的生命周期模型。爱迪思在《企业生命周期》中将企业生命周期与人的生命周期相比较，形象地把企业生命周期分为孕育期、婴儿期、学步期、青春期、盛年期、稳定期、贵族期、官僚早期、官僚期和死亡期十个时期（见图 10-3），其划分最为细致，在理论界和实践界影响最为广泛。

其特征如表 10-1 所示。

表 10-1　爱迪思的企业生命周期各阶段特征

时期	特征
孕育期	企业尚未诞生，仅是一种创业的意图
婴儿期	行动导向，机会驱动，但缺乏规章制度和经营方针；表现不稳定，易受挫折；管理工作受危机左右；不存在授权，管理上唱的是独角戏；创业者成为企业生存的关键因素
学步期	企业已经克服了现金入不敷出的困难局面，销售节节上升，企业呈现出快速成长的势头，但企业仍是机会优先，被动销售，缺乏连续性和重点，因人设事
青春期	企业得以脱离创业者的影响，并借助职权的授予、领导风格的改变和企业目标的替换而再生。"老者"与新来者之间、创业者与专业管理人员之间、创业者与公司之间、集体目标与个人之间的冲突是这一时期的主要问题
盛年期	企业的制度和组织结构能够充分发挥作用；视野的开拓与创造力的发挥已经制度化；注重成果，企业能够满足顾客的需求，能够制订并贯彻落实计划；无论从销售还是盈利能力来讲，企业都能承受增长所带来的压力；企业分化出新的婴儿期企业，衍生出新的事业
稳定期	企业依然强健，但开始丧失灵活性，表现为对成长的期望值不高；不努力占领新市场和获取新技术；对构筑发展远景失去了兴趣；对人际关系的兴趣超过了对冒险创新的兴趣
贵族期	大量的资金投入到控制系统、福利措施和一般设备上；强调的是做事的方式，而不问所做的内容和原因；企业内部缺乏创新，把兼并其他企业作为获取新的产品和市场的手段；资金充裕，成为潜在的被并购的对象
官僚早期	强调是谁造成了问题，而不去关注应该采取什么补救措施；冲突和内讧层出不穷；注意力集中到内部的争斗，忘记了顾客
官僚期	制度繁多，行之无效；与世隔绝，只关心自己；没有把握变化的意识；顾客必须想好种种办法，绕过或打通层层关节才能与之有效地打交道

知识点二：企业成长的驱动因素

1. 创业者因素

 创业者的能力

创业者勇于挑战环境、识别和把握重要机会、整合各种内外部资源，让新企业具有创新的优势，并获得快速成长的机会。

 创业者的成长欲望

这里的成长欲望，是指不满足于现状，不断拓展、创新，始终保持积极的热情和勇往直前的精神，在实现新企业成长目标时表现得坚决、乐观和持久，而这种高的热情和激情会不断激发整个团队的工作热情，从而实现成长的愿望。

2. 创业团队因素

创业精神	专业水平	组织方式

创业价值观是创业精神的本质表现，更直白的表现则为是否愿意与创业者一起同甘共苦，将创业者的事业当成自己的事业，它是创业团队创业精神的核心，对新企业的价值取向具有引领和支配作用。另外，创业欲望、决心和干劲等也影响着创业团队的创业精神。

专业水平属于技术层面的因素，主要表现在创业团队的技术、营销、管理方面的专业素质和水平，作为新企业成长的核心价值，其专业水平越高，对新企业的发展的影响作用越大。

创业团队的组织形式和管理结构，对团队的创业热情、创业活动、创业能力的提升具有保障作用。

3. 市场因素

市场是企业的根本，尤其对于初创企业来说，要生存、要发展，但又要面临更加激烈的市场竞争，令其成长得举步维艰。然而，消费者的满意度、新进入企业的威胁、替代品的冲击、行业内竞争者的竞争、供应商的竞价压力等都促使着新企业的成长。

消费者的满意度

消费者对产品或服务偏好的变化、消费者所需产品的数量、消费者购买其他替代产品所需的成本和消费者所追求的购买目标，这些都促使新企业成长。

新进入企业的威胁

新企业进入新领域的障碍大小、市场现有企业对进入企业的反应情况，决定着新进入企业的威胁程度。但新进入企业的竞争威胁促使新企业改变营销和经营策略，降低生产成本，促进了新企业的成长。

替代品的冲击

替代品进入市场使得企业盈利能力降低，成长受到限制，但却迫使新企业提高产品质量、改良产品、实现产品创新，提升产品的价值空间，提高了消费者的满意度，促进了新企业的成长。

行业内竞争者的竞争

行业内竞争者的出现，促使新企业密切关注市场和消费者的需求，调整企业产品、服务和营销方式，加大创新的力度，逐步提升产品的多元化和体系化，增强了市场竞争力，从而促进新企业的成长。

供应商的竞价压力

供应商通过提高价格，降低单位产品质量来影响产品竞争力与新企业的盈利能力，但相应地促使新企业寻求多家供应商，保证企业供应渠道的畅通，实现新企业的成长。

知识点三：新企业成长管理技巧

新企业管理技巧方面，人力资源管理与市场管理会在后续有详细介绍，本部分着重分析新企业的整体管理策略。新企业的成长是一个动态的过程，经过不断的变革与创新，实现外部资源的积累与整合，形成固定的企业价值观和文化氛围，用适合的方式解决成长过程中的问题。

1. 外部资源的积累与整合

因新企业规模较小，各种资源相对匮乏，在成长过程中，需要不断整合、管理外部资源，来发挥其应有的作用，这是新企业成长的重要策略。因此，可以通过缔结战略联盟、特许经营、首次公开上市等方式实现企业成长。

（1）缔结战略联盟。如企业与制造商、经销商和供应商缔结联盟，不同行业企业的联盟，都可以形成一体化的形式，共享利益，共担风险，长期合作，得以生存。如生产饮料企业与生产冰箱企业联盟、道具企业与厨房家电企业联盟等。

（2）特许经营。当企业具备一定规模时，使用已成功创业的品牌、工艺、产品或服务，不仅能助其成长发展，也可降低企业经营的风险。

（3）首次公开上市。当企业发展到一定规模，符合首次上市要求时，就可选择首次公开上市。一方面为企业积累所需的资本，另一方面为提升企业的知名度，并在短期内积累财富。

2. 固定的企业价值观和文化氛围的形成

企业价值观是企业成长与发展的灵魂，由企业管理者和员工在长期生产经营活动中逐步形成，往往以口号、成语、言语等形式，将企业自身的价值观传达给员工，使员工明确企业的目标，领悟企业的精神，并内化为具体的实际行动，在促进企业发展的同时，也实现自己的人生价值观。

企业文化氛围体现一个企业的价值观和精神，也是形成企业凝聚力的有效方式，一般由员工对企业的使命和愿景期望，以及创业者目标、理念和态度共同形成，是企业能够应对成长过程中一系列问题的关键所在。

3. 用适合企业成长的方式解决成长过程中的问题

新企业的成长意味着变化，而变化会带来许多管理上的挑战，遇到各种阻力，引起种种问题。如果能克服阻碍企业发展的人力资源和经营管理等压力，掌握变革与创新的切入点，就能变阻碍为动力，实现企业的成长和发展。

初创企业在最初两年需要掌握的六个生存窍门

作为一个初创企业，不论你的产品或服务多么优秀，要是没有足够的商业竞争技巧，到头来也只会硬生生地被市场淘汰。有数据显示，25%的初创公司在创业第一年就被迫倒闭，36%的企业撑到第二年倒闭，而在创业第三年企业的倒闭比例高达44%。精品科技公关公司卡特勒集团（Cutler Group）在三周年纪念日时十分高兴地宣布其公司市场增长率较上年增加了300%，于是公司针对自己的创业经验，给新兴的初创公司提出了六条建议，以下是卡特勒集团总裁扎克·卡特勒（Zach Cutler）的自述：

1. 先人一步，步步为赢

我打算创立卡特勒集团时刚刚大学毕业，我的银行账户不超过200美元，我所拥有的资源也只是一台电脑和一台打印机。我本来可以先筹集更多的资金、拓展更广的商业社交圈后再创立公司，但我的雄心壮志迫使我想要马上开启我的创业之路。我认为凡事都应先人一步，当你早在日历上标注好自己的行程计划时，为何不提前将其完成呢？我相信只要努力，加上足够的准备时间，就算是一无所有，只要你跨出了第一步，再难的事都会水到渠成。

2. 保持乐观

俗话说："万事开头难。"一家公司刚创立时，必然会遇到重重困阻，不管事态如何变化，我们都不能气馁，要以乐观坦然的心态面对。就像卡特勒集团，它最初并不是一家公共关系公司，也不是技术研发公司，它只是一个非营利性的小营销组织，但我并没有就此放弃自己的公司，而是尽力把每一件事做好。当时公司涉及的客户范围很广，我便把每一名客户都当作最尊贵的客人，对他们每一个合理的要求我都会尽力满足。于是在那时我打下了建立公共关系公司的基础。

3. 找到适合自己的创业机会

在那之后，我加入了一家科技公司，和那家公司的总裁成为了好友。那位总裁想联合其他科技公司运用技术帮我提高公司的营销业绩。也就是那时，我萌生了创办卡特勒科技公关公司的想法。我决定把公司的商业模式从业务开发和市场营销转向公关业务方面。我意识到，作为一家初创企业，一开始发展什么类型的业务并不重要，重要的是在你公司日渐发展的过程中你必须找到真正适合自己公司的发展方向，并找准合适的时间彻底改变它。一旦公司转变商业模式，不要害怕会不适应新模式或者失去原先的商业伙伴，只要始终朝着新方向不断努力，久而久之必然会有所收获。要知道，一个专注致力于同一方向发展的企业，总是比想要同时多方发展的企业容易受人青睐。

4. 自立自强

就像我之前所说，公司刚创立时，我的口袋里只有几百美元，而且也没有外部资金的援助。所以我只能靠自己，当然我也不想靠别人。自立逼着我必须去考虑公司成本规划、开销和一些必须准备的东西。例如，许多人认为创办一家公司起码要租一间像样的工作室，但薄弱的资金告诉我我并没有能力拥有一间办公室，而我也不需要一间毫无用处的空旷房间，一台电脑和一台打印机对当时的我来说足够了。所以，如果你也是资金贫乏的初创企业家，抛开这些不必要的"外貌"开销，省下大笔的钱去做有用的事。

5. 别依赖计算机工作

一个高级的会计软件和项目管理系统虽然能大大提高工作效率，但过多地使用智能技术将会使你的商业能力日渐削弱，你会慢慢依赖于计算机的高级算法，从而忽视许多应要注意的商业细节。试着让你的每一名员工都能在脱离计算机的情况下独立工作，这不仅锻炼了你的团队工作能力，还能让你的公司时刻不掉线。

6. 挖掘人才

人才是一家公司想要发展的关键，也是我的最后一个建议。挖掘人才是我们公司主要发展阶段的最后一步，因为当你在招募人才时，证明着你的公司已经上了轨道。一旦你能够停下来不再为公司的事务忙得焦头烂额时，公司已经进入了平稳阶段，这时候就要开始实施招聘员工的计划了。招聘员工实际上也是一项投资，如果你找到了合适的员工，他们将会给你公司带来数不尽的利益。在招聘员工时，除了要考虑员工个人的工作能力之外，还要注意是否符合你公司文化的标准，要知道一个优秀的人才不一定比一个合适的人才有用。

10.2 新企业成长风险控制

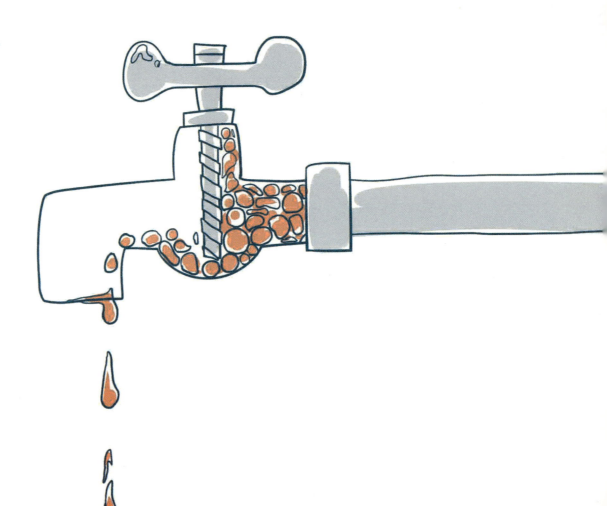

央视 3·15 曝光外卖隐患，"饿了么"被点名

资料来源：搜狐科技，http://www.sohu.com/a/63608753_115933。

在 2016 年的央视 3·15 晚会上，央视曝光外卖隐患，"饿了么"第一个上榜。央视的暗访视频中，部分外卖商家存在卫生不合格、没有营业执照等问题。

除了被曝光商家的卫生条件太差外，央视 3·15 还曝光了"饿了么"一个新的问题：登记信息与实际情况不符，甚至有 5 个商家在一起"办公"的情况。暗访记者拍摄到，在同一台电脑上，一个工作人员打开了五个"饿了么"网上店铺的接单客户端。这五家店登记地址各不相同，都没有上传实体店铺照片。五家店铺都在"饿了么"首页。并且，在店铺办公室的后面，还有一间 10 平方米左右的房间，工作人员在里面加工着食品。这五家店网上售出的所有外卖，都是从冰柜中拿出冻菜加热的。

另外，暗访记者提交了在河北燕郊开店的申请后，"饿了么"燕郊地区的审核经理称，在燕郊申请开店，可以没有实体店，甚至可不需要提供任何证照。央视指出，《食品安全法》中规定：网络食品交易第三方平台提供者应当对入网食品经营者进行实名登记，明确其食品安全管理责任；依法应当取得许可证的，还应当审查其许可证。即将正式出台的《北京市网络食品经营监督管理办法》要求，未取得食品经营许可的商户不得从事网络食品经营活动，网络食品经营范围应当与其许可范围一致。根据新《食品安全法》，经营商户一旦违规，将受到行政处罚，罚款从 5 万元起、最高 20 万元。

除了无证件外，还存在伪造、租借证件的行为。在此前的检查中，监管部门曾发现有部分外卖平台的销售人员指导、教授商户来伪造许可证。部分商户的假营业执照也存在辨别难度，少部分商户借用他人营业执照等情况给商户审核带来了很大困难。有的中小型餐厅还会频繁改店名甚至转让，也给线下排查增加了不少难度。

（1）你认为导致"饿了么"外卖平台出现危机的原因有哪些？

（2）思考并讨论企业在成长期会遇到哪些风险，应该如何控制。

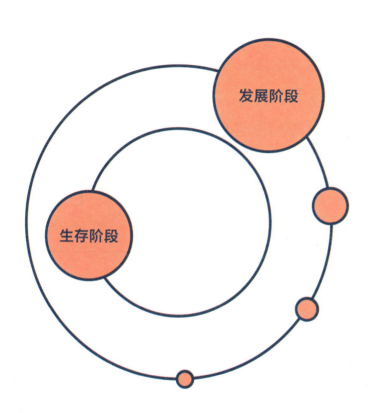

"创业有风险，入行须谨慎"，对于创业者来说，这句话既是警示，又是激励。创业风险贯穿于创业过程的始终，新企业在生存与成长过程中，将面临着外部环境、内部决策、管理等多方面的风险，能否了解这些风险并化解，关系着新企业的成败。

知识点一：新企业生存阶段的风险控制与化解

1. 新企业生存阶段风险来源

根据爱迪思企业成长的生命周期理论，新企业生存阶段的风险是指从新企业正式运营到实现收支平衡的阶段产生的风险。

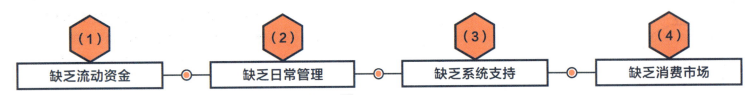

（1）缺乏流动资金	（2）缺乏日常管理	（3）缺乏系统支持	（4）缺乏消费市场
创业者的创业资金不充分，或者将过多资金放在前期投入等方面，加之新企业自身造血功能不强，导致处于起步阶段的新企业的资金缺乏，从而影响到新企业的生存与发展。	新企业以生存为第一要义，忙市场、忙业务、忙客户、忙资金，却疏忽了日常管理，如果创业者自身管理能力不强，新企业的管理必然会混乱，造成新企业生存困难。	新企业要生存，就要获得消费者的认可，获得政府管理部门、投资商、供应商等多方面的支持，一旦这些支持系统不到位或短缺，必然失去应有的竞争优势。	新企业处于起步阶段，一切的生产经营活动取决于市场对其产品或服务的检验结果，如果创业判断失误，过高估计产品或服务的市场前景，造成销售收入将与预期目标相去甚远的状况，将影响新企业的收支平衡。

2. 新企业生存阶段风险控制与化解方式

针对以上生存阶段的风险来源，可以采取以下办法化解与控制：

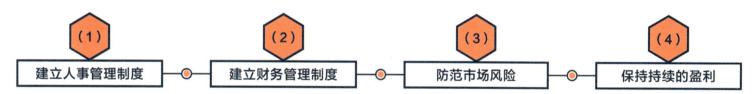

（1）建立人事管理制度

员工考勤制度、业绩考核制度、薪酬分配制度、奖励惩罚制度、保密协议等相关人事管理制度的建立，对于以生存为主旨的新企业来说，调动了员工的创造性和积极性，凝聚了其力量，避免了因不同层面员工的变动对新企业造成的损失。

（2）建立财务管理制度

创业者需要编制财务计划，制定并实施报销制度，现金流量、预算、核算和成本控制制度，资金使用审批制度，建立财务管理激励机制等相关的财务管理制度，不断提高新企业流动资金的周转能力、变现能力和短期内偿还债务的能力，化解了财务风险。

（3）防范市场风险

新企业生存阶段的重要特征表现在市场风险方面，因此，创业者要对新企业产品或服务的性能进行调研，收集目标消费者的意见，通过召开咨询会或研讨会等形式，听取相关人士对新企业的建议，建立应对市场风险的行为策略。

（4）保持持续的盈利

持续的盈利能力，是新企业生存的根本，创业者要通过各种合法的生产经营活动累积资金，确立简单实用的商业模式，设计适合新企业生存的内部与外部的盈利模式，储存通畅的现金流量池，确保企业的生存发展。

知识点二：新企业成长阶段的风险控制与化解

1. 新企业成长阶段的风险来源

　　根据爱迪思企业成长的生命周期理论，新企业从实现收支平衡到产生巨额利润期间产生的风险是新企业成长阶段的风险。因新企业规模较小，各种资源相对匮乏，因此，在成长过程中，不断整合、管理外部资源并发挥其应有的作用，是新企业成长阶段控制并化解风险的重要策略。

（1）团队管理机制不完善	（2）财务监控机制不完善	（3）经营决策与管理机制不完善
随着新企业经营业务和经营规模的扩大，员工队伍不断壮大，新企业缺乏有效的管理团队，难以及时解决员工在企业生产经营、发展战略、产品开发、技术升级等方面出现的矛盾与分歧，使企业缺乏多方面的专业人才，从而失去核心竞争力和市场拓展力。	新企业生存阶段的业务扩大，管理层次增加，管理幅度扩大，各种费用收支明显增加，使新企业生产经营成本的控制等财务管理方面的问题增多，财务监控难度加大，若对此问题解决不力或不解决，必然会影响企业的成长壮大。	进入成长阶段的新企业发展初具规模后，创业者易被暂时性的利润和企业知名度所迷惑，经营理念不能及时更新，对市场反应迟钝，缺乏创新动力，盲目追求多元化和扩大企业经营规模，盲目投资不熟悉的行业，采用高额的广告费快速提升企业的知名度，这些都会为新企业的长远发展埋下隐患。

2. 新企业成长阶段风险的控制与化解方式

可采取以下方式控制和化解新企业成长阶段的风险：

（1）完善组织架构，学会授权

　　根据新企业已定的发展目标与发展阶段，更新与变革组织管理机构，以简化管理层级为原则，设计与调整管理部门。在此基础上，进一步完善企业员工管理与财务管理等规章制度，激励老员工，凝聚优秀人才。组织结构调整后，创业者要学会授权，便于把更多的时间和精力用于新企业战略发展的问题上。

（2）建立风险责任机制，监督决策

　　风险责任机制的建立，对于有效监督新企业各项决策的制定与执行有重要意义。新企业进入成长阶段，要建立与完善风险控制目标体系和风险报告制度，创业者要主动预测风险，及时分析。

（3）确立企业发展战略，创造优势

　　确立与选择一个正确的发展战略，逐步形成稳定、持久的竞争优势是新企业持续、快速成长的关键。创业者要根据新企业市场优势的不断变化，及时研究、调整发展战略，形成企业竞争优势。

So Fi 创始人：初创公司面临的三大风险及如何应对

资料来源：创业邦，http://www.cyzone.cn/a/20140529/258322.html。

在 1 万家获得融资的创业公司中，只有 1 家能做大，只有 0.01% 的概率。如何能避免成为那 9999 家公司？So Fi（So Fi 从大学毕业生那里募集资金，为在校学生发放贷款。目前，So Fi 已经发放了 5 亿多美元的贷款）的创始人兼 CEO Mike Cagney 分享了创业者应如何应对初创公司所面临的三大风险。

1. 创始人危机

很多公司的失败是因为创始人不能很好地应对快速增长所带来的挑战。Cagney 说："如果你的公司增长很快，那就会有创始团队难以应付新局面的风险。当你创立公司时，你可能想用两年时间来实现某个构想，然后你融资，开始运营。但随着公司的发展，很多联合创始人可能缺乏管理这样的企业的经验。"

很多成功的创业者非常擅长"适时而动"，善于根据变化及时做出调整、改变。他们解聘不合适的人才，引进适合企业未来发展的人才；他们能及时砍掉那些没人买的产品，在用户愿意购买的产品上大力投入；他们对竞争保持警觉，时刻关注市场的下一个爆发点在哪里。

2. 抄袭模仿

那些推出了伟大新产品的初创公司经常会面临更激烈的市场竞争，竞争对手经常会抄袭它们最优秀的那部分。市场中的胜者面对一拨拨的竞争者，要懂得如何建立自己的"护城河"。

"如果你喜欢高增长，那你也会很吸引竞争者，"Cagney 说，"So Fi 的防御机制是什么？举例来说，我们与 First Republic 在产品上互相竞争，但它们的成本更高，为了盈利，所以它们的售价就更高。它们不能再降低售价，除非他们想赔钱。而随着我们的发展，我们的成本较以前降低了，这就更强化了我们的竞争优势。"

3. 股权分配

很多初创公司失败是因为在企业成立之初，就把所有股权都分配给了联合创始人。而有的联合创始人后来离开了公司，不再为公司工作。然后就没有足够的股权分给后面加入公司的关键员工和后来进入的投资人。这将严重阻碍创业公司的发展。

但这样的风险是可以避免的，Cagney 指出："你可以给公司的三个联合创始人每人 10% 的股权，剩下的 70% 暂不做分配。如果你有一个大的股权池，后面就可以依据其创造的价值进行股权分配。"

10.3 新企业如何获得社会认同

因"诚信"问题导致创业失败

资料来源：《商场现代化》，2011年4月（上旬刊）。

昆明两位女大学生创办"80后酒吧"、"拿破仑酒吧"的失败经历值得我们从中吸取教训。这两家酒吧创立时，当地政府、其所属的学校、媒体曾给予两位创业者创业基金、免费培训、舆论等支持，酒吧开业后生意也非常红火。两个月后，酒吧开始盈利，创业成功已初现曙光。不久，两家酒吧因噪声扰民多次遭业主投诉，并被停业整顿，2009年被责令停业。

两家酒吧从开业到被责令停业不到两年时间。停业后个人贷款、政府创业扶持基金皆无收回可能，两位大学生的创业以失败而告终。其创业失败的原因形式上是酒吧与周边住户的冲突，实质上是创业者诚信的丧失及其由此导致的道德风险。

两家酒吧位于昆明市龙泉路高校小区，早在住户入住时，小区业主委员会就与周边经营者签订了协议，相互约定经营中音响的大小及开关门时间。但酒吧开业后因为种种原因没有遵守上述约定，经常开业到深夜。在住户的强烈要求下，工商局发出"整改通知书"，责令两家酒吧停业整顿。但整顿期间，两家酒吧迫于经营的压力仍然强行开业。

这种行为促使酒吧经营者与住户的矛盾迅速升级，最终昆明市政府"督办决定"的出台导致酒吧关门停业。停业后，两位创业者在工商局相关人员建议下曾试图与小区住户进行沟通，希望得到再一次的整改机会。但是小区住户坚持认为其"不讲信用"、"不可信"，无一人愿与之沟通，两位创业者由此失去了最后的机会。

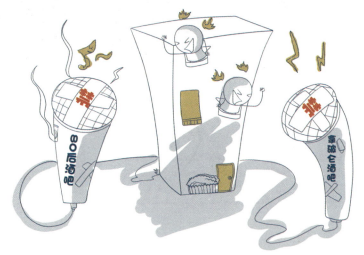

新企业应当承担哪些社会责任？

　　"社会认同"是指一种群体影响力，简单说来，就是个人在群体中的从众心理，人们倾向于认为他人比自己更加了解所处的情况，他人的行为也总是合理和正确的。因此个人会做出和他人一样的行为，来获得群体的认同，这种效应就是"社会认同"。"社会认同"心理能对大量用户在做决策行为时产生直接的影响。例如，消费者会更倾向于选择社会认同感好的企业产品，因为一般大家都认可的东西，口碑和信誉也都比较好，消费者也比较放心。"社会认同"效应会对企业产生巨大的力量。新企业成立之后，除了守法经营之外，还需获得顾客认可，主动承担相应的社会责任，赢得社会的认同感。

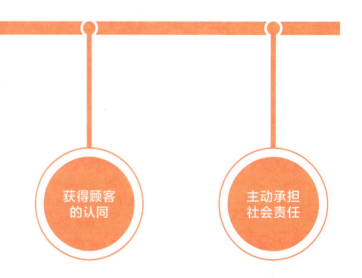

获得顾客
的认同

主动承担
社会责任

知识点一：获取顾客的认同

　　著名管理学大师德鲁克曾经建议要经常这样思考关于顾客的问题：

- 谁是我们的顾客？

- 顾客在哪里？

- 顾客买些啥？

- 顾客考虑的价值是什么？

- 顾客尚未满足的需求是什么？

　　新企业能够生存下去的唯一理由就是满足顾客需求并为其创造独特价值，但顾客往往对新企业存有以下偏见：

- **认为新企业不具备经得起验证的竞争优势。**

- **认为新企业因缺乏资源，生存能力不强。**

- **认为新企业在转换成本。**

　　面对顾客的偏见和质疑，作为创业者应该针对其最迫切的需求给予迅速的回应。从企业的产品或者服务出发，讲求质量上乘，服务到位，让消费者对产品和服务认同。

著名管理学大师
德鲁克

知识点二：承担社会责任

　　斯蒂芬·罗宾斯认为："企业的社会责任是指超过法律和经济要求的、企业为谋求对社会有利的长远目标所承担的责任。"具体而言，包括经济责任、法律责任、伦理责任和自行裁判责任。经济责任是最基本、最首要的，包括为股东提供资源回报、为员工创造工作环境并提供合理报酬；法律责任是经营活动应该遵守法律法规，依法纳税、安全生产；伦理责任是尊重他人、维护员工合法权益、避免对社会造成伤害、节约资源、保护生态环境，要关注社会的均衡发展、和谐发展，支持并参加社会公益事业，促进社会公平，引导消费者健康、科学、合理消费；自行裁判责任，这是一种企业资源履行的责任，法律规范、社会期望甚至伦理规范并没有对企业承担责任提出明确要求，企业对于具体的创业活动，拥有自主判断和选择权。例如，企业是否参加慈善、是否帮助弱势群体等。

1. 新企业应该承担的社会责任

专家学者和社会人群普遍认为，新企业应该承担的责任对象包括员工、股东、消费者、环境、社区与政府。

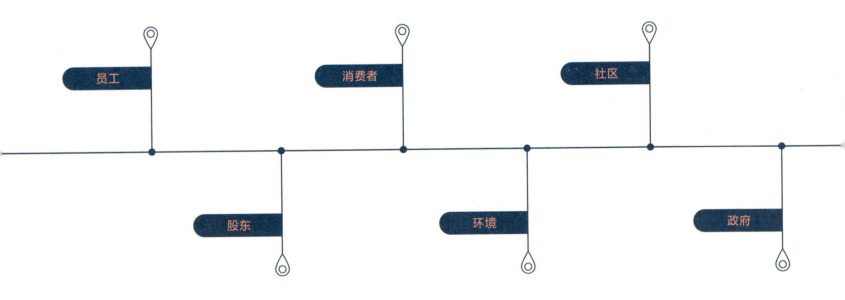

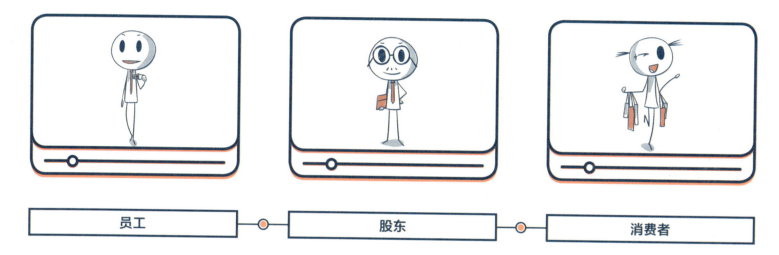

| 员工 | 股东 | 消费者 |

员工是企业内部的利益相关者，是企业发展的基石。新企业必须采取完善组织管理、建立薪酬激励机制、营造企业文化等措施，提高员工在企业中的待遇、地位和满足感。新企业必须高度重视劳动者的权利，为员工创造安全生产条件，依法维护员工的合法权益，为员工按时、足额缴纳社保等；合理提高员工的薪酬及福利待遇，做到加班即加薪；在企业内部营造员工、股东及管理者之间相互信任和合作的和谐氛围，激励员工为企业创造更多的价值；对员工进行培训，建立员工获得成长和发展的学习机制。

股东是企业的投资人，是企业产生利润后的直接受益者。新企业必须对股东的资金安全和收益负责，严格遵守国家法律法规，为股东争取丰厚的投资回报；不得欺骗股东，必须向其发布企业生产经营的真实情况，提供企业投融资方面的可靠信息。保证资本保值增值并进行股利分配，公正合理地对待投资者的利润和附加利润的分配。

消费者是企业实现利润最大化的利益相关者，其购买行为决定着企业的生存与发展。新企业应把满足消费者物质和精神需求作为责无旁贷的义务，尊重与维护消费者的合法权益，承担起对消费者的责任。新企业不仅为消费者提供可以信赖、货真价实、物美价廉、舒适耐用和安全可靠的产品与服务，而且要履行在产品质量和服务水平等方面对消费者的承诺，并且自觉接受社会公众和政府的监督。

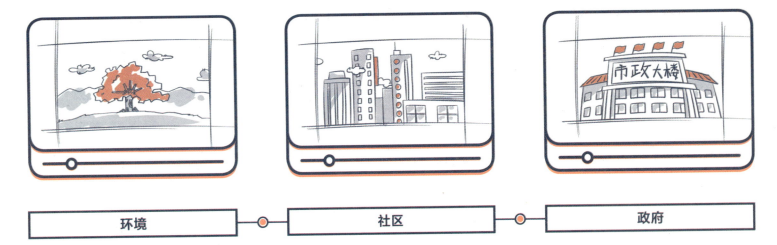

| 环境 | 社区 | 政府 |

　　生态环境与自然资源是人类赖以生存和发展的家园，是企业成长与发展的利益相关者。生态环境保护与自然资源合理利用关系到人类社会的可持续发展。新企业应承担起对生态文明建设的责任，并对生态环境的保护施加积极影响；节约各种有限资源，着力推进绿色发展、循环发展、低碳发展；新企业作为拥有技术、资源和对自然环境有影响力的社会组织，应当为全球生态安全做贡献，加强环保、生态文明建设，减少污染物排放对水域、大气以及土壤的影响，实现企业自身的可持续发展。

　　社区是企业外部的利益相关者，企业是社区的重要组成部分。新企业必须成为所在社区建设的主动参与者，与之建立广泛的联系，并采取适当方式对社区环境的改变进行回馈。企业应该积极参加社区的公益活动，为社区公益事业提供慈善捐助；济困扶贫，关心弱势群体，为社区提供更多的就业岗位，缓解社区居民就业压力；保持社区环境清洁，为社区居民提供更好的生活环境。

　　政府作为企业重要的利益相关者，要为企业生产经营活动营造良好的宏观环境。在市场经济背景下，政府在社会上扮演着为社会组织与社会公民服务的角色，监督与秉持公正的角色。新企业作为社会组织和社会公民，应对遵守政府的有关法律和政策规定承担责任，接受政府有关部门的监督、指导与管理，合法经营、依法纳税。在服务和回馈社会的同时，促进社会进步与社会稳定。

2. 新企业承担社会责任的必要性

企业的责任不仅仅在于追求利润，企业的发展离不开社会的支持，企业要走持续发展之路，就必须合理承担社会责任。新企业应该把社会责任看作是企业发展的机会，在回报社会、增加社会利益的同时，企业自身的经济利益也得以增加，并使其保持一种发展的态势。企业履行社会责任既是社会公众的期望，也是企业自身发展的必需。从短期看，可能会给企业带来一些成本上的影响；但从长远规划来看，企业是其行为的最大受益者。担当了社会责任以后，社会对企业的认可度提高，有助于消费者对企业产品和服务的广泛认可，提高品牌影响力，提升产品与服务市场销售的能力；有助于形成有效的社会监督机制，推动新企业内部组织机构完善，不断规范企业经营行为；有助于推进新企业主动协调好与利益相关者的关系，以获得企业员工、消费者、供应商及政府的理解、支持与合作。

3. 企业承担社会责任的困境

企业承担社会责任本质上是企业道德问题，企业作为社会成员，有道义担负起自己的责任，而且，从长远发展来看，也是企业成长的必由之路。然而，企业承担社会责任可能会负担过量的成本，尤其是新成立的企业，自身造血功能不强，就会使其产品在市场中的竞争力减弱，从而有可能使企业的经济效益降低，有的甚至陷入困境。关于企业承担社会责任，对于新企业来说，应该量力而行，不可为了追求表面的名誉和赞誉，而违背了自身生存发展这一根本目的。

企业公民理念

资料来源：牛文元教授在 2015 第十二届中国企业公民论坛上的演讲，http://finance.southcn.com/f/2015-11/30/content_137965215.htm。

企业公民是国际上最早觉醒的企业道德规范之一，创始于 20 世纪 80 年代。它的核心观点是，企业的成功与社会的文明进步密切相关，企业在获取经济利益的同时，要通过各种方式回馈社会。从可持续发展的研究来讲，如果你对自然的索取，不能被你对自然的回馈相平衡的时候，那么这个时候一定要出问题。当然，经济界、企业界也是一样。当你从社会界获取的利润，没有与对社会本身的回馈相平衡的时候，那这种企业本身不能叫作健康的和文明的。

企业公民的要素构成具有社会责任和道德自律两大主题，既要有社会责任，也要有道德自律。可以说，企业公民最大的贡献就在于，填补了现代社会中法律尚无法解决的两大法外之地。是哪两大呢？那就是如何规避"公地悲剧"和"邻避效应"。法律上管不着，道德也谴责不了的空白地方。"公地悲剧"，

意味着人人都去抢夺无明确主权和产权的这种公共物品，你能指责谁呢？另外我们也看到，比如英国在工业革命初期，搞圈地运动的时候，实际上就是"公地悲剧"最明显的例子。蓝天、大气和洁净的河流，以及相应的各类自然资本，都属于我们所说的公共财政。公共物品和"公地悲剧"相关，也就是这个地方建在我这里对我不利，建在任何地方都可以，只要不建在我跟前都行。如果每个人都这么想，每个企业都这么想，社会公共服务、社会公共设施应当怎么办。两大法外之地和道德集体空白之后，我们可以看到在法与德连接之处有一个空白，企业公民的理念就在这个空白处应运而生，把企业公立性的本质丰满为历史性的填空和传统性的道德升华连在一起。

企业的社会责任主要指法律规定必须承担的责任，它具有强制性，例如，为政府提供税收，为社会提供就业，为市场提供产品和服务，履行政府的宏观政策，维护职工的权益，遵守市场竞争性的秩序等。而企业的道德约束主要支持社会公益事业、福利活动、慈善事业、社区建设等，大家可以明显看出如何破解介于这二者之间的，就是我们所说的"公地悲剧"和"邻避效应"呢？而企业公民，我们说它提出来的理想和目的，就是我们对法律责任的一种补充，也是对道德体系的一种权利。

我们提出企业公民的完善，仰不愧于天，俯不愧于地。无缝的链接，这企业公民既有一致，也有不同层次性的分解。这是寻求企业发展，企业壮大和社会的包容、共享与和谐之间，怎么能取得最大化的目标函数。

世界经济论坛认为，企业公民包括四个方面：

（1）公司良知的核心价值。

（2）人文关怀的责任意识。

（3）对自然的泛爱式情怀。

（4）对社会进步的深情关怀。

企业做到这样步骤的话，我们可以这么说，一个国家是健全的国家，一个社会也是健全的社会。一个文明才是真正体现了要求，或者内在的要求。

企业公民是怎么来的，先看一下 20 世纪 80 年代之后，美国波斯顿学院最早提出了企业公民的定义。这个定义是，企业公民是指一个公司将社会基本价值和日常商业实践、商业运作和商业政策相结合的行为方式。一个企业公民认为公司的成功与社会的健康密切相关，因此，它会全面考虑公司对所有利益相关方的影响，包括雇员、客户、社区、供应商和整个自然

环境。接着 21 世纪初的 2001 年，英国的企业公民包含以下四点：

（1）企业是社会的主要成分。

（2）企业是国家的公民之一。

（3）企业有权利也有责任和义务。

（4）企业责任在为社会的发展做出贡献。

这是英国的提法。美国的一本杂志《商业评论》，从 2001 年开始，每年评选出最佳企业公民 100 强。加拿大一本杂志《企业深思》，在 2003 年开始评选最佳企业公民 50 强。我们再看看中国，2003 年，也就是起始年的时候，中国举办首届企业公民评选，《21 世纪商业评论》杂志主编吴伯凡先生提出平衡与可持续，这样，企业公民实际上成了中国版的企业公民的核心价值。

2010 年国际标准组织 ISO 在日内瓦发布了 26000 系列社会责任指南，将可持续发展、保护环境作为总目标，并进一步归纳成人的幸福最大化和生产活动、环境影响最小化的两难组合从中寻优，是作为衡量企业公民的最终判据。

2013 年，中国与欧盟共同倡导绿色设计，并在布鲁塞尔

注册世界绿色设计组织，认为绿色、人性和可持续是包括企业
公民在内的普世规则。

　　大家从以上这 15 年，也就是从 20 世纪开始的进程脉络
中，可以梳理出企业公民的提出，核心理念的深化，以及社会
进程的实践。而企业公民本身，在履行自己的责任，在对社会
的贡献方面，以及贡献一个美好的社会当中，确是实实在在的。
越来越能够逼近到企业公民的本体，以及文明追求真正的"桃
花源"。

本章习题

　　阅读课后"'灾民'王石：我错了吗？"的案例，结合当下的环境，思考新企业应该承担怎样的社会责任，才能既不伤害企业生存的宗旨，又能赢得社会认同？

课外拓展

"灾民"王石：我错了吗？

http://stock.hexun.com/2008-05-31/106364365_1.html.

第 11 章

新企业人力资源管理

11.1 新企业员工招聘与录用

位于北京东单东方广场的某外资 SP 公司，因发展需要，在 2005 年 10 月底从外部招聘新员工。期间先后招聘了两位行政助理（女性），结果都失败了。具体情况如下：

A 入职的第二天就没来上班

自述的辞职原因：

工作内容和自己预期的不一样，琐碎繁杂，觉得自己无法胜任前台工作。

人力资源部门对她的印象：

内向，有想法，不甘于做琐碎、接待人的工作，对批评（即使是善意的）非常敏感。

B 工作十天后辞职

自述的辞职原因：

奶奶病故了，需要辞职在家照顾爷爷（但是当天身穿大红毛衣，化彩妆，透露家里很有钱）。家里没有人打工。

人力资源部门对她的印象：

形象极好，思路清晰，沟通能力强，行政工作经验丰富。

该公司的招聘流程为：

（1）在网上发布招聘信息。

（2）总经理亲自筛选简历。筛选标准：本科应届毕业生或者年轻的，最好有照片，看起来漂亮的，最好是名校毕业。

（3）面试：如果总经理有时间就由总经理直接面试。如果总经理没时间就由人力资源部门进行初步面试，总经理进行最终面试。新员工的工作岗位、职责、薪资、入职时间都由总经理决定。

（4）面试合格后录用，没有入职前培训，直接进入工作。

（1）招聘行政助理连续两次失败，作为公司的总经理和人力资源部门觉得这不是偶然现象，在招聘行政助理方面肯定存在重大问题，问题出在什么地方？

（2）这家外资 SP 公司还没招到合适的行政助理，你能为它重新设计一套招聘计划吗？

要找到合适的人选来助力新企业，就涉及企业人力资源管理中非常重要的一环——员工的招聘与录用。没有一套行之有效的方法和合适的渠道是很难招到合适的员工的。那么，员工招聘与录用的具体流程和方法是怎样的呢？

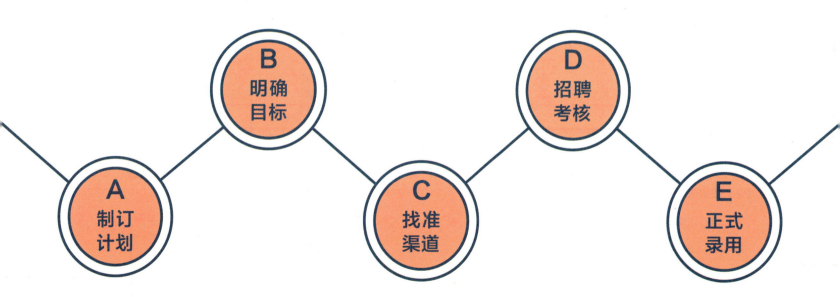

A 制订计划

B 明确目标

C 找准渠道

D 招聘考核

E 正式录用

知识点一：制订计划

在招募员工之前，要对企业的人力资源开发和管理做一个规划，也就是常说的人力资源计划。对于新企业而言，人力资源计划是企业运营和发展的重要保障。

制订人力资源计划一般分为三个步骤：

（1）评估人力资源状况。

（2）预估未来人力资源需求。

（3）制订切实可行的计划。

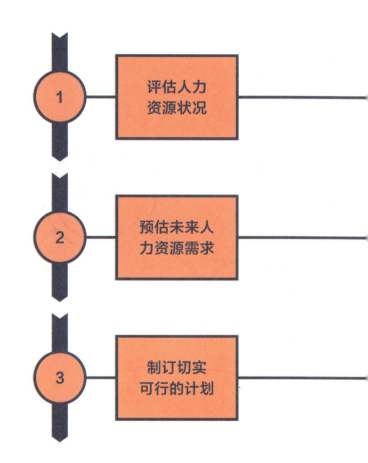

1　评估人力资源状况

2　预估未来人力资源需求

3　制订切实可行的计划

　　首先，对人力资源整体状况的评估：需要制作出详细的岗位设置和岗位描述，说明该岗位员工应该做哪些工作、如何做、为什么这样做，反映出工作的内容、工作环境以及工作条件、工作职责等。

　　其次，根据企业的用工情况和员工人事详情做出完整的评估：查看新企业中每一个岗位需要具备哪些知识和技能，现在人力资源存在什么问题，能否满足创业任务的要求等。

　　"人无远虑，必有近忧。"企业的发展会经历不同的阶段，各个阶段人力资源需求也会不同。在审视目前的人力资源之后，应该根据既定的目标对企业未来发展所需的人力资源进行预估。

　　对现有岗位的人员数量和质量的缺额，以及未来可能增加的岗位以及所对应的人力资源需求做出具体的、可操作性强的计划。同时，也需要对企业内部和外部的人力资源供给进行分析，如内部员工晋升预估、求职高峰的时段、具体行业人才的规模等。要做到需求预估和外部供给相结合，让人力资源计划更贴近实际。

　　新企业会面临许多未知的机遇和挑战，我们在制订计划的时候，要考虑其灵活性和动态性，不能过于死板、一成不变，在执行计划的同时要进行跟踪、监督并及时进行调整。

知识点二：明确目标

没有规矩，不成方圆。在招聘之前，要明确招聘的标准，有计划、有目的地去招聘员工。

新企业犹如羽翼未丰的雏鸟，经不起太大的变动，也没有过多的时间和精力去重复招聘某一个岗位。因此，要对具体岗位的员工标准做出准确的界定，力求一锤定音，一次性找到我们心仪的人才。

创业者在招聘员工时，除了岗位需求的内容之外，还需要了解适合初创企业的员工特质，主要有以下几点需要注意：

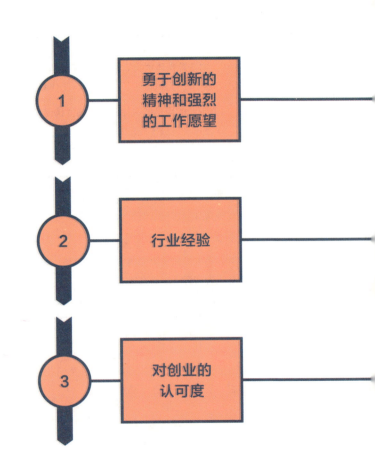

初创企业招聘员工的目的不仅是维持企业运转，完成交代的任务，其还应该具备创新的精神，才能帮助初创企业前行。同时，仅具备创新精神还不够，还应具有工作的主观能动性，要勇于、敢于、愿意去创新。这样才能让初创企业充满活力和生机，也才能使新员工迅速融入初创企业的环境。

很多大学生创业者的初创团队都是由大学校友组成，所以在初创企业发展过程中，不可能如成熟企业一般，对新员工进行完整而又全面的培训，其更需要新员工能够尽快投入工作，也没有太多时间让员工去尝试。因此，其更需要在行业内具有一定经验的人才，来帮助处于早期的他们解决经验不足的问题。所以，初创企业在招聘时，对在行业内具有一定经验的求职者应给予一定重视。

道不同，不相为谋。不是每个求职者都愿意在初创企业就职，对创业的认知也有差异。创业者在招聘时，还应注意求职者对创业是否认可，对初创企业是否认可。很多求职者往往只需要一个工作过渡，而初创企业往往更需要一个志同道合的员工。所以，对于创业的认可度，也是员工招聘需要考虑的方面。

知识点三：找准渠道

朱熹有一句很有名的诗："问渠哪得清如许，为有源头活水来。"其意思是说要让水保持清澈，就需要有源源不断的活水注入。企业也是如此，优秀的员工就是"源头活水"，我们需要找到能引入"活水"的渠道，从而让企业充满竞争力。

新企业规模不大，整个岗位配置和任务分配比较清晰，一般都会采取外部招聘的方式。具体来讲，外部招聘的主要渠道有网络招聘、他人推荐、刊登招聘广告和校园招聘等。这些渠道的优势和劣势如表 11-1 所示。

表 11-1　各种招聘渠道分析

招聘方式	优劣势分析
网络招聘	求职者信息搜集较快、来源较广泛，招聘成本较低，但人才参差不齐，需要多加甄别
他人推荐	可靠快速，与企业磨合期较短，招聘成本最低，但选择面过窄，不容易找到最合适的员工
刊登招聘广告	辐射面较广，适用于招聘高层管理岗位和行业人才，有一定招聘成本
校园招聘	求职者有活力和创新意识，但行业经验不足

知识点四：招聘考核

在选定了招聘渠道之后，还需要制订招聘计划、发布招聘信息，并对求职者进行测试和考察。

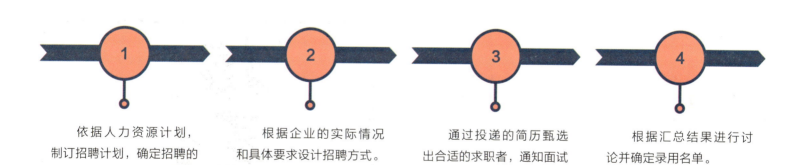

依据人力资源计划，制订招聘计划，确定招聘的人数、岗位和参加招聘的人员。

根据企业的实际情况和具体要求设计招聘方式。常用的招聘方式有笔试、面试、竞聘演讲、竞聘辩论、无领导小组讨论等。

通过投递的简历甄选出合适的求职者，通知面试并对其在招聘程序中的表现进行汇总。

根据汇总结果进行讨论并确定录用名单。

陈锋伟的创业招聘经验

陈锋伟是南京邮电大学的一名大二学生，是一个典型的创业爱好者，在同学眼中也是个闲不住的人。在南京上学的一年多内，他忙于学业的同时，也在探索自己的创业路。他卖过图书、手机，在新生军训时，学校只发了衣服，却没配鞋子，他立即从外面购进鞋子向新生推销。放暑假时，陈锋伟先到预定的实习单位实习，回到河南老家后又做起了一些高校的招生代理，仅仅两个星期就赚了 2 万元，陈锋伟在感到自豪的同时，发现校园的生意和人力资源有着巨大的商机。

开学回到学校后，陈锋伟开始专注于 IT 产品销售，他发现南京的仙林大学城的高校有数十所，在校大学生有 12 万人，并通过调研发现有 18% 的学生不喜欢去太远的市区购买 IT 产品。紧接着他想到，只要在每个高校招聘一名创业合作者进行代理，并发展销售实习生，那他销售的产品渠道就能完全打开。同时，各高校像他这样的创业者有不少，愿意从事实习以及勤工俭学的人更多，人力资源非常丰富。

经过深思熟虑，陈锋伟成立华盛电器，面对在校大学生销售 IT 产品，销售主要采用高校代理模式。招聘的数十名员工全是来自仙林地区各高校的大学生，核心管理团队控制在 4~5 人。陈锋伟称这些伙伴都是各高校的创业主力，甚至有学生会主席，基层员工则以按时计费为主，每小时 3~5 元。这一模式取得了成功，陈锋伟表示第一年的销售额是 500 万元，4 年后的目标是 2 亿元。

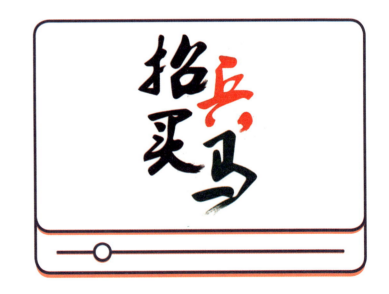

知识点五：正式录用

完成招聘程序后，企业可以通知员工入职，签订劳动合同，参加入职培训。在入职培训中，企业的人事专员或者初创企业的团队成员，都可以向新入职员工介绍企业的基本情况、创业的过程、岗位的性质和所属部门的目标与规划，同时向入职人员介绍公司的各项规章制度，如薪酬制度和绩效考核制度等，让入职员工消除担心和焦虑，尽快进入工作状态。

在创业的过程中，如果出现人员冗余、企业缩减规模、员工违反规章制度等情况，也要相应解聘一些员工，以保证企业的正常运营。

员工招聘是人力资源管理的第一步。和企业的发展一样，企业的人力资源管理也会经历从不成熟到成熟、从不完善到完善的过程。在这个过程中，企业必须建立科学的人力资源管理机制，包括科学的员工招聘录用流程、合理的绩效薪酬机制，关注员工的不同需求、注重对员工的培训和开发，规避一些易发生的错误，让整个企业处于良性的发展轨道上。

创业公司如何招聘？——"神奇的 40 分钟定律和两种语言"

资料来源：丁丁，创业邦，http://www.cyzone.cn/a/20160227/290958.html。

对于初创公司来说，创始人亲自面试员工至关重要，如 Airbnb 的前 100 名员工都是创始人亲自面试的。然而很多创始人对招聘面试这些事并不是很擅长，比如我自己。从今年年前算起我陆陆续续面试了十几个人。期间踩了不少坑，所以总结出了一些经验想拿出来和大家交流。

1. "40 分钟定律"

这个定律的意思是，面试时和你聊天的时间超过 40 分钟的人才是值得考虑的候选人。

在面试了十几个人之后，我总结发现所有不合适的候选人的面试时间都在 20 分钟左右，而所有合适的候选人的面试时间都超过了 40 分钟。

那么，20 分钟和 40 分钟有什么本质的区别呢？

在我的经验中，面试的前 10 分钟会用来讨论候选人之前的学习和工作经历，之后还会有 10 多分钟用来讨论候选人和公司之间的匹配度（技能、经验、文化、薪资等）。

大部分面试基本都由这两个部分组成，所以大部分面试的时间都在 30 分钟之内。而超过 40 分钟的面试时间会比以上的流程多一个重要的部分：关于公司发展方向的讨论。

对于创业公司来说，每一个创始员工都在参与公司未来发展方向的制定和推动，所以合格的创始员工候选人应该在面试中提出很多自己在这方面的想法。

以我们的自媒体项目为例，优秀的候选人一般都会和我花不少时间讨论一个问题：我们的自媒体会采用什么样的商业模式？

因为变现是几乎所有自媒体的发展瓶颈，所以有想法并且"懂行"的候选人都会问到相关的问题并和创始人切磋交流。

和这样的人面试你一般会有两种感觉："非常爽"或者"非常痛苦"。

"非常爽"是因为你终于找到一个可以和你交流的人了；"非常痛苦"是因为他提出了很多专业而尖锐的问题，让你知道自己需要进一步想清楚自己的创业方向。不过这两种感觉对公司的发展都是有益的，而且给你这种感觉的人很有可能成为对发展公司至关重要的人。

2. "两种语言"

接下来聊一聊面试时候选人会使用的"两种语言"。这两种语言可以定义为"有意识"的语言和"无意识"的语言。

"有意识"的语言是指通过理性思考所说的话，一般我们在和别人交流时从嘴里说出的都是"有意识"的语言。"无意识"的语言是指包括声音、语调、表情、动作这些很多时候不经过大脑思考就会自然流露出的"语言"。因为这些"语言"基本由潜意识决定，不像"有意识"的语言那样容易被大脑控制，所以这种语言往往能透露出一个人的真实想法。

在面试这个场景中，创始人可以通过一个候选人"有意识"的语言来考察这个人对于行业、市场、公司、方向等问题的看法和思维方式。

对"有意识"语言的接收和判断是大多数人都具有的能力，然而对"无意识"语言的解读能力就不是所有人都具备的了。

想要读懂候选人表达的"无意识"语言，创始人必须开启自己的直觉系统。

比如有时候我们与一个面试过程中并没有说错什么话的候选人交谈完，但最终还是"感觉"到这个人和公司的文化并不是很契合。

这种"感觉"就是我们的直觉系统接收了这个候选人的"无意识"语言后做出的判断。举个例子，我面试每一个候选人时都会提到创业公司的不确定性，这种不确定性一方面代表着工作可能没有明确的流程和规章制度，另一方面也代表着员工可以根据自己的个性发展、不用受到条条框框的限制。在听到这个描述后，虽然大多数候选人都在"有意识"的语言上表示可以接受这样的氛围（因为他们希望拿到这个职位），但是真正适合这种氛围的候选人的"无意识"语言会表现出兴奋、期待、乐观的反应（如眼睛放光、语调上扬），而不适合这种氛围的候选人则会表现出质疑、谨慎、消极的反应（如皱眉、避免眼神交流）。

以我的经验，面试过程中言不由衷的人挺多的，所以学会解读"无意识"的语言特别重要。那么，如何培养自己解读"无意识"语言的能力呢？我记得《情商2：影响你一生的社交商》里提到，可以在看电影的时候关掉字幕和声音，通过分析主人公的行为动作来判断他们当时的心理活动。或者也可以观察在透明会议室里讨论的人们，在听不到交谈内容的情况下判断他们的会议是在和谐友好还是剑拔弩张的氛围下进行的。

总而言之，想要解读"无意识"的语言，就要把一个人说话的内容和他说话时的行为表现分开来分析。

据说情商高的人都很懂得解读"无意识"的语言。如果你现在情商还不高也没关系，《FBI教你读心术》就是一本在这方面很具有实操性的书。如果你没时间读书，在面试完一个人之后撇开他说的话不谈回味一下他/她给你留下的"感觉"和"印象"，然后再做判断，也会让你避免犯"过于理性"的错误。

11.2 新企业的员工管理

猎人、猎狗与兔子的故事

编选自：《猎狗追兔子的故事，猎狗追兔的管理哲学》

有一天，猎人带着他那只猎狗外出打猎。突然，猎狗发现一只兔子，就一下子冲过去，兔子没命地狂跑，猎狗穷追不舍。这样一直追啊追，追了很久还没有捉到。一只羊看到，讥笑猎狗说："哟！兔子个头比你小多了，反而比你跑得快！"猎狗却理直气壮地回答："你不知道我们两个的跑是完全不同的吗？我不过是为了一顿饭而跑，它却是为了性命而跑呀！"

这话被赶来的猎人听到了，猎人一怔：猎狗说得对啊，要让它更卖力地为我捉兔子，我得给它定个目标，增加点动力才行呀！

于是，回家后猎人又从别处招聘了几条能干的猎狗，并承诺：凡是能够在打猎中捉到兔子的，就可以得到几根肉骨头，捉不到的就没有饭吃。这一招果然有用，为了生计，猎狗们纷纷努力捉兔子，每天晚上都有丰硕的战果。

但是，猎人还没有高兴多久，问题又出现了。大兔子身手敏捷，非常难捉到；小兔子则比较好捉，但是，不管捉到大兔子还是小兔子，骨头都是一样的。善于观察的猎狗们发现这个窍门后，就专门捉小兔子。猎人很纳闷："怎么最近你们捉的兔子越来越小了？"猎狗们说："反正没有区别，为什么费那么大的劲去捉大兔子呢？"猎人想想也是。所以，他仔细考虑后，决定定期统计猎狗捉到兔子的总重量，按照重量来评价猎狗这期间的工作成绩，以此决定它们一段时间内的待遇。新政策实行后，猎狗们捉到兔子的数量和重量都增加了，猎人开心得不得了，觉得自己真是太聪明了。然而好景不长，没过多久，猎人就发现，猎狗们捉兔子的数量又少了，而且越有经验的猎狗，捉兔子的数量下降得越厉害，猎人百思不得其解，就去问猎狗。

猎狗说："老板，我们把最好的时间都奉献给你了，但是我们总有一天会老的，当我们捉不到兔子的时候，你还会给我们骨头吃吗？"

猎人哑口无言。为了尽快恢复猎狗们的捕猎激情，他宣布了论功行赏的决定，即分析与汇总猎狗们捉到的所有兔子的数量与重量，如果捉到的兔子超过一定的数量后，即使以后都捉不到兔子，每顿饭也可以得到一定数量的骨头保证生活。猎狗们一开始很高兴，大家都努力去达到猎人规定的数量。一段时间过后，终于有一些猎狗达到了猎人的标准。这时，其中有一只猎狗开始不满：我们这么努力，只得到几根骨头，而我们捉的猎物远远超过了这几根骨头，我们为什么不能给自己捉兔子呢？不满的情绪逐渐蔓延，不少猎狗离开了猎人，自己捉兔子去了。

猎人意识到猎狗正在流失，并且那些流失的猎狗像野狗一般和自己的猎狗抢兔子。

情况变得越来越糟，猎人不得已收买了一条野狗，问他野狗到底比猎狗强在哪里。野狗说："你只给猎狗吃骨头，但是它们可给你带回了不少的兔子肉啊！"接着又说道："也不是所有的野狗都顿顿捉得到兔子吃得上肉，许多狗最后连骨头都没得舔！不然我也不至于被你收买。"猎人恍然大悟，再一次进行了改革，使得每条猎狗除基本骨头外，可获得其所猎兔肉总量的 $1/n$，而且随着服务时间加长，贡献变大，该比例还可递增，并有权分享猎人所有兔肉的 $1/m$。

这一条款一宣布，所有猎狗都欢呼起来。这样，猎狗们与猎人一起努力，将野狗们逼得叫苦连天，纷纷强烈要求重归猎狗队伍。看着猎人做得这么红火，不少新一辈的猎人都把他作为学习的榜样，纷纷加入这一行。

小组讨论

（1）案例中猎人为了留住猎狗并获得更多的猎物共进行了几次改革？每一次的改革体现了哪些员工管理方法？

（2）你觉得猎狗们会一直忠心耿耿跟着猎人吗？故事还没有结束，猜猜以后还会发生什么问题呢？

企业竞争的关键是人才的竞争，一个企业要发展、要在日益激烈的市场竞争中立于不败之地，吸引和留住人才是关键。在繁杂的企业管理事务中，"人"的管理是最重要也最有挑战性的，尤其对于新企业而言要特别注重员工管理。那么，新企业要如何进行员工管理，避免人才流失呢？

员工管理主要分为绩效管理、薪酬管理和职业规划三个方面。

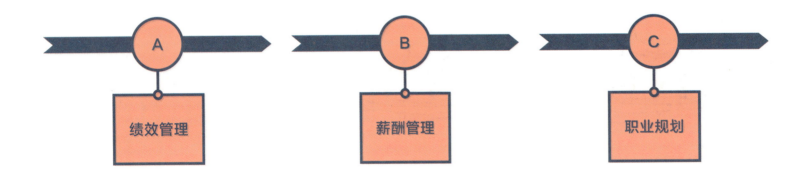

A 绩效管理

B 薪酬管理

C 职业规划

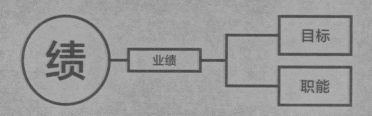

绩就是业绩，体现企业的利润目标，又包括目标管理和职责要求两方面。企业要有企业的目标，个人要有个人的目标要求，目标管理能保证企业向着希望的方向前进，实现目标或者超额完成目标可以获得奖励，如奖金、提成、效益工资等；职责要求就是对员工日常工作的要求，如业务员除了完成销售目标外，还要做新客户开发、市场分析报告等工作，对这些职责工作也有要求，这个要求的体现形式就是工资。

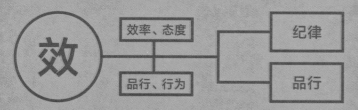

效就是效率、效果、态度、品行、行为、方法、方式。效是一种行为，体现的是企业的管理成熟度目标。效又包括纪律和品行两方面，纪律包括企业的规章制度、规范等，纪律严明的员工可以得到荣誉和肯定，如表彰、发奖状／奖杯等；品行指个人的行为，"小用看业绩，大用看品行"，只有业绩突出且品行优秀的人员才能够得到晋升和重用。

知识点一：绩效管理

1．什么是绩效管理

企业中，每个员工的表现需要一个合理的评估标准，而绩效就是一把评估员工表现的最佳"尺子"。绩效管理就是管理者和员工双方就绩效目标及如何达到绩效目标达成共识，并使员工成功地达到绩效目标的管理方法。绩效管理不是简单的任务管理，它特别强调沟通、辅导及员工能力的提升，有效的绩效管理需要主管与员工持续的双向沟通。

2．绩效管理的过程

绩效管理的过程通常被看作一个循环，这个循环分为四个环节，即绩效计划、绩效辅导、绩效考核与绩效反馈。绩效管理强调组织目标和个人目标的一致性，强调组织和个人同步成长，形成"多赢"局面；绩效管理体现着"以人为本"的思想，在绩效管理的各个环节中都需要管理者和员工的共同参与。

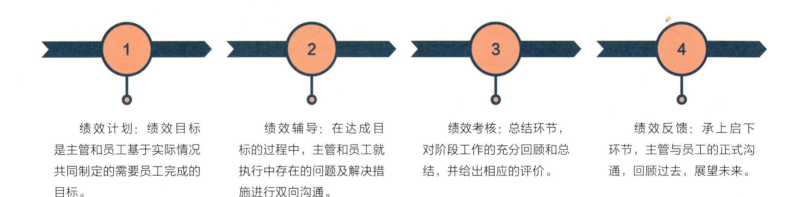

绩效计划：绩效目标是主管和员工基于实际情况共同制定的需要员工完成的目标。

绩效辅导：在达成目标的过程中，主管和员工就执行中存在的问题及解决措施进行双向沟通。

绩效考核：总结环节，对阶段工作的充分回顾和总结，并给出相应的评价。

绩效反馈：承上启下环节，主管与员工的正式沟通，回顾过去，展望未来。

3. 绩效管理的作用

（1）有助于了解创业目标的完成情况。新企业的目标一般都是以短期目标为主，同时也会不断升级，绩效管理能够对企业所有员工的工作情况进行考核，将其与既定的目标相比较，可以得出创业目标完成情况。并依据考评的结果，可以为下一个短期目标的决策提供重要依据和参考。

（2）有助于激励员工，推进企业发展。企业在制订目标和规划后，会将其细化后分配到个人或部门，使每个人都有具体的工作任务和方向。经过定期的绩效考评，可以对员工施加压力，让员工产生动力，使其能够跟上企业的步伐，也能使企业在创业的大潮中不被淹没。同时，绩效考评的结果可以让管理者决定是否对员工进行激励、处罚或者培训，及时了解员工的情况，维持企业的运转。

（3）督促员工。绩效考评结果反馈给员工之后，有助于员工定期总结自己的成绩，有机会了解自己的优缺点以及其他人对自己工作情况的评价，起到了"对比"的作用。同时，考评结果也是对员工工作的肯定，督促员工继续努力、不能懈怠。

（4）为员工薪酬确定提供依据。新企业的职务晋升、季度年度奖金发放、优秀员工评定等，都是依据绩效考评的结果而定的。这直接会对员工的薪酬产生影响，因为员工的工作贡献必须与其所得的薪酬相匹配，所以企业在制定薪酬制度时，必然要与绩效管理相结合。

（5）有助于企业制定及修正人力资源计划。通过绩效考评，企业可以直观了解公司整体人力资源的素质和能力，对公司岗位的性质、饱和程度、员工胜任程度也能全面把控。在制订人力资源计划时，才能更准确、更具有可操作性，对能力不足的员工，应该安排到力所能及的位置上；对潜力较大的员工，可以安排到更具有挑战性的位置上。

知识点二：薪酬管理

1．什么是薪酬管理

　　某房产销售公司，销售越多那个做文员的小姑娘就越不高兴，因为要办按揭、房产证的工作量增加，但她的工资还是一样的，于是老拖着工作不办。后来公司一看这样不行，就改了一个薪酬方案，按房产销售额的比例来给她提成，刚开始还行，时间一长又出问题了，这小姑娘只顾着别墅、大户型的房产证手续办理了，不怎么理那些小户型的手续办理，这样也不行；再改，按销售套数来提成，因为事实上每套房手续办理的工作量都是差不多的，这样就公平了，小姑娘做事有积极性了，企业的工作也有效率了。

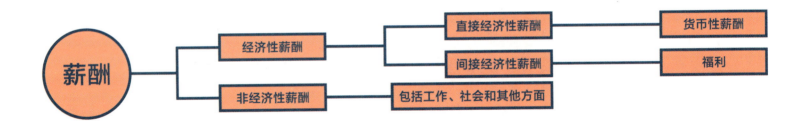

　　薪酬是指员工向其所在单位提供所需要的劳动而获得的各种形式补偿，是单位支付给员工的劳动报酬。在企业中，员工的工资和福利构成了企业薪酬体系，薪酬管理也是员工管理中最核心的组成部分。薪酬主要由企业的薪酬管理制度决定，同时受国家相关法律法规的制约。合理的薪酬管理制度将从很大程度上激发、挖掘出员工的工作热情和潜力，节约企业的运营成本，并保证企业资金的正常流动。

对于新企业而言，好的薪酬管理制度具有以下性质：

（1）公平支付。公平支付主要分为三个方面：①员工薪金报酬水平与其所在的企业中同种岗位的员工薪酬水平相当，实现内部薪酬稳定；②员工薪酬水平与其他企业中相似岗位的员工的薪酬水平相当，实现外部薪酬稳定；③同种岗位的员工，优秀员工应比差一些的员工得到的工资要高，以实现个体公平。新企业制定薪酬管理制度，必须考虑这三方面的因素。要避免员工对薪酬的不满或者疑问，就必须同时做好内部薪酬稳定和外部薪酬稳定，一般通过合理岗位薪酬评估做好内部薪酬稳定，通过薪酬定价实现外部薪酬稳定。

（2）保密性。员工的薪酬属员工个人信息，企业应对薪酬发放的相关信息予以保密，这样也能避免员工因知晓他人的工资水平而可能产生的不满。薪酬保密并不意味着所有的岗位都保密，应该公布单个岗位的薪酬范围，这样可以使员工在不比较同等岗位薪酬的同时，激励他们在具体岗位上做到最好。

（3）结构合理。这里薪酬的结构主要包括薪酬组成和企业薪酬架构。新企业薪酬组成是否合理的关键在于工资和奖金的分配比例，如管理者与基层员工、文案工作和技术工种等，

形成一个具有层次的架构，可以让员工明确自身定位的同时，也能够促使员工有前进的方向和努力的目标。

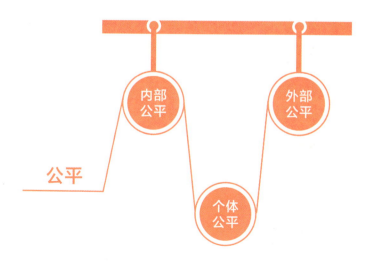

2．岗位薪酬评估

岗位薪酬评估是企业对每个岗位相对于其他岗位的薪酬决策过程，目的是为了保障企业内部的薪酬稳定。岗位薪酬评估一般用来建立单个岗位的薪酬范围，而并非针对具体员工进行的薪酬决策。新企业在对岗位薪酬进行评估时，应将企业涉及的岗位的职责及其对创业的贡献，按照重要性进行具体的细化分类。

在岗位薪酬评估方法方面，新企业比较适宜采用岗位评估评分法，这种方法的核心是要素指标打分和指标权重两套体系。如表11-2、表11-3所示。

表11-2　"责任"要素细分次级要素和层次

次级要素	层次1	层次2	层次3	层次4
对公司政策	能够给企业决策提供微小建议	能够为企业内部事务处理提供建议	能够为管理层制定政策时提供建议	能够为企业的发展方向和规划提供决定性的意见
对他人工作	只对自己负责	在小范围内能够起到管理控制作用	能够管理较多员工或者独立的部门	能够负责企业所有部门之间的协调工作
对外关系	很少联系客户	偶尔联系客户	与客户关系紧密，需要经常保持联系才能避免损失	与客户的沟通频繁，公关能力需非常出色
对公司资金	管理资金的数量极少	管理资金数量一般	管理资金较多，达到部门的规模	管理资金规模较大，一旦失控将为企业带来较大风险
打分范围	0~20分	20~50分	50~80分	80~100分

首先，根据不同岗位制定这个岗位薪酬的决定要素，包括责任、技术、效果、工作条件等，具体要素创业者可根据自身情况选择；其次，将每个要素细分为次级要素；再次，将这些要素指标进行打分；最后，建立权重体系，对要素和次级要素分配一定权重，结合各要素和次级要素的打分，计算出单个岗位的最终分值。

表 11-2 是用于参考的要素为"责任"的次级要素指标以及打分层级，企业在创业过程中，可能面临的变化和挑战比较多，需要对各要素的次级指标进行合理调整，对打分的层级也需根据企业实际情况进行拟定。

表 11-3 "责任"要素细分次级要素和权重

决定要素	权重	次级要素	权重
责任	0.35	对公司政策	0.25
		对他人工作	0.375
		对外关系	0.25
		对公司资金	0.125
效果	0.25	体力	0.35
		精神	0.65
技术	0.3	工作知识	0.55
		经验	0.35
		初始分	0.15
工作条件	0.1	工作条件	0.55
		危险性	0.45

3.薪酬定价

薪酬定价的目的是实现企业薪酬外部稳定，即通过选定一定的地理区域或行业区域内的企业，从其中收集工资支付方面的政策、实践及方法等可靠信息，以制定参照标准。收集信息主要有个人访谈、电话访谈和问卷调查三种方法。

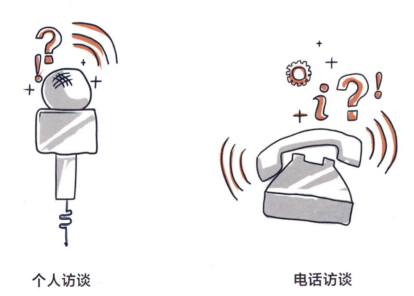

个人访谈　　　　　　　　　电话访谈　　　　　　　　　问卷调查

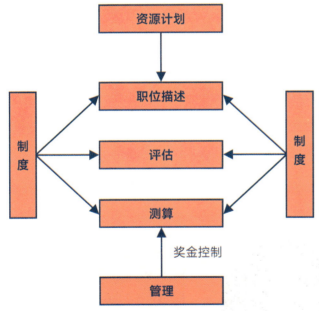

图 11-1　薪酬制度的建立

4．企业的薪酬体系

要想建立合理的企业薪酬体系，首先必须有一个良好的薪酬管理制度，如图 11-1 所示。建立体系过程中的每一步都受到制度的影响，在保证公平公正和保密性的同时，应使基本薪酬达到内部稳定和外部稳定。岗位评估过程可以确保内部稳定，薪酬定价确保外部稳定。同时，在薪酬的组成部分和奖金方面，也需要绩效管理进行控制，让整个企业的薪酬体系达到最优。

知识点三：职业规划

薪酬制度建立起来了，企业就不愁人才流失了吗？当然不是！许多企业的老板抱怨：我们公司无论薪酬、福利，各方面的待遇，样样不比竞争对手的公司差，可员工怎么就是喜欢跳槽呢？

近年来，同行业企业间的薪酬差距逐渐减小，人们在择业过程中对工作环境、人才培育机制、个人发展空间等因素开始投入越来越多的关注，因此，员工的职业生涯规划因素在企业留人方面的作用越来越凸显。在很多情况下，企业能否留住优秀骨干的关键不仅是薪酬，而在于企业能否为他们创造良好的条件，使之有机会施展才能、实现自我价值。

从企业的角度来说，职业生涯管理是企业人力资源管理的核心内容之一，是满足人才需求、留住人才的重要手段。企业要发展，就不能只将员工看成打工者，而应当将其看作影响企业成败的战略合作伙伴。

对于企业来说，职业生涯规划的作用可归纳为以下几点：

（1）为企业的发展培养各种人才。
（2）帮助企业建立属于自己的企业文化。
（3）提升员工忠诚度，提高成员的稳定性。

新企业的员工大部分都是处于职业生涯初期，每个人的经历、兴趣、背景、对未来的期许都是不同的。加上目前的人才市场的竞争激烈，员工对自身未来的发展和在企业中的位置更加抱有期望。希望自己的技术和管理能力提高的同时，也希望在工资、待遇、职称、成就感、业务能力扩展等各方面得到提高。企业如果不能量其才，任其职，阻碍了员工的职业发展，他们必然会离开企业。

鉴于此，新企业在发展过程中，应根据企业自身所处环境的变化，结合员工的能力、兴趣和工作表现，合理规划员工的职业方向，包括培训、晋升、奖励和明确的职业生涯规划。

人是一种寻找目标的动物，他生活的意义仅仅在于是否正在寻找和追求自己的目标。

——亚里士多德

1. 培训

企业培训一般分为两大类：在岗培训和脱岗培训，对于新企业来说，适宜在岗培训。在岗培训的方法包括指导、职位描述的培训、学徒岗位培训、实习岗位培训、助理岗位培训、岗位轮换培训和辅导。

新企业对员工进行在岗培训时，应考虑要做的所有工作，并明确这些工作内容，以便其他人在从事部分工作的过程中也能受到培训。重要的是，应设计好一项工作以确保没有遗漏任何重要的事情。

对员工进行在岗培训时，遵循以下三条指导原则：

（1）给员工提供运用它们获得新技能的机会。

（2）将培训当成一个持续不断的学习过程。

（3）把培训看作一项投资，而不是消费。

2. 晋升

员工晋升是新企业用人的一项重要内容。对于新企业而言，提拔员工是保证企业发展后继有人的一项根本措施。从员工的成长和前途来说，晋升是给个人提供机会和前景的重要途径。晋升的方式有阶梯式和跳跃式两种（见表11-4）。

表11-4　阶梯式晋升和跳跃式晋升的利与弊

晋升方式	利	弊
A. 阶梯式： 从基层工作做起，一步一步逐渐被提拔到较高的职位	使员工在不同层次和岗位上积累全面、丰富的经验，能力稳步提高，同时，有充足的时间观察和考核，因此选人会准确些，风险相对也小一些	容易滋生和助长论资排本、因循守旧的思想，压制人才，使事业发展失去活力
B. 跳跃式： 越过一系列中间环节，从某一较低职位直接被提拔到一个较高的职位	破格选用人才、迅速更新员工队伍，使企业发展永葆青春活力	可能出现选人不准、缺乏经验和不称职的现象

3.奖励

对于新企业来说，奖励的方式就是增强员工的满意度，最简单的方法是询问员工的需求，其次是创造一种能够吸引他们的工作环境。询问员工固然是一种直接的方式，但当没有员工可以询问时，从哪里做起呢？这里介绍一种适合新企业员工的23种回报方式（见表11-5）。

对于新企业的员工来说，自治和个人成长比工资回报、奖金和额外津贴更重要，工作安全和责任比福利更重要。但是，创业者通常在与员工签订其期望的回报时，常常会含蓄或直率地传递出一些相互冲突的条款信息。为了避免这种情况的发生，应将你同意的条款写出来，以防止出现需要评价的条款已经在合同中做出承诺的问题。

表 11-5　新企业员工期望的 23 种回报方式

因素	员工期望的回报
自治和个人成长	有意义的工作 有挑战性的和有兴趣的工作 参与做决策 有发挥创造性的自由 有开发新技能的机会 责任日益增加 能提供自治和控制的一项工作 承认我的成就 职业指导和辅导
奖励和机会	晋升和发展的机会 个人成长的机会 与业绩挂钩的报酬和奖励 工作岗位培训 持续的专业培训
工作安全和工作责任	确定好的工作责任 合理的工作负荷 工作安全
福利	健康保护福利 休假福利 退休福利 学费补偿
工作的方便程度	有足够完成工作所需的设备 有足够开展工作所需的资源

4．明确的职业生涯规划

新企业应根据员工的不同情况，帮其规划。

（1）新入职场员工。这类员工通常对未来的方向没有清晰规划，对自己的前途感到迷茫，还抱有不切实际的幻想。因此，企业应该适当进行引导，并加强培训，同时将有关岗位职位的信息告诉他们，客观地向他们介绍企业的相关信息。

（2）发展和上升期的员工。这类员工已经度过了最初的迷茫期，正处于一个岗位技能和知识能力的上升期。此时企业要给予他们大量学习、操作和实践的机会，确保他们知识和技能的及时更新升级，使其能够更好地开展工作。

（3）稳定期的员工。这类员工一般都是在创业早期进入企业的，职业规划已经定型，目标明确，做出过很多贡献，也会因不满足出现不稳定因素。对于这类员工，企业应该适当提拔，并进行专业的培训，让他们逐渐承担起管理决策的责任。同时，面对有不满情绪的员工，企业要根据其职业规划进行适当安抚，如果效果很不理想，应当机立断予以解雇。

（4）企业骨干员工。对于新企业而言，这类员工一般都是企业的合作创立者、合伙人，在企业走上正轨以后，逐渐退居幕后。对于这样的员工，企业要充分利用其经验优势，帮助企业的骨干进行管理培训。同时，他们对于企业未来的发展方向具有很强的预见性，要积极主动地听取他们的意见。让他们感受到在企业中的重要性，有助于企业整体的稳定。

看国外企业如何留人

资料来源：张同全，袁伦渠．看国外企业如何留人 [J]. 营销界（农资与市场），2013(3):43-45.

虽然国外的企业和国内的企业有所不同，但它们的用人之道依然有很多可取之处，在这里，我们不妨取其优点而用之。

1．制度留人

提起日本企业的人力资源管理制度，人们会马上想到终身雇佣制。它作为一种就业制度，被世人认为是第二次世界大战后日本经济获得迅速发展的一个重要原因。日本的大企业普遍采用终身雇佣制度，小企业尽管未采用这种制度，但固定工也极少被解雇。在终身雇佣下，一个人一旦进入一个企业，只要不违法或严重违反企业规定，只要企业不倒闭，他就无失业之忧。这就大大增强了员工的安全感和归属感，从而使其义无反顾地为企业长期工作。

与终身雇佣制相适应的是年功序列制，其主要特点是员工年龄愈大、工龄愈长，熟悉程度愈高、工资也愈高。日本企业中老员工的工资约为新员工工资的 3 倍，终身雇佣者的工资约为临时雇佣者的 1.41 倍。如果员工经常跳槽，一切就会从零开始，所以日本企业的员工不会轻易跳槽。显然这对稳定基本员工队伍、缓解劳资矛盾、增加职工对企业的向心力起着重要的作用。

2．构筑利益共同体留人

自 20 世纪 60 年代末以来，日本的许多私营企业开始实行员工持股制度，允许本企业员工以低于股票交易的价格收购少量企业股份。员工持股者有权出席股东大会，并参与企业分红。企业下设从业员工持股会，操办员工持股事宜，具体的办法是：逐月扣留认股员工少量工资，待扣款积累到购买股票最低金额即发给股票。采用员工持股制，让员工持有少量的企业股份，不仅使员工能够产生主人翁意识和责任感，更重要的是把员工和企业捆绑起来，构成真正的利益共同体，做到员工与企业利益共享、风险共担。很自然，持股员工既是企业的股东，又是企业的员工，员工为企业工作也就是为自己工作。这种利益共同体，捆绑的不仅是企业员工，还有企业本身和企业发展，只有企业发展了，员工才能获得更多的利益。

3．倡导参与管理留人

20 世纪 80 年代，日本兴起企业文化热，其实质就是促进

员工更多地关心和参与企业管理，强化员工的主人翁意识，从而达到留住人才、稳定员工队伍的目的。美国著名的管理学大师彼得·德鲁克提出的目标管理制度被许多日本企业引入，并进一步得到发展。日本东芝公司在编写的《目标管理实践》中指出：每一个职工，由于亲自参加制度目标，无疑会感到自己为达到目标负有责任，并以极大的热情投入工作。职工建议制也是日本企业广泛采用的一种方法。它全面地动员企业全体员工，集思广益，在诸如优化产品设计、提高产品质量、降低产品成本及福利等经营管理方面出谋献策。

有关资料表明，在实行职工建议制的企业里，企业的奖励费用与收益之比为 1：50。另外，质量控制小组也是企业中职工以非正式组织参与管理的一种形式，它是以自由结合、自愿参加的原则组织起来的。日本企业许多合理化建议的提出及其实施都是通过这类小组实现的。目前，日本企业中这类小组有 200 万个左右，每年为日本企业节约 200 亿~250 亿美元，这在很大程度上保证了日本产品的竞争能力。总之，鼓励员工参与决策和管理，赋予他们某些主人的权利，他们自然会以主人的身份约束自己、表现自己，以忠诚和长期不懈的工作回报企业。

4. 职业发展留人

日本企业十分重视员工的职业发展计划，突出的表现是企业指导员工的职业生涯设计并与员工共同努力，促进其职业生涯计划的实现。如日本日东电工株式会社实行一般职称系列、综合职称系列和职称体系并行不悖的三线型人事管理制度，员工分属三个不同的职称系列。一般职称系列职务晋升较慢，实行年功制；综合职称系列职务晋升较快，实行功绩制；职称体系包含管理职称、专业技术职称、专任职称三个分支。新进企业员工多被归入一般职称系列，当升到一般职称系列的最高级别之后，有的员工则可转入综合职称系列；当升到综合职称系列的最高级别之后，有的员工还可转入职称体系。与此同时，日东电工还实行三工管理制，将员工分为一般职工、责任职工和上级职工三类，一般职工对应一般职称系列，责任职工对应综合职称系列，上级职工对应职称体系中的管理职称、专业技术职称或专任职称。

5. 情感抚慰留人

日本企业人力资源管理一个显著的特点是注重人情味和感情投入，给予员工家庭式的情感抚慰。在《日本工业的秘密》一书中作者总结日本企业高经济效益的原因时指出：日本的企业仿佛就是一个大家庭，是一个娱乐场所。日本企业所追求的正是这种境界。日本著名企业家岛川三部曾自豪地说，我经营管理的最大本领就是把工作家庭化和娱乐化。索尼公司董事长盛田昭夫也说：一个日本公司最主要的使命，是培养它同雇员

之间的关系，在公司创造一种家庭式情感，即经理人员和所有雇员同甘苦、共命运的情感。日本企业内部管理制度非常严格，但日本企业家深谙刚柔相济的道理。他们在严格执行管理制度的同时，又最大限度地尊重员工、善待员工、关心体贴员工的生活。如记住员工的生日，关心他们的婚丧嫁娶，促进他们成长和人格完善。这种抚慰不仅针对员工本人，有时还惠及员工的家属，使家属也感受到企业这个大家庭的温暖。此外，日本大企业普遍实行内部福利制，让员工享受尽可能多的福利和服务，使其感受到企业家庭所给予的温情和照顾。在日本企业看来，企业不仅是靠劳动领取工资的场所，还是满足自己各种需要的温暖大家庭。企业和员工结成的不仅仅是利益共同体，还是情感共同体。因此，很难想象，生活在这个二体合一、充满温暖的大家庭中，背叛、离走之意何处之有呢？

6. 教育培训留人

日本的企业大都为员工提供完善、大量的培训，从新员工的定向培训，到内部升迁、继续教育，直至终生的职业发展。例如，丰田公司，作为日本最大的企业，拥有10万名员工，每年的销售额超过700亿美元。丰田的快速发展与高素质、稳定的员工队伍和完善的员工培训密不可分。加入丰田的新员工将会经历9个月的培训，在此期间，他们要在工厂里工作4个星期，并做3个月的汽车销售；他们听高级管理人员做演讲，

从中得到解决问题的方法启示；他们还会接受独立工作的训练，培养高度的责任感。丰田公司采用顾问培训制度，未来的管理人员们被安排在高于他们两个级别的集体领导人手下工作，接受处理实际问题能力的训练，丰田大约有500名员工扮演这样的角色。丰田还为在职员工提供研习班，公司内部的人员和外来的管理专家作为培训教师，公司的主席或总裁会作为发言人定期参加这种培训课程，而且丰田还为管理人员提供学习外语和操作实务的课程。此外，管理和技术人员每3~5年轮换一次，这种经常性的轮换和在职培训的目的在于加快员工的个人发展，持续地给企业注入活力。

A企业是一家系统集成公司，经过6年的发展，公司度过了艰难的创业期，走向较为平稳的发展阶段。企业共有8个部门，3个外地分支机构；100多名员工，其中40%为技术人员；5名股东，总经理是大股东（占50%以上），股东都在公司工作；公司骨干成员10余位，平均在公司工作2年以上。随着时间的推移，在新老创业者之间，存在利益上的冲突，公司技术和管理骨干对薪资福利状况感到不满，甚至有些员工因此而离职，员工的稳定性在下降。为了让企业更好地发展，管理层对员工进行了调查，发现存在以下问题：

（1）薪酬体系不明朗，年资工资体系、职能工资体系、职位工资体系混乱交叉使用。

（2）工资总体结构不合理，固定薪酬比例太大，没有激励作用。

（3）股东权益和薪酬分配混在一起，不利于职业化发展。

（4）短期福利保障手段单一，员工没有归属感。

请根据目前A企业存在的问题，对其薪酬制度进行整改。

11.3 新企业人力资源管理
过程中的风险防范……

C 公司是一家应用软件开发公司，属于初创型企业。最近与政府部门签订了一个财务管理系统开发项目的合同，需要挑选一位项目经理，并组建一个项目团队。由于 C 公司正同步进行多个项目，且一直处于缺人状态，没有可以腾出来的项目经理，而该项目又必须马上开始，眼看就要火烧眉毛了，人力资源部就火速在招聘网站发布了招聘广告，最终成功物色到 2 名候选人。

候选人 A 已结婚生子，性格内向，专业能力较强，曾在相关大型软件行业工作。候选人 B 单身，性格外向，喜欢与人打交道，有带团队的经历和项目管理实操经验。现技术部门认为 A 能胜任，因为 A 技术过硬。业务部门觉得 B 比较合适，因为 B 沟通能力好。双方争执不下，于是交给总经理来定夺。

总经理原先也觉得 B 更适合，但得知候选人 A 与自己是老乡又是同一所大学毕业的，于是就选了 A。A 任职项目经理后，立即开始着手组建项目团队，但是项目开发工作进行一段时间后，由于 A 性格内向，不善沟通，团队从一开始就不断出现问题，成员之间矛盾接连不断，而且这个项目的客户为政府部门，需要反复与政府部门进行需求确认。项目验收工作周期长，如果与项目合同不符合，需要进行再开发。验收完毕后才会付尾款。因此，项目工作一度中止，公司领导急得像热锅上的蚂蚁……

（1）你觉得该公司在招聘项目经理的过程中出现了什么问题？

（2）如果你是该公司的总经理，接下来你打算如何让项目正常进行下去并成功验收？

知识点一：员工招聘过程中的风险防范

1．外部招聘可能会存在的问题

无论对于新企业还是成熟企业，外部招聘都是企业重要的员工招聘渠道之一。前文中提到，外部招聘能够带来新鲜血液和创新意识，突破企业内部固有的规则束缚。但是在实行外部招聘时，作为企业管理者或者创业者，应注意以下问题：

（1）招聘过程中的信息不对称。因新企业人力招聘成本问题，要求员工尽快进入工作状态，导致创业者在招聘时存有急躁冒进的情绪，造成招聘信息不对称。一旦招聘过程过急，本身对求职者又缺乏详细的了解，就会对求职者实际工作能力的评估造成偏差，如果招聘岗位偏向管理岗位，将会给新企业带来很大的损失和麻烦。

因此，新企业在人力资源，尤其是管理人才短缺的情况下，更需要冷静处理，不能仅凭求职者的简历或者履历，就轻易对求职者做出评判。需通过业内一些渠道对求职者的背景、求职目的进行了解，将信息不对称的风险降到最低。

（2）外部招聘对核心团队产生不利影响。新企业在设立时，早期的核心团队起着关键作用，随着企业的不断发展壮大，这些核心团队的员工也逐渐成为业务骨干，但是企业的壮大需要不同类型的人才加入。新企业在外部招聘人才时，也要综合考虑对核心团队的影响，对招聘岗位与企业核心团队的关系要有足够的认识。争取做到在保证核心团队稳定的前提下进行招聘，降低团队整体波动带来的风险。

2．内部提升可能存在的问题

　　如果新企业过多地采用内部提升，会导致企业内部出现"近亲繁殖"，出现"模仿效应"。企业的负责人出于"资源保护"的心理，会将其亲信网罗其中，在企业内部和外部交织成了一张复杂的关系网，对企业的发展造成了严重的束缚和危害。如果长期没有新鲜血液的注入，员工的思维方式和工作方法就会陷入固定的模式，对企业的创新产生阻碍，于企业的发展也极为不利。

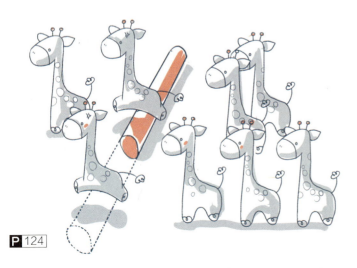

鲶鱼效应

作为新企业的管理者和创业者，在员工招聘的过程中，既要防止外部招聘产生的风险，也要认识到企业内部可能会出现的"惰性"，在两方面之间做到平衡。"鲶鱼效应"可以激活整个企业的工作氛围，但也要谨记放的是"鲶鱼"而非"鲨鱼"。

挪威人喜欢吃沙丁鱼，市场上活鱼的价格要比死鱼高许多。所以，渔民总是想方设法让沙丁鱼活着回到渔港。可是虽然经过种种努力，绝大部分沙丁鱼还是在中途因窒息而死亡。后来，渔民在装满沙丁鱼的鱼槽里放进了一条以鱼为主要食物的鲶鱼。鲶鱼进入鱼槽后，由于环境陌生，便四处游动。沙丁鱼见了鲶鱼十分紧张，左冲右突，四处躲避，加速游动。这样一来，一条条沙丁鱼活蹦乱跳地回到了渔港。

知识点二：员工管理中的风险防范

1．对员工能力了解不够而导致薪酬分配不均

企业管理者在实施薪酬制度时，可以通过前文所说的方法确定每个岗位的薪酬，但是所有的岗位都是由具体的人来完成的，如果对员工的能力估计不足或者对其特点了解不到位，也会造成薪酬分配不均，甚至会失去对团队的控制。为了防范这类风险，新企业在做好薪酬制度、绩效考核制度的同时，还需要做到以下几点：

（1）建立员工能力模型。对企业每一位员工的能力、知识结构、特点、兴趣等因素进行科学的统计和考量，便于各类阶层的管理者对员工都有较深入、客观的了解和认识。

（2）对管理架构保持绝对控制。企业高层管理者不可能对每一位员工有深入的了解，需要依靠各级的管理者对员工进行管理。而高层管理者就必须对整体管理架构进行控制，确保整个管理架构中的每个层级能够对各部门的员工有充分的了解。

2．劳动合同问题带来的法律风险

从现实情况来看，很多的新企业是没有独立的法律部门，也许企业本身不会存在法律问题，但是涉及员工方面，就会产生很多问题，如劳动合同、福利保险等，其中又以劳动合同最为重要。新企业需在保证员工权利的同时，也要注重企业自身的权利，在法律框架内与员工签订合同，不能签无效合同、单方面合同、阴阳合同等，也要防止员工对企业进行欺骗和损害。

小黎和小章的有机蔬菜配送店近期招聘了一名采购助理小王，小王是一名应届毕业生，大四时有过半年采购方面的实习经历，请给小王做一个三年内的职业生涯规划。

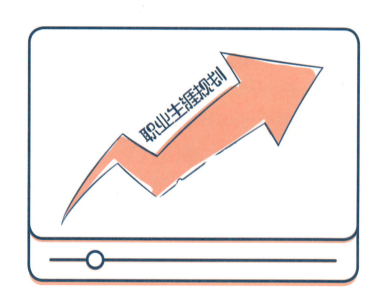

本章习题

课外拓展

TS 集团公司在刚刚起步时，曾在报纸上公开刊登向社会招聘高级技术管理人才的广告，在一周内就有 200 余名专业技术人员前来报名，自荐担任 TS 集团的经理，部门主管、总工程师等。公司专门从某大学聘请了人力资源管理方面的专家组成招聘团，并由总裁亲自参加。随后，招聘团对应聘者进行了笔试、面试等选拔测试，挑选出一批优秀的人才。这次向社会公开招聘人才的尝试，给 TS 集团带来了新的生机和活力，使其迅速发展成为当地知名的公司。

随着知名度的迅速提高，该公司开始从组织内部寻找人才。公司决策层认为：寻找人才是非常困难的，但是组织内部机构健全，管理上了轨道，大家懂得做事，单位主管有了知人之明，有了伯乐人才自然会被挖掘出来。基于这个思想，每当人员缺少的时候，该公司并不是立即对外招聘，而是先看本公司内部的其它部门有没有合适的人员可以调任，如果有，先在内部解决，各个部门之间可以互通有无进行人才交流，只要是本部门需要的人才，双方部门领导同意就可以向人力资源部提出调动申请。

思考讨论：

（1）在起步阶段，TS 集团公司为什么采用外部招募的方式？

（2）随着企业的知名度越来越高，TS 集团为什么优先从组织内部寻找人才？

（1）500 强企业人力资源管理案例，http://www.docin.com/p-579276623.html.

（2）12 大经典人力资源管理案例，http://blog.sina.com.cn/s/blog_603d0d820102ux1c.html.

第 12 章

新企业市场营销管理

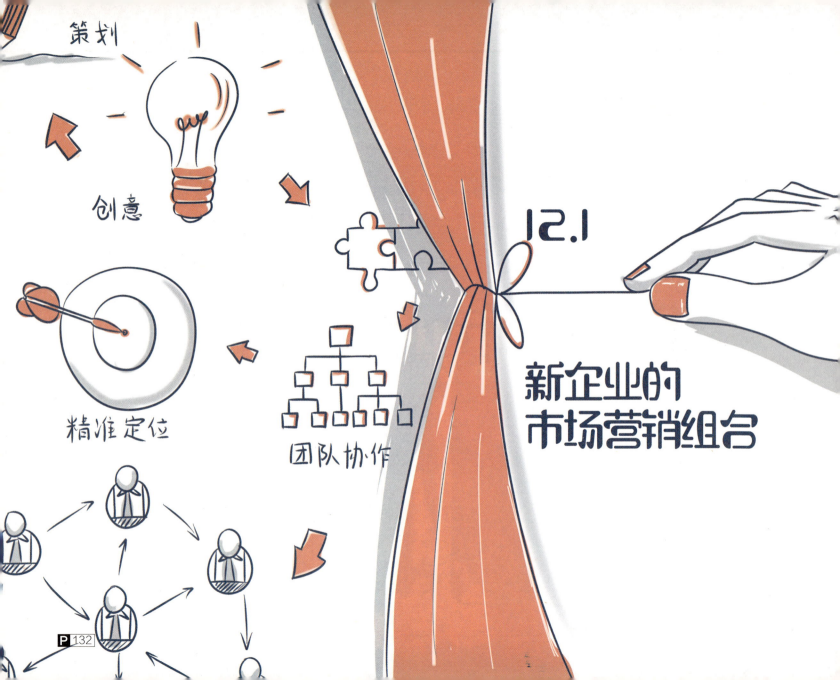

策划

创意

精准定位

团队协作

12.1

新企业的
市场营销组合

宝马汽车公司的营销组合

1. 产品策略

宝马汽车种类繁多，分别以不同系列来设定。在亚洲地区，宝马公司根据亚洲顾客的需求，着重推销宝马3系列、宝马5系列、宝马7系列、宝马8系列。这几个车型的共同特点是节能。

2. 定价策略

宝马的目标在追求成功的高价政策，以高于其他大众车的价格出现。宝马公司认为宝马制定高价策略是因为：高价也就意味着宝马汽车的高品质，高价也意味着宝马品牌的地位和声望，高价表示了宝马品牌与竞争品牌相比具有的专用性和独特性，高价更显示出车主的社会成就。总之，宝马的高价策略是以公司拥有的优于其他厂商品牌的优质产品和完善的服务特性，以及宝马品牌象征的价值为基础。宝马汽车的价格比同类汽车一般要高出10%~20%。

3. 渠道策略

宝马公司早于1985年在新加坡成立了亚太地区，负责新加坡、中国香港、中国台湾、韩国等分支机构的销售事务。在销售方式上，宝马公司采取直销的方式。宝马是独特、个性化且技术领先的品牌，宝马锁定的顾客并非大众化汽车市场，因此，必须采用细致的、个性化的手段，用直接、有效的方式把信息传递给顾客。直销是最符合这种需要的销售方式。宝马公司在亚洲共有3000多名直销人员，由他们直接创造宝马的销售奇迹。

4. 促销策略

宝马公司考虑到当今的消费者面对着无数的广告和商业信息，为了有效地使信息传递给目标顾客，宝马采用了多种促销方式。所采用的促销方式包括广告、直销、公共关系活动。下面着重介绍广告和公共关系活动。

（1）广告。宝马公司借助了中国香港、新加坡等地的电视、报纸、杂志等多种广告媒体开展广告宣传活动。这些活动主要分为两个阶段：第一阶段主要是告知消费者宝马是第一高级豪华车品牌，同时介绍宝马公司的成就和成功经验；第二阶段为宝马用第7系列作为主要的宣传产品，强调宝马的设计、安全、舒适和全方位的售后服务。

（2）公共关系活动。宝马公司在亚洲主要举办了宝马国际高尔夫金杯赛和宝马汽车鉴赏巡礼两个公关活动。此外，宝马公司还定期举行新闻记者招待会，在电视和电台的节目中与顾客代表和汽车专家共同探讨宝马车的功能，让潜在顾客试开宝马车，这些活动也加强了宝马与顾客的沟通。

宝马公司运用了哪些营销组合策略?

四个基本策略的组合关系

图 12-1　市场营销组合

所谓市场营销组合是指企业针对目标市场的需要，综合考虑环境、能力、竞争状况，对自己可控制的各种营销因素（产品、价格、分销、促销等）进行优化组合和综合运用，使之协调配合，扬长避短，发挥优势，以取得更好的经济效益和社会效益。在 20 世纪 50 年代初，根据需求中心论的营销观念，市场营销组合麦卡锡教授（E.J.McCarthy）把企业开展营销活动的可控因素归纳为四类，即产品（Product）、价格（Price）、渠道（Place）和促销（Promotion），因此，提出了市场营销的 4P 组合。

图 12-1 着重说明了四个基本策略的组合关系，特别指出所有的策略调整配套都是以目标市场的顾客要求为焦点的。市场营销组合的四个基本策略虽独立构成四个子系统，但又各有其若干可变因素。每一可变因素都可确定为一个完整的市场营销战略或战术的组成部分，每一可变因素的变动都可能波及其他因素，从而产生新的组合关系。

知识点一：产品策略

1. 产品整体概念

人们通常把产品理解为具有某种物质形状、能够提供某种用途的物质实体，如服装、食品、汽车等。

从市场营销的观点来看，产品概念的内涵被大大扩展了：一切能满足消费者某种利益和欲望的物质产品和非物质形态的服务均为产品。

简言之，产品 = 有形物品 + 无形服务。产品整体概念由三个基本层次组成，如图12-2 所示。新企业在设计产品时应当结合企业自身实际情况综合考虑产品整体概念的三方面层次。

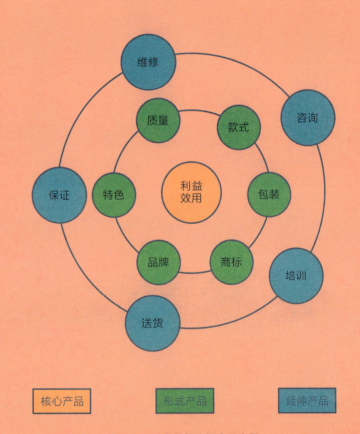

图 12-2　产品整体概念示意图

2. 产品组合策略

产品的组合通常是由若干条产品线组成，针对新建企业理想的产品组合包括占量产品、占利产品、形象产品。如图 12-3 所示。

代表着企业品牌形象的高端产品，在整个产品金字塔中占据最少比例，相应地价格也最高，不追求大量销售，只是树立标杆，是品牌的支撑产品。这部分针对高端的顾客群，可以说是企业的面子，但不能没有。

处于产品金字塔中间层，是可以为企业直接带来利润的产品，是确保针对主要竞争对手竞争优势的产品，通过微利甚至无利的方式来击垮竞争对手。

处于产品金字塔中最底层，是企业销售量最大、销售最有保障的产品，这类产品利润率不高，但能保证适当的市场占有率、企业现金流以及维持企业正常运转，降低企业面临的市场风险。或许价格不高，但是为了尽快抢占市场而设置的产品。

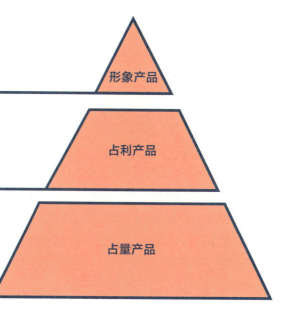

图 12-3 产品组合金字塔

知识点二：价格策略

1. 弹性价格：高价策略还是低价策略

对产品定价不是一件简单的事情，尤其是新成立企业营销机构不健全，更应该借助市场数据监测进行统计、分析，同时还要考虑价格弹性因素、了解消费者心里的价格标杆进行价格制定。

（1）高价策略。高价策略又叫"撇脂定价"，是指企业以远高于成本的价格将新产品投入市场，以便在短期内获取高额利润，尽快收回投资，然后再逐渐降低价格的策略。

使用高价策略应该谨慎，如果你是产品品类中第一个建立高价位的品牌，就可以使用此策略。此策略一般适合于市场需求量大且需求价格弹性小，顾客愿意为获得产品价值而支付高价的细分市场，如 iPhone 系列手机、LV 皮包等。

然而，人性中的贪婪往往将卖高价当作致富之路，使用此策略的秘诀只有一个：你必须是第一个，且要有有效的品牌故事，在一个顾客可以接受高价的品类里建立高价地位，否则高价只会将顾客吓跑。

（2）低价策略。低价策略又叫"渗透定价策略"，是指在新产品投放市场时，制定比较低的价格，接近消费者、刺激需求、争取市场的主动权的定价策略。一般适用于需求弹性大的商品，企业可以通过增加需求、扩大产销量、降低成本，实现企业的获利目标。

1）低价策略的利弊：

a. 低价销售容易为市场所接受，能吸引更多的顾客，迅速扩大市场。

b. 低价薄利能有效地阻止竞争者进入市场，能较长时间地占领市场。

c. 随着产品销售量的增加，市场份额的扩大，成本会大幅度下降，只要保持原价格水平或略有提高，就能获得大量利润。

利

**低价策略
的利弊**

弊

低价销售收回投资的时间较长，当产品寿命周期和需求弹性预测不准时，具有一定的风险性。

2）何时适合使用低价策略：

一般在市场上存在代用品、竞争激烈、需求弹性大、销量大、市场寿命周期长的产品，采用这种策略比较合适。

采用该策略应具备的条件：

● 产品需求的价格弹性大，消费者在价格感受方面比较敏感，低价可以刺激市场需求快速增长。

● 生产和分销成本有可能随着产量和销售量的扩大而降低。

● 低价不会引起市场激烈的竞争。

到底是高价策略好，还是低价策略优，根据具体情况而定，如在超市经常看到的一些通用名称的食品品牌（冠以"无名"），就适合低价策略；而一般对于汽车、手表和电视机之类的产品——特别是那些顾客对于现有维修服务不满意的产品来说，高价策略往往合适。

相对于高价策略和低价策略，还有一种中等价位策略，理想的价格策略是把这三种价格策略（高、中、低）有机结合在一起，就会形成一个强大的定价策略阵营。

2. 消费者心中的参考价格

虽然消费者对产品之间的不同价格很清楚，但是很少有人能记住具体产品的特定价格，在选购商品时需要以参考价格为参照，菲利普对参考价格做了如下表示：

"公平价格"（该产品应该具有的价格）：

● 典型价格。

● 最近一次支付的价格。

● 上限价格（保留价格或消费者愿意支付的最高价格）。

● 下限价格（较低的价格底线或消费者愿意支付的最低价格）。

● 历史竞争者的价格。

● 预期的未来价格。

● 通常的折扣价格。

当消费者在购买产品时就会使用这个价格参考表进行衡量，以确定是否值这个价格。作为聪明的营销者就会利用这个价格参考表，将产品的价格定在彰显其产品价值的水平上。如对于一个相对昂贵的商品，将价格拆分成若干细节，就会显得比较便宜，如健身俱乐部的会员卡，如果一次性收取上万元的会费就不会有普遍的市场，可是，如果将这上万元的会费拆分到具体的项目或者每个月的收费中，就会显得容易被接受。

珠宝定价的故事

深圳异彩珠宝店，专门经营由少数民族手工制成的珠宝首饰。店周围有著名的旅游景点，生意一直比较稳定。客户主要来自游客和华侨城社区居民，该社区居民生活水平较高。

一次，珠宝店店主进了一批由珍珠质宝石和银制成的手镯、耳环和项链的精选品。店主根据进价，加上其他相关的费用和平均水平的利润，定了一个合理价格，并认为肯定能让顾客觉得物超所值。

一个月后，这批珠宝的销量令人失望，即使将珠宝放进展示柜，并安排销售小姐专门促销这批首饰，仍没什么起色。

店主出门进新货，由于他急于处理这批珠宝，就决定将珠宝半价出售。临走时，他给副经理留下一张字条："调整珍珠质宝石首饰的价格，所有都 ×1/2"。

店主回来时，惊喜地发现珠宝已销售一空。他对副经理说："看来这批首饰并不合顾客的胃口。下次再新添宝石品种的时候一定要慎之又慎。"而副经理说，她虽然不懂为什么要对滞销商品提价，但她惊诧于提价后商品出售速度惊人。

原来副经理误解，将珠宝的价格一律按双倍计而不是减半。

3. 价格调整

随着市场环境的变化，企业也要对价格进行调整。在竞争的市场上，企业的价格调整有两种情况：一是根据市场条件的变化主动进行调价；二是当竞争对手价格变动以后进行的应变调价。

知识点三：渠道策略

1. 分销渠道的功能和结构

分销渠道也称营销渠道或配销通路，指产品从制造者手中转至消费者所经过的各中间商连接起来形成的通道。它由位于起点的生产者和位于终点的消费者，以及位于二者之间的中间商组成。

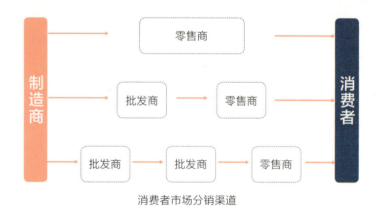

消费者市场分销渠道

（1）分销渠道的功能。分销渠道的基本功能是实现产品从生产者向消费者用户的转移。主要功能包括：搜集与传播有关现实与潜在顾客的信息；促进销售；洽谈生意，实现商品所有权的转移；商品的储存运输、编配分类、包装；资金融通；风险承担等。

（2）分销渠道的结构。分销渠道受限可根据中间层次的数目来区分。不算处于渠道起点的生产者和处于渠道终点的消费者，产品每经过一个直接或间接转移商品所有权的中介机构，就称之为一个流通环节或中间层次。在商品分销过程中，经过的环节或层次越多，渠道越长；反之，渠道越短。

2. 渠道决策

（1）分析顾客需求。新企业渠道决策的第一步是了解企业选中的目标顾客群需要购买什么样的商品和服务（What），他们习惯在什么时间（When）、什么地点购买（Where），如何买（How），以及他们希望经销商提供的购买服务水平、时间和空间的便利条件等，做到心中有数。

（2）了解渠道选择中的限制因素。新企业在渠道决策中并不是可以随心所欲的，而要受到种种因素的影响和制约（见表12-1）。

表 12-1　影响渠道选择的因素及原因

因素	选择直接渠道的原因	选择间接渠道的原因
市场需求的特点	购买批量大而集中 需求特殊 订货次数少	购买批量小而分散 无特殊需求 频繁订货
产品特性	特殊商品 技术复杂 易腐 流行商品 单位价值高 笨重 附加服务多	便利商品 技术简单 耐久 大宗、常用商品 单位价值低 轻便 附加服务少
企业状况	具有营销管理的技能和经验 需要高度控制渠道 财力雄厚，声誉高	缺乏营销管理技能和经验 对营销渠道的控制要求不高 资金紧缺，企业知名度低

（3）设计分销渠道。设计分销渠道包括三方面的决策：确定渠道模式、确定中间商的数目和规定渠道每位成员的权利与责任。如图 12-4 所示。

A. 确定渠道模式
新企业需根据顾客需求特点、限制因素及企业本身战略目标的要求，决定采用什么类型的渠道模式。

B. 确定中间商的数目
企业在确定每一层次所需中间商的数目时，有三种策略可供选择：密集分销、选择分销和独家分销。

C. 规定渠道成员的权利和责任
制定渠道成员的权利和责任时必须十分谨慎，并要得到有关中间商的配合响应。

图 12-4　设计分销渠道包括的决策

（4）渠道管理。渠道管理决策包括三方面的内容：首先是选择渠道成员，即在渠道设计完成后，具体选择哪些中间商作自己的渠道伙伴；其次是如何激励中间商并处理好与它们的日常关系；最后是对渠道成员的工作成果做出评估，并进行调整。

知识点四：促销策略

为了快速进入市场，说服顾客购买，初创企业应该把合适的产品在合适地点按合适的价格出售的信息传达出去，这就需要用到促销策略，促销策略是指各种促进销售形式或手段的融合，包括运用各种促销形式和公共关系等。

根据促销手段的出发点与作用的不同，可分为两种促销策略：

1. 推式策略

推式策略即以直接方式，运用人员推销手段把产品推向销售渠道，其作用过程为：企业的推销员把产品或劳务推荐给批发商，再由批发商推荐给零售商，最后由零售商推荐给最终消费者。它既是一种渠道方式，也是一种促销方式。

该策略适用情况：

（1）企业经营规模小，或无足够资金用以执行完善的广告计划。

（2）市场较集中，分销渠道短，销售队伍大。

（3）产品具有很高的单位价值，如特殊品、选购品等。

（4）产品的使用、维修、保养方法需要进行示范。

2. 拉式策略

采取间接方式，通过广告和公共宣传促销策略等措施吸引最终消费者，使消费者对企业的产品或劳务产生兴趣，从而引起需求，主动去购买商品。其作用路线为：企业将消费者引向零售商，将零售商引向批发商，将批发商引向生产企业。

该策略适用情况：

（1）市场广大，产品多属便利品。

（2）商品信息必须以最快速度告知广大消费者。

（3）对产品的初始需求已呈现出有利的趋势，市场需求日渐上升。

（4）产品具有独特性能，与其他产品的区别显而易见。

（5）能引起消费者某种特殊情感的产品。

（6）有充分资金用于广告。

这两种推销方式各有利弊，起着相互补充的作用。此外，目录、通告、赠品、店标、陈列、示范、展销等也都属于促销策略范围。一个好的促销策略，往往能起到多方面作用，如提供信息情况，及时引导采购；激发购买欲望，扩大产品需求；突出产品特点，建立产品形象；维持市场份额，巩固市场地位等。

假设你在一所大学附近开了一家绿色时令鲜果汁店，请思考以下问题：

（1）请为你的产品进行定价，你会选取怎样的定价方式，既合乎市场又有较好的销售业绩。

（2）开学临近，你会选择怎样的方式进行促销？

适合新企业的十种促销策略

促销策略很多，适合新企业的有 10 种：借势打力、击其软肋、寻找差异、提早出击、针锋相对、搭顺风车、大唱反调、错峰促销、创新促销、连环计。如图 12-5 所示。

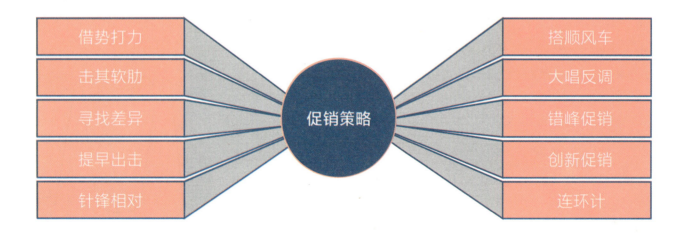

图 12-5　促销策略

1. 借势打力

借势打力是借助竞争对手的力量，通过一定的策略，灵活运用。好比《天龙八部》的移花接木，在对手出招的时候，借助对方的力量，将对方的优势转化成自己的优势。

2. 击其软肋

击其软肋的前提是"知己知彼"，尤其是知彼。实际上，竞争对手无论怎么投入资源，在整个链条上都会有薄弱环节。比如，在渠道上投入过多，终端的投入就会不足，如果在终端投入多，渠道上投入就少了。

利脑是一个地方性品牌，高考期临近，在脑白金、脑轻松等知名补脑品牌纷纷展开促销战，并请一些人现身说法时，利脑就刮起了"服用无效不付余款"的促销风暴。利脑作为实力弱小的品牌，在广告上无法与大品牌血拼，在促销上也无法进行更强大的投入。因此，只有在跟进促销中进行借势打力——实行"服用一个月，成绩不提升，不付余款"的宣传策略。因借助大品牌的优势，并采取了特殊策略，有效地清除了消费者的疑虑，取得了其信任。

三星为自己的新品大打广告的时候，某些国产手机则迅速组织终端拦截，在拦截中，也大打新品的招牌，并且低价进入，以此将竞争对手吸引到零售店的顾客牵引一部分到自己的柜台、专区。在竞争对手忽略终端执行的时候，这种模式是最有效的。

3. 寻找差异

有时候打硬战注定吃亏，因此要学会分化，也就是打差异战。例如，竞争对手采取价格战，自己就进行赠品战；竞争对手进行抽奖战，自己就进行买赠战。

可口可乐公司的"酷儿"产品在北京上市时，由于产品定位是带有神秘配方的适合 5~12 岁小孩喝的果汁，价格定位也比果汁饮料市场领导品牌高 20%。当时，市场竞争十分激烈，很多企业都大打降价牌。最终，可口可乐公司走出了新路子：既然"酷儿"上市走的是"角色行销"的方式，那人们就来一个"角色促销"。于是，"酷儿"玩偶进课堂派送"酷儿"饮料和文具盒、买"酷儿"饮料赠送"酷儿"玩偶、在麦当劳吃儿童乐园套餐送"酷儿"饮料和礼品、"酷儿"幸运树抽奖、"酷儿"脸谱收集、"酷儿"路演……

4. 提早出击

面对强大的竞争对手，最好的方式就是提早出击搞促销，令消费者的需求提前得到满足，当对手的促销开展之时，消费者已经毫无兴趣。

A 公司准备上一个新的洗衣粉产品，并针对 B 品牌策划了一系列的产品上市促销攻势。B 公司虽然不知道 A 公司到底会采用什么样的方法，但知道自己实力无法与之抗衡。于是，在 A 产品上市前一个月，B 公司开始了疯狂的促销——推出了大包装，并且买二送一、买三送二，低价格俘虏了绝大多数家庭主妇。当 A 品牌产品正式上市后，由于主妇们已经储备了大量的 B 品牌产品，所以 A 产品放在货架上几乎无人问津。

另外，如果在某些行业摸爬滚打一段时间后，会对各竞争对手何时启动促销大致心里有数。例如，面对"五一"、"十一"、元旦、春节的促销战，各主要品牌肯定会启动促销活动，促销活动的形式一般都不会有多大变化，往往是买赠、渠道激励、终端奖励等。针对竞争对手的惯用手法，可以提前采取行动。

5. 针锋相对

针锋相对就是针对竞争对手的策略发起进攻。

2015 年，亚马逊宣布将在 7 月 15 日推出"Prime Day"活动，促销产品数量多，并称交易额将超黑色星期五。活动对象限定为 Prime 会员，Prime 会员年费为 99 美元，提供两天免运费送达服务。而沃尔玛当然没有坐视不理，沃尔玛在线业务的首席执行官 Fernando Madeira 在企业博客把矛头指向了亚马逊的 Prime 会员制。他表示，我们听说有些零售商为了出售产品收取 100 美元的费用，但是我们觉得这种让客户支付额外费用来省钱的做法并不合理。沃尔玛称其免运费消费额将从 50 美元下降到 35 美元，并表示用户将能看到"特殊小交易"，在沃尔玛发布博客后，亚马逊也进行了反击。"我们听说有些零售商实体店的产品售价比它网站上的还高。"亚马逊 Prime 副总裁 Greg Greeley 说道，"我们觉得这种实体店售价比网站售价还高的做法并不合理，不过这倒是提醒了我们还是网购。"

6. 搭顺风车

大多数情况下，人们明知对手即将促销，由于种种条件限制，无法对其打压，也无法模仿，但如果不跟进，便会失去机会。此时，最好的办法就是搭乘顺风车。

2006 年世界杯，阿迪达斯全方位赞助。耐克则另辟蹊径，针对网络用户中占很大部分的青少年（耐克的潜在客户），选择与 Google 合作，创建了世界首个足球迷的社群网站，让足球发烧友在这个网络平台上一起交流他们喜欢的球员和球队，观看并下载比赛录像短片、信息、耐克明星运动员的广告等。数百万人登记成为注册会员，德国世界杯成为独属于耐克品牌的名副其实的"网络世界杯"。

7. 大唱反调

消费者的心智容易变化，也容易移情。因此，当对手促销做得非常有效，而人们却无法跟进、打压时，那么最好就要大唱反调，将消费者的心智扭转回来，至少也要扰乱他们，从而达到削弱对手的促销效果。

2001年，格兰仕启动了一项旨在"清理门户"的降价策略，将一款畅销微波炉的零售价格大幅降至299元，矛头直指美的。6个月之后，格兰仕将国内高档主流畅销机型"黑金刚系列"全线降价。同时，美的也开展了火药味十足的活动，向各大报社传真了一份"关于某厂家推出300元以下的微波炉的回应"材料，认为格兰仕"虚假言论误导消费者"，美的要"严斥恶意炒作行为"；2001年，美的还隆重推出了"破格（格兰仕）行动"。

此策略也要把握好尺度，不然会陷入纠纷战中，如口水战和言论战，甚至官司战。

8. 错峰促销

有时候针对竞争对手的促销，完全可以避其锋芒，根据现实情况、目标顾客等的不同相应地进行促销策划。

古井贡开展针对升学的"金榜题名时，美酒敬父母，美酒敬恩师"；针对老干部的"美酒一杯敬功臣"；针对结婚的"免费送丰田花车"等一系列促销活动，取得了较好的效果。

9. 创新促销

促销重在出新，创新往往是出奇制胜的法宝。事实上，即使一次普通的促销，也可以玩出新花样。

统一"鲜橙多"为了配合其品牌核心内涵"多喝多漂亮"而推出的一系列促销组合，不但达到了销售目的，同时也达到了品牌与消费者有效沟通、建立忠诚度的目的。统一结合品牌定位与目标消费者的特点，开展了一系列的与"漂亮"有关的促销活动，以加深消费者对品牌的理解。如统一在不同的区域市场推出了"统一鲜橙多 TV-GIRL 选拔赛"、"统一鲜橙多资生堂都市漂亮秀"、"统一鲜橙多阳光女孩"及"阳光频率统一鲜橙多闪亮 DJ 大挑战"等活动，极大地提高了产品在主要消费人群中的知名度与美誉度，促进了终端消费的形成，扫除了终端消费与识别的障碍。

10. 连环计

保证促销环节的联动性就保证了促销的效果，同时也容易把竞争对手压下去。实际上，促销活动一般有三方参加：顾客、经销商和业务员。如果将业务员的引力、经销商的推力、活动现场对顾客的拉力三种力量联动起来，就能实现购买吸引力，最大限度地提升销量。

某公司活动主题是"减肥有礼！三重大奖等您拿"，奖品从数码相机到保健凉席，设一、二、三等奖和顾客参与奖。凡是购买减肥产品达一个疗程的均可获赠刮刮卡奖票一张。没刮中大奖的顾客如果在刮刮卡附联填写好顾客姓名、电话、年龄、体重、用药基本情况等个人资料寄到公司或者留在药店收银台，在一个月活动结束后还可参加二次抽奖。奖品从 34 英寸彩电到随身听等分设一、二、三等奖。如果年龄在 18~28 岁的年轻女性将本人艺术照片连同购药发票一同寄到公司促销活动组，可参加公司与《晚报》联合举办的佳丽评选活动（该活动为本次促销活动的后续促销活动）。这次活动的顾客参与度高、活动周期长、活动程序复杂，一下子把竞争对手单一的"买一送一"活动压了下去。

12.2
新企业市场营销组合运用

2013 年夏天，仿照在澳大利亚的营销动作，可口可乐在中国推出可口可乐昵称瓶，昵称瓶在每瓶可口可乐瓶子上都写着"分享这瓶可口可乐，与你的＿＿＿＿＿＿。"这些昵称有白富美、天然呆、高富帅、邻家女孩、大咔、纯爷们、有为青年、文艺青年、小萝莉等。这种昵称瓶迎合了中国的网络文化，使广大网民喜闻乐见，于是几乎所有喜欢可口可乐的人都开始去寻找专属于自己的可乐。

可口可乐昵称瓶的成功显示了线上线下整合营销的成功，品牌在社交媒体上传播，网友在线下参与购买属于自己昵称的可乐，然后再到社交媒体上讨论，这一连贯过程使得品牌实现了立体式传播。当然，作为一个获得了 2013 年艾菲奖全场大奖的创意，可口可乐昵称瓶更重要的意义在于——它证明了在品牌传播中，社交媒体不只是 Campaign 的配合者，也可以成为 Campaign 的核心。

（1）可口可乐昵称瓶为什么会获得如此广泛的关注？

（2）可口可乐昵称瓶运用了哪种营销方式？

　　根据营销组合的不同运用方式，形成了不同的营销模式：服务营销、体验式营销、知识营销、情感营销、教育营销、差异化营销、直销、网络营销、品牌营销、事件营销、口碑营销等。适合新企业的模式主要有体验式营销、网络营销、事件营销和口碑营销。

知识点一：体验式营销

　　体验式营销是指要站在消费者的感官、情感、思考、行动、关联五个方面，重新定义、设计营销的思考方式。此种思考方式突破了传统上"理性消费者"的假设，认为消费者消费时是理性与感性兼具的，消费者在整个消费过程中的体验，才是研究消费者行为与企业品牌经营的关键。

宜家体验式营销：地铁里的样板间

　　如果你检索一下法国宜家之前的营销方案，就会发现这是一个喜欢利用公共交通环境的公司。法国宜家的市场部曾经用宜家床垫做成火车站里悬挂的大广告牌，以及把音乐厅的座位撤走换成双人床，让观众躺在床上听乐队演奏。把公交车站台变成了自己产品的展示区，连沙发上的价格成分标签都没有拿走。

　　2010年3月，宜家曾经拆掉巴黎四家重要地铁站的等候椅，全部换成了各种不同类型的宜家沙发，并在沙发旁边摆上了宜家的落地灯，而背景墙也是样板间的模样。旅途劳累、购物途中、下班之后，人们都坐在那些式样繁多、色彩缤纷的沙发上等待列车到来，顺便也帮宜家做了一次现场广告。

　　宜家在日本神户做的那次地铁营销更夸张一些，不仅地铁内部的座椅被换成了宜家沙发，甚至连墙面都刷成了宜家风格，还装上了宜家窗帘。

　　"地铁通常都是一个很有压力、拥挤、阴冷又暗淡的环境。我们能够给这样一个意想不到的地方带来色彩和舒适感，让家居装饰专业技能的附加值变得戏剧化。地铁对我们来说也非常有趣，因为它让我们在单一的地方就能获得大量的观众。"宜家法国公司市场部副经理 Stéphanie Jourdan 对《第一财经周刊》说。她收到了许多正面反馈，除了当地有一家协会向地铁管理部门提出，要保留一小部分原来的塑料椅，以避免无家可归的人无处栖身。

知识点二：网络营销

　　网络营销是 21 世纪最有代表性的一种低成本、高效率的全新商业形式。是以互联网为核心平台，以网络用户为中心，以市场需求和认知为导向，利用各种网络应用手段去实现企业营销目的一系列行为。虽然网络营销以互联网为核心平台，但也可以整合其他的资源形成整合营销，如销售渠道促销、传统媒体广告、地面活动等。

支付宝——十年账单日记

　　2014 年 12 月 8 日，支付宝成立 10 周年之际推出了"十年账单日记"，十年账单记录了个人在支付宝上的全部花费，并对未来十年收入做出预测。瞬间一大拨土豪现身朋友圈，感叹画面太美的各路网友不甘拖后腿，纷纷加入"晒账单"、"看排名"、"找槽点"的队伍中来。"十年账单日记"洞察人性，简易操作，利用用户的好奇心、攀比、炫耀心理，引发大规模讨论，走红社交网络。

百度——线下事件线上营销："Hi，约吗？"

　　2014 年 9 月，赶在属于苹果的 9 月推出，百度输入法首度打出了"更懂你的表达，以及你的 iPhone"的概念，掀起了一场"懂你"风潮。同时，百度输入法 iPhone 版还作为中国第一个亮相纽约时代广场的移动互联网产品，其面向全球华人邀约的线下广告文案："Hi，约吗？"成为流行一时的网络流行语，并引发大量网友的热议和跟风热潮。百度输入法利用纽约时代广场广告的线下事件，营造线上营销的案例，是2014 年非常抢眼的互联网营销事件。

知识点三：事件营销

　　事件营销是国内外十分流行的一种公关传播与市场推广手段，集新闻效应、广告效应、公共关系、形象传播、客户关系于一体，并进行新产品推介及品牌展示，建立品牌识别和品牌定位，是一种快速提升品牌知名度与美誉度的营销手段。与广告和其他传播活动相比，事件营销能够以最快的速度、在最短的时间内创造强大的影响力。

私奔圣地天台山

　　功权私奔了，大家欢快地奔走相告！私奔体、被私奔、私奔宣言、私奔胜地、私奔测试……横空出世。私奔已经不是两个人的私奔，而是一场大众娱乐，一个营销热点。

　　王功权 5·16 深夜宣布私奔，接下来适逢 5·19 中国旅游日和 520 天台山旅游日，作为中国旅游日发源地的天台山正在双节同庆，举办"读万卷书，行万里路，重走霞客路"活动。有网友开始在网上八卦十大私奔胜地，520 私奔微博借机推出"私奔天台山宣言"活动，让网友结合私奔的热点尽情发挥。"@520 私奔：＃私奔天台山宣言＃王功权和王琴私奔了，奥特曼和 PP 猪私奔了，中国旅游日源自天台山，天台山 5 月 18~20 日 3 天免费迎客，一起组团私奔到天台吧！"佛国仙山，私奔好去处，简短的几句话激起了网友的兴趣，同时通过互动微博"一切皆可私奔"、"我爱你，爱着你，就像私私爱奔奔"、"私奔是大奔的兄弟"、"别和我谈恋爱，有本事和我私奔"等话题的激发，为互动用户提供了互动思路。

　　天台山私奔营销受到网络媒体、网友以及平面媒体的高度关注，大家纷纷跟进、报道，天台山借此亮出了中国旅游日的金名片！

知识点四：口碑营销

口碑营销又称病毒式营销，其核心内容就是能"感染"目标受众的病毒体——事件，病毒体威力的强弱则直接影响营销传播的效果。在今天这个信息爆炸、媒体泛滥的时代里，消费者对广告，甚至新闻，都具有极强的免疫力，只有制造新颖的口碑传播内容才能吸引大众的关注与议论。

口碑营销要求广告内容朗朗上口且新颖，顾客体验周到而令其难忘，故事传播生动且经典，细节捕捉准确且细致，服务周到贴心。总之，口碑营销要提供能与目标顾客的心理形成共鸣的材料，需要耐心长期推进，让客户对产品或服务进行亲身体验，最大限度地运用可诱发口碑传播的宣传工具，将产品和品牌广泛宣传，产生"病毒"式的良好效应。

Smart+ 京东"双赢"推广

奔驰选择京东作为 Smart 限量版网上销售的阵地。2013 年 2 月 10~19 日，首先是电视户外网络预热，结合微博为活动造势。随后，Smart 在 5 个重要销售城市的影院展出，同一时期，Smart 在中国当红的娱乐节目"非诚勿扰"中展出。2 月 20 日，Smart 正式销售时，奔驰采取了每推迟 1 小时购买价格增长 36 元，预售阶段购买还会得到额外奖励 1000 元京东抵用券的营销策略。300 辆 Smart 在 89 分钟内被销售一空，相当于每半分钟销售一辆。同时，整个推广活动还增加了数以千万的销售目标用户。

京东正式声明将销售 Smart 限量版的微博一经发出就被转发 1.7 万余次，网友评论的关键词以喜欢、不错、霸气等

褒义词为主，而京东和 Smart 这两个品牌的被提及率很高，可以说这一活动获得了"双赢"的理想效果，使得 Smart 和京东的曝光率都提高了不少。

活动的成功无疑要归功于前期的各种宣传预热，以及在社交网络上的造势，另外，在电商平台销售汽车也是引起网友们的大量讨论和口碑营销的新颖点，这次双方"双赢"的合作也是口碑营销的一个经典案例。

请运用体验式营销、网络营销、事件营销、口碑营销中的其中一种方式，为你的绿色时令鲜果汁店设计一个营销方案。

12.3 市场营销计划、组织与控制

奥佰里糖果公司的问题

编选自：《市场营销计划、组织、执行与控制》，http://www.docin.com/p-103845736.html。

奥佰里糖果公司是一家中型糖果公司，在发展过程中，销售额和利润几乎不能维持公司的生存。管理者觉得问题出在营销队伍上，认为他们工作不努力或不够聪明。为了解决这一难题，管理者计划推出一套新的奖励报酬体制并雇用一位资质深厚的营销专家对销售队伍进行现代商业和销售技巧的培训。然而，在进行这一计划之前，他们决定先雇用一位营销顾问。营销顾问分别会见了经理、顾客、销售代表及经销商，并调查各组数据，发现了如下问题：

（1）该公司的产品线主要有 20 种，大多为糖果。它的两个领头品牌已成熟并占据市场销售额的 23%。该公司正将目光对准迅速发展的巧克力点心市场，但还没有任何行动。

（2）公司调查了它在顾客中的形象，其产品特别吸引低收入者和年老的顾客。当调查对象被要求评价奥佰里的巧克力产品和其他竞争者的产品时，他们将其产品描述为"质量一般，样式过时。"

（3）奥佰里将其产品出售给糖果批发商和大型超级市场。它的销售队伍访问了与糖果批发商建立联系的许多个小型零售商；它的销售队伍还访问了许多不经由批发商渠道的小型零售商。奥佰里成功渗入了快速发展的诸如饭店领域的所有市场细分片区。其对中间商的主要策略是"买断"折扣、独家经营合同及仓储赊账。然而，奥佰里没有恰当渗入大型综合连锁店。而它的竞争者大量依靠大众化消费者广告和店中店销售方案，在大型综合商店获得了更大的成功。

（4）奥佰里的营销预算占其总销售额的 13%，相比之下它的竞争者的预算接近 20%。大部分营销预算用于支持销售队伍，剩下的支持广告，消费者促销十分有限。广告预算主要被用来为该公司的两个拳头产品作提示性广告，该公司不常开发新产品。对偶尔开发的新产品，通过推动战略向零售商加以介绍。

（5）营销组织由销售副总裁领导。该副总裁领导的是销售经理、市场调研经理及广告经理。因为销售副总裁是从销售员提拔上来的，所以其偏袒销售队伍而不太关注其他营销功能。

营销顾问由此推断出：奥佰里的问题不会由于改进销售队伍所采取的行动而得到顺利解决。

（1）奥佰里糖果公司的问题出在哪里？

（2）如果你是营销顾问，你会为奥佰里的管理层提出哪些关于营销方面的短期和长期建议？

市场营销与其他经营管理活动一样，必须运用计划、组织、控制等管理职能和手段，对其进行有效的管理，以保证营销活动的顺利开展和企业经营目标的实现。企业在制定整体战略规划的同时，每个职能部门还必须制定其各项职能计划，包括市场营销计划。无论是计划的制定还是实施，都离不开有效的市场营销组织。而营销控制则是确保企业营销按照计划规定的目标运行。如果把市场营销管理看作是计划、实施、控制这样一个周而复始的过程，那么，控制既是前一次循环的结束，又是新循环的开始。

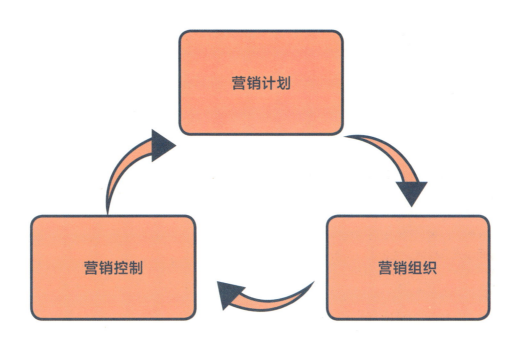

知识点一：市场营销计划的制订

市场营销计划的制订需要经过市场调研、市场营销计划制订和书面计划三个阶段。

---

1. 市场调研

关于市场调研内容在创业风险识别与评估章节中已介绍过，此处重在市场调研的方法和调研过程中的问题设计。

（1）市场调研方法。市场调研分为直接调研法和间接调研法两类，直接调研法是为了回答一个明确的营销问题而进行的调研；间接调研法则是针对其他原因而不是具体问题而进行的调研。

市场调研是为了收集数据，其方法包括观察法和调查法。观察法可以获得直观的数据，如你正在考虑开一家餐馆，你可以在选定的场所前数一数过往的行人和机动车辆，也可以光顾一家竞争者的餐馆以观察人们的点餐，他们在餐馆里停留多长时间以及他们在哪一个时间段光顾餐馆。或者可以听听他们谈论的内容，以确定其喜好。调查法，通常以问卷的形式，调查手段可以是书面形式，也可以亲自询问或通过电话询问。无论调查是书面还是口头，准备一套确定的书面问题都是有益的，

这就是通常所说的调研问卷，调研问卷重在问题的设计。

（2）调研过程中的问题设计。调研问卷通常使用两种类型的问题：封闭式和开放式，封闭式问题多以选择的形式，让被访问者在预设的选项中进行回答，选项多少不等，例如，在 1~5 分的范围进行打分，称之为数量问题；两个选项的称之为是非问题；从预先设定的选项里选择，称之为分类问题，如年龄阶段。

开放式问题则要求被访问者按照自己的意愿选择任何方式进行回答，如"你喜欢 ××× 吗"。

封闭式问题只能用特定的方式回答，因此各组的答案和统计分析容易获得，开放式问题通过多种方式回答，很难用表格形式表示统计结果，花费的时间也相对长些。

2. 市场营销计划制订

市场营销计划制订应关注三个方面：目标市场、目前状况和对"4P"的考虑。

（1）目标市场。对于新企业来说，目标市场准确地说应该是细分市场，如对图书市场的分类，细致到各个领域。目标市场细分的方法包括地理性市场细分、人口统计细分、利益细分。

地理性市场细分。常用的一种细分方法，通常以地理区域来划分，服务行业选择这种方式来细分市场。

人口统计细分。年龄划分，如青少年与初学走路的孩子有不同的需求，其他年龄层的人群也是如此。人们的购物地点、方式，收入水平，婚姻状况，教育水平，性别等都是人口统计细分的依据。

利益细分。按照客户做出有关产品或服务决策时，追求的利益，将客户划分为不同的群体。如许多汽车就是按照速度、安全、容量、油耗等划分的。

（2）目前状况。 对于新企业来说，除了考虑客户和竞争者外，需要对政治、经济、文化等其他外部环境进行分析，例如，你是在人口高速增长的地区吗？如果是，那么期待你的业务增长就是合理的。

目前状况分析中，关键要素是考虑竞争，表 12-2 是一份可供参考的竞争者分析表：

表 12-2　　竞争者分析

你的竞争者位于哪里？

你的竞争者的年销售额是多少？

主要的经理人和董事会成员是谁？

公司是独资的还是合伙的？

竞争者的优势是什么？

竞争者的劣势是什么？

产品的功能、外观和任何其他标准方面，竞争者的产品与你的产品相比如何？

价格构成是怎么样的？

公司有什么营销活动？

公司产品的供货来源渠道是哪里？

公司销售宣传材料的优点和缺点是什么？

公司是在扩张还是收缩？

（3）对"4P"的考虑。营销计划应包括产品或服务、促销、定价以及达到客户手中的详细信息，即所谓的"4P"。

定义产品时，需要描述所有的细节，如有什么特性，这些特性中有哪些是可选的，是否有不同大小、风格或颜色，你的产品包含什么服务要素（如送货、安装、培训、保修等），对于提供的服务，将完成哪些具体任务等细节。

价格由成本结构决定，除了要确定实际的要价外，还要包括客户可能发生的额外支出信息，如运输或安装，为什么你认为这个利润是合理的，你的价格同竞争者的产品价格相比怎么样，如果你的产品价格偏高或偏低，你怎样解释或证明它是合理的？

促销方面，你使用哪些促销工具，如礼券、推荐折扣券、大减价、赠品等，如果使用，是哪些，它们的成本是多少，你多久使用一次？

3. 书面计划

书面营销计划应包含你认为有用的有关目标市场的详细资料，还应该包括目前和近期面临的包括竞争者在内的形势分析。当然还包括财务预测，计划完成的事情的预算、何时做这些事情的时间安排以及应怎样评估进展情况。最后一项还应包括对目标的测度方法，如每月销售预测和目标与实际销量的比对，具体如表 12-3 所示。

表 12-3　营销计划概要

因素	独立的营销计划	商业计划书中的营销部分
1. 目录	√	
2. 执行概述	√	
3. 公司描述、使命、重点、结构	√	
4. 形势分析	√	
a. 公司 SWOT 分析	√	
b. 产品／服务 SWOT 分析	√	在竞争部分
c. 竞争分析	√	在竞争部分
d. 客户分析	√	在竞争部分
5. 营销分析	√	
a. 市场和目标客户	√	√
b. 竞争优势	√	√
c. 营销计划	√	√
d. 总体营销策略	√	√
产品策略和描述	√	√
定价策略	√	√
促销策略	√	√
对竞争者的反应	√	√
6. 财务数据和预测	√	
7. 执行计划或进度	√	√
8. 评估和控制	√	
9. 附录	√	

知识点二：新企业营销计划的组织

营销计划要靠组织去实施，没有一个有效且符合市场导向观念要求的组织，再好的计划也只是纸上谈兵。

现代企业的市场营销部门，有如图 12-6 所示的几种组织形式。

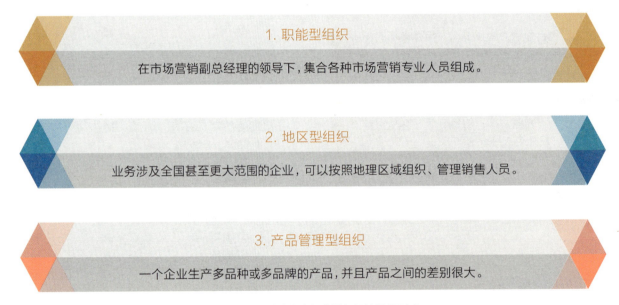

1. 职能型组织

在市场营销副总经理的领导下，集合各种市场营销专业人员组成。

2. 地区型组织

业务涉及全国甚至更大范围的企业，可以按照地理区域组织、管理销售人员。

3. 产品管理型组织

一个企业生产多品种或多品牌的产品，并且产品之间的差别很大。

图 12-6　现代企业市场营销部门的组织形式

新企业可能受限于发展规模，企业的营销团队可能仅由几名业务员组成，并未设立专门的营销部门，但也要自上而下地组织并落实。

知识点三：新企业营销计划的控制

市场营销计划在实施过程中，会受到各种各样因素的影响，为了保证企业预订的营销目标的实现，必须对企业计划和企业外部环境的变化、企业内容上下左右的协调、部门之间的利益与立场进行有效的调节与控制。

市场营销控制实质上是为了更好地实现企业目标而对营销计划过程的延伸，它能把实施过程中的各种信息反馈给营销部门，从而利于企业调整现有计划内容或编制出新的计划。

有效的营销控制讲究科学、严格的工作程序或步骤：第一步，确定控制对象；第二步，设置控制目标；第三步，建立一套能测定营销结果的衡量尺度；第四步，确立控制标准；第五步，比较实绩与标准；第六步，分析偏差原因；第七步，采取改进措施。

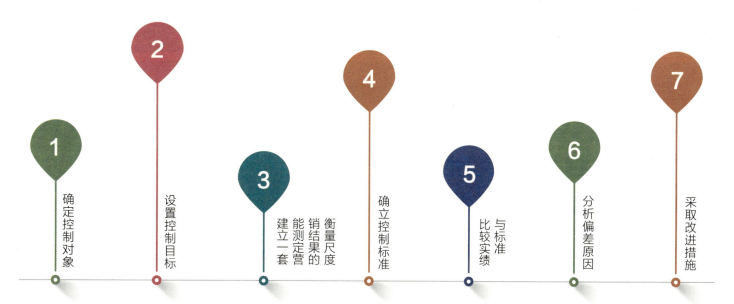

1 确定控制对象

2 设置控制目标

3 建立一套能测定营销结果的衡量尺度

4 确立控制标准

5 比较实绩与标准

6 分析偏差原因

7 采取改进措施

你的绿色时令鲜果汁店生意越来越好，你考虑在城市的另一个区域开一家分店，请给你的绿色时令鲜果汁店设计一份问卷，问卷的目的是为了了解周边顾客所喜爱的果汁种类以及希望有什么样的促销活动。

12.4
市场营销过程中的
风险防范

强生公司危机处理的经典案例

1982 年 9 月，美国芝加哥地区发生有人服用含氰化物的泰诺药片中毒死亡的严重事故，一开始死亡人数只有 3 人，后来却传说全美各地死亡人数高达 250 人。其影响迅速扩散到全国各地，调查显示有 94% 的消费者知道泰诺中毒事件。事件发生后，在首席执行官吉姆·博克（Jim Burke）的领导下，强生公司迅速采取了一系列有效措施。

首先，强生公司立即抽调大批人马对所有药片进行检验。经过公司各部门的联合调查，在全部 800 万片药剂的检验中，发现所有受污染的药片只源于一批药，总计不超过 75 片，并且全部在芝加哥地区，不会对全美其他地区有丝毫影响，而最终的死亡人数也确定为 7 人，但强生公司仍然按照公司最高危机方案原则，即"在遇到危机时，公司应首先考虑公众和消费者利益"，不惜花巨资在最短时间内向各大药店收回了所有的此类药，并花 50 万美元向有关的医生、医院和经销商发出警报。

对此《华尔街日报》报道说："强生公司选择了一种自己承担巨大损失而使他人免受伤害的做法。如果昧着良心干，强生将会遇到很大的麻烦。"泰诺案例成功的关键是因为强生公司有一个"做最坏打算的危机管理方案"。该计划的重点是首先考虑公众和消费者利益，这一信条最终拯救了强生公司的信誉。事故发生前，泰诺在美国成人止痛药市场中占有 35% 的份额，年销售额高达 4.5 亿美元，占强生公司总利润的 15%。事故发生后，泰诺的市场份额曾一度下降。当强生公司得知事态已稳定，并且向药片投毒的疯子已被拘留时，并没有将产品马上投入市场。当时美国政府和芝加哥等地的地方政府正在制定新的《药品安全法》，要求药品生产企业采用"无污染包装"。强生公司看准了这一机会，立即率先响应新规定，结果在价值 12 亿美元的止痛片市场上挤走了竞争对手，仅用 5 个月的时间就夺回了原市场份额的 70%。

强生处理这一危机的做法成功地向公众传达了企业的社会责任感，受到了消费者的欢迎和认可。强生还因此获得了美国公关协会颁发的银钻奖。原本一场"灭顶之灾"竟然奇迹般地为强生迎来了更高的声誉，这归功于强生在危机管理中高超的处理技巧。

（1）强生公司处理危机的做法有何可借鉴之处？

（2）举例说明营销过程中因为缺乏危机管理而带来的风险。

知识点一：市场营销过程中的风险

市场营销风险，是因新企业制定并实施的营销策略与其营销环境（包括微观环境和宏观环境）的发展变化不协调，从而导致营销策略难以顺利实施、目标市场缩小或消失、产品难以顺利售出、盈利目标无法实现的可能性。根据新企业表现出来的特征，新企业往往在市场拓展、营销观念、促销方式以及中间商等方面出现大小不同的风险。

1. 营销模式不转变所带来的风险

一些新企业在短期内快速成长，没有经历痛苦的市场导入过程，一旦要开拓新的市场区域或有新产品上市，则对原有的市场营销模式如法炮制。一二个产品市场开拓初期的成功并不意味着产品市场成熟阶段可以继续沿用原先的市场营销组合策略。随着市场的成熟，新企业的营销模式需要逐步地转入精耕细作，而不是一味依赖以前成功的定式。

2. 盲目依赖广告带来的风险

新企业强势的"广告轰炸"易造成过高的市场预期，当企业不能提供与名企相称的产品和服务，而盲目继续推进广告策略时，就不能产生持久的市场忠诚度；当企业出现一点信誉风险时，消费者就会有上当受骗的感觉，市场就会地动山摇。新企业在利用广告获得知名度和美誉度后，应转而进行"内功"的修炼，使企业内部管理与广告策略相匹配。

3. 市场拓展风险

　　新企业在市场拓展效果不明显时，往往归咎于销售经验不足与促销手段不够成熟或有效。但是，广告、人员推销等策略绝不是市场营销的全部，唤起消费者对新产品或服务的需求、加快产品或服务的市场成熟度才是拓展成功的方向。想要在危机四伏的市场竞争中成为胜利者，就需要冷静观察目标市场的发展状况，客观分析消费者对新产品或服务的预期和可能接受的程度，随时监测影响目标市场成熟度的相关因素的发展情况，及时应对市场拓展过程中出现的风险。

4. 营销过程中缺乏危机管理带来的风险

　　市场是一个包含无数未知因素的巨大魔方，随着所提供的产品或服务的时间和空间跨度的延伸，品牌潜在的风险同样也就越来越大。新企业在成长过程中要树立危机管理意识，完善公关工作，处理突发事件。

知识点二：市场营销过程中的风险防范

1. 建立市场监测及策略调整机制

建立市场监测及策略调整机制就是在企业运营过程中定期重复市场分析过程，保持对关键市场信号的敏感度，结合产品适销推广阶段，及时调整前期制定的市场营销策略机制。

2. 建立危机处理机制，完善公关工作

新企业必须建立危机的预警机制和应对机制，并不断完善公关工作。预警机制是通过程序化的管理，发现和辨认危机；而应对机制，要在平时准备好建立一支危机处理队伍，召之即来，来之能战，战之能胜。

3. 与强者联合，规避市场风险

在短期内，市场对新企业提供的产品或服务的需求不够明显，但是经过一定时间的投入和培育，消费者的需求就会被唤起。在这种情况下，新企业借助行业中强势企业的力量，借船出海，最为有效、简捷。

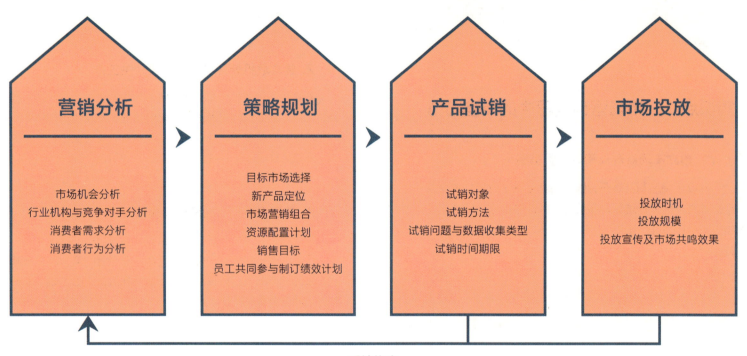

营销分析

市场机会分析
行业机构与竞争对手分析
消费者需求分析
消费者行为分析

策略规划

目标市场选择
新产品定位
市场营销组合
资源配置计划
销售目标
员工共同参与制订绩效计划

产品试销

试销对象
试销方法
试销问题与数据收集类型
试销时间期限

市场投放

投放时机
投放规模
投放宣传及市场共鸣效果

反馈修改

你的绿色时令鲜果汁店的分店在城东区顺利开张了，在开业期间采取了第二杯半价的促销策略，一个星期之后恢复原价，但是恢复原价之后营业额明显减少，你将会采取什么措施来应对市场营销过程中的风险？

第二杯半价

／本章习题／

　　通过各种途径查找资料，列出在一个繁华地段开办一家绿色时令鲜果汁店的资源清单，并在这份清单中选出一个项目，利用 15 分钟时间收集数据，并根据收集到的数据对竞争者进行简单分析。

（1）2015 上半年十大经典新媒体营销案例，http://www.domarketing.org/html/2015/interact_0722/13735.html.

（2）盘点：2014 年最有创意的十大营销事件，http://www.cctime.com/html/2015-1-7/201517958599432.htm.

（3）市场营销经典案例分析，http://www.360doc.com/content/13/1206/19/8461609_335039041.shtml.

（4）市场营销学实践指导，http://www.lzcc.edu.cn/htm/jpkc/xjjpkc/2006/jpkc/scyx_sjzd.htm.

第 13 章

新企业如何实现
规范化管理

13.1 新企业的制度管理

"一起唱"公司管理不善，创始人致员工的一封信

洛哈（编者注：洛哈为"一起唱"注册公司名）的小伙伴：

这是我创业以来写过最艰难的一封邮件，很愧疚、很后悔，不知道该如何下笔。

去年 12 月我们启动 C+ 轮融资，时间非常紧，又碰巧赶上圣诞节和元旦，没有接触太多投资人。幸运的是，在 1 月我们收到了几家 VC/PE 的投资意向，在权衡后我们选择了其中一家，在条款、估值、融资额上也达成了一致。看到如此顺利，在我很有信心的情况下（后来证明是判断失误），我们在全国发起了渡江战役，继而采购了一大批硬件设备，将账上仅剩的现金花得干干净净。

始料未及的事还是出现了。1 月 29 日我们的投资协议谈定只差签字，1 月 30 日我接到通知去北京，连夜从杭州飞去北京后，在 2 月 1 日我正式接到投资方的通知——等等看，至少要几个月。他们的说法是虽然认可我们的业务，但是对我们现金流的顾虑很大，所以投委会最终决定暂缓。事到如今，我再联系别的投资人已来不及，之前拒掉的投资人也不愿吃回

头草，在公司的现金流已经几乎为零的情况下，新投资人没有时间继续和我谈。投资人这个仓促的决定让我们公司陷入了绝境，1月，以及后面的工资，以现在账面现金肯定是发不出来的。这个消息很突然，我还没来得及消化，现在转述给你们。

有朋友对我说，跟大家找个借口，可以年后继续拖一拖，创业公司二三个月发不出工资很正常，说不定还有机会。这两天我思考了很久很久，还是决定和大家坦诚相待，我创业 3 年，从未欠过员工工资，也不想靠谎言来骗取大家的信任，所以在此把情况向大家讲清楚，至少告诉大家一个真相。

我感谢去年大家的付出，产品技术部研发出了最受欢迎的 KTV 产品，销售帮我们做到了全国第一，职能部门在后面默默支持，有你们，才有洛哈。现在的情况是我想不到也不敢想的，我刚知道时很震惊、很愤怒，也很悲伤、很绝望。因为我的失误，让公司陷入了这样的境地，让我们的努力化成了灰烬，给你们带来了极大的困扰，我非常惶恐，不知道该如何解释。我们刚开了盛大的年会，给大家发了奖品，也给各位的家里寄

了礼品，群里的小伙伴在发红包庆祝，我们都沉浸在一年充实努力后的欢乐当中。很多小伙伴给我发微信，说感谢公司去年的发展，也为其提供了锻炼的机会，虽然说很艰苦，但很充实，很有意义，说觉得明年会更好，我在寄给你们家里的礼包里放了一封展望未来的信。这一切都那么突然，我很惭愧，不知道该如何面对你们。

由于管理的松懈、公司制度的缺失、风险的预判不足、开销的铺张浪费、回款流程的不健康等，公司到了现在这个地步，我最大的感受还是后悔，后悔自己做了一些事，后悔自己没做一些事，如果再来一次可能就不是这样。但我最不后悔的就是遇到了你们，遇见你们是我创业以来最大的幸运，但我却给你们带来了失望而不是成就或荣耀。在一起创业是一种缘分，现在的我唯有惶恐、愧疚和后悔以及对你们深深的歉意。

不管前方怎样，我们还是要向前，公司的责任，我需要承担。

说实话，因为时间、业务、外部环境等客观原因，我也不知道这次融资何年何月能成功，也不敢继续拖着大家。我必须面对事实，就是账上的钱，可能只够付几十个人的1月的工资了，如果算上应收款，可能还会多出一点点。公司也没有什么

固定财产，如果倒闭清算，也很难给100%的人发出1月的工资。这样的现状我不敢隐瞒，唯有第一时间把实情告诉大家。这很残酷，这么多人，我也无法决定发给谁，不发给谁，所以请大家邮件联系人力资源部的陆凯，他们会有机制在年后按顺序把工资发给你们。

另外，年后我会让人力资源部门联系大量的猎头和公司，第一时间把你们推荐到更靠谱的公司，并帮你们找到更合适的工作，希望这些善后的工作能帮助到你们，哪怕是一点点。

最后，很高兴遇见你们，我很幸运，也很感激，这是我人生中最重要的一段经历、一次历险、一堂课。我们在创业中同行，虽没欣赏到山顶的奇观，却也没错过沿途的风景。不管是向上还是向下，我只希望能纵情向前。

Jeff

表面上看，"一起唱"的问题出在融资未到位，但实际上融资的风险未能得到正确评估，费用的支出也较为随意，这反映了公司制度上的缺失。你认为应该建立起何种制度保障企业的持续发展？

知识点一：企业制度

企业制度是指以产权制度为基础和核心的企业组织制度和企业管理制度。企业制度有三个基本构成内容。

企业的产权制度

企业的产权制度指界定和保护参与企业的个人和经济组织的财产权利的法律和规则。

企业的组织制度

企业的组织制度是指企业组织形式的制度安排，它规定着企业内部的分工协调、权责分配的关系。

企业的管理制度

企业的管理制度是指企业在管理思想、管理组织、管理人才、管理办法、管理手段等方面的制度安排，是企业管理关系的依据。

秦国为什么能在战国七雄中脱颖而出

秦国在战国七雄中脱颖而出，最重要的因素莫过于商鞅变法，从根本上建立富国强兵的制度，这与企业制度的建立和革新有着异曲同工之处。

产权制度	组织制度	管理制度
废井田开阡陌	施行郡县制	奖励军功赏罚分明
确立了土地可以买卖的法令，削弱了贵族对国家的控制，基本上确立了"普天之下莫非王土"的雏形。	明确了国家的组织形式，明确了责任归属。	建立了激励制度，大大扩充了秦国的人才库。

知识点二：企业制度管理及其内容

企业制度管理是企业在生产经营活动中，为实现经营目标和管理职能，提供资料依据、共同准则、基本手段和前提条件必不可少的工作。它包含五方面的内容。

标准化管理

标准化管理是技术标准和管理标准的制定、执行和管理工作。标准化是一项综合性的基础工作，是企业现代化的一个重要标志。

定额管理

定额是企业在一定的生产技术条件下，为合理利用人力、物力、财力，所规定的消耗标准、占用标准等。

计量管理

计量是指用一种标准的单位量，去测定另一同类量的量值。计量管理，包括测试、检验、对各种量化性能的测定和分析等管理工作。

信息管理

信息管理包括对信息的搜集、整理、传递、储存、检索利用等管理工作。在企业制度管理中，使各种信息流成为一个有机的系统，形成以计算机为手段的管理信息系统。

企业规章制度

企业的规章制度是指以文字的形式，对各项管理工作和劳动操作的要求所做的规定，是全体职工行动的规范和准则。

知识点三：企业制度管理的关键控制点

企业制度管理的关键控制点就在于制度的拟定、引导以及执行情况的查核。

（1）合理（有理则得人心）。
（2）适用（符合企业实际）。
（3）容易理解（落实执行的保证）。

（1）总经理、主管带头遵守。
（2）在会议、面谈等场合强调，以公告、手册对员工进行引导。

（1）对违反者必有责罚。
（2）通过员工反映和自查等方式，让制度不断持续改进。

企业制度管理过程中需要注意的是：

经营者要以身作则，遵从制度，确定制度是否能发挥作用，及实施效果好坏的决定性因素。

设计制度时，必须重视"适用"。唯有此，员工才无法找到不遵从制度的托词——企业有了好的纪律，员工才能齐心协力打好仗。

建立必要的稽核，对违反制度者必须予以纠正、处理；重视根据实际情况变化对制度及时修正，使之在任何时候都能成为适用的"好法规"。

现有一家成立不久的企业，所销售产品为企业远程视频会议系统，单价 12 万元，目前优秀销售员每月可出售 2 个。公司预计在全国设立 50 个营销点，并设立了以下销售提成制度。试分析以下提成方案是否可行。

项目	试用期（入职 6 个月内）	试用期满后	
		销售员	销售经理
底薪（元/月）	2000~3000	2000	3000
生活补助（元/月）	900	1000	
住房补助（元/月）	600	800	1000
移动电话补助（元/月）	200	200	300
固定电话	公司支付	公司支付	公司支付
样品费、快递费	经公司同意公司支付	100 元/次以下公司承担，超过 100 元/次公司个人各承担一半（超过 100 元/次的原则上要向客户收费）	
交际费、差旅费	经公司同意实报实销	公司支付	1500 元/月
客户来厂参观招待费	公司支付	公司支付	
销售提成	0.5%	1%	
正式员工待遇（社保等）	不享受	享受	

上海华向橡胶制品有限公司

上海华向橡胶制品有限公司（以下简称"华向公司"）是集科研、经营、生产为一体的橡胶制品企业实体，系上海市高新技术企业。2006年全行业销售、产值分列全国橡胶制品、胶管胶带行业第三、第四名。"浦江牌"被评为全国橡胶板、管、带制品企业十大著名品牌之一。主要产品有橡塑制品、胶管、胶板、工程橡胶制品、医用橡胶、汽车橡塑配件等。

华向公司制度和管理创新在各个不同的发展时期采用不同的创新模式。例如，在调整和发展时期，华向公司提出"诚信为本、求实创新"的经营管理理念，强调诚信和求实。在发展调整时期，华向公司提出"诚信为本，求实创新，追求卓越"的经营管理理念，不但要诚信、求实，更要卓越，使华向能朝更高更远的目标前进。

1. 建立董事会运作制度

华向公司自创建以来，按照现代化企业制度的要求进行制度和管理创新。具体做法是：第一，建立科学的、民主的、规范的决策程序；第二，建立规范、合理的企业破产制度；第三，实行委派董事、监事和财务负责人制度；第四，建立重大问题公示制度。

2. 建立以《管理准则》为基础的一系列内部行政管理制度

为了适应发展的需求，华向公司制定了《管理准则》，在此基础上建立华向公司《员工守则》，实施《职工奖惩办法》规范员工行为，建立华向公司内控制度和运作程序。

3. 以人为本，强化员工队伍的管理

在加强对管理者的管理方面，华向公司采取轮岗和调整及实施经营者离岗审计等办法，提高班子和经营者队伍的工作责任感。对一般员工队伍的管理方面，华向公司加强对各类管理、技术和专业人员的管理和培养，提高队伍素质。

4. 以制度为本，强化对制度执行情况的管理

华向公司在加强对管理者管理的同时，重点抓对制度执行情况的管理。例如，2005年开始，华向公司抓全面预算管理和阅读滚动计划控制。实施《关于加强全面预算汇中途控制的若干决定》等制度，与经营者年薪考核相结合，有效地保证了全面预算管理目标的实现。

思考讨论：华向公司制度管理中有什么值得创业者学习的地方？

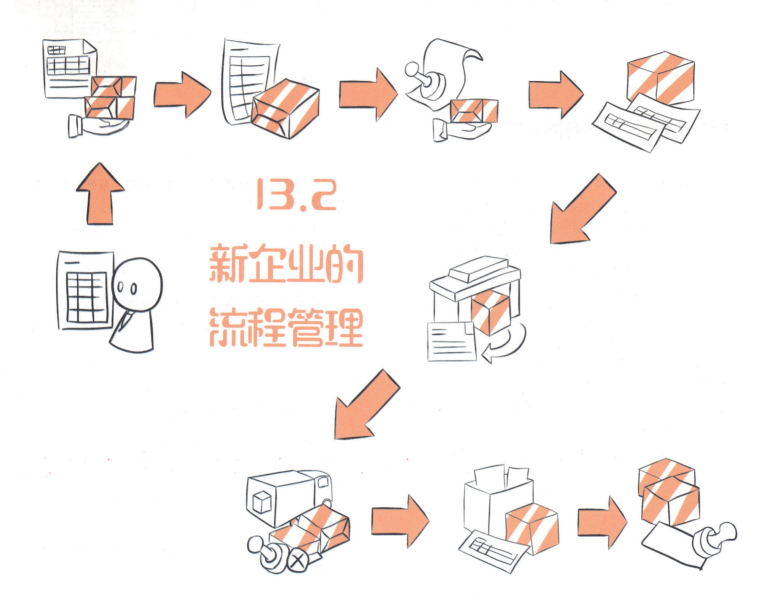

13.2
新企业的
流程管理

草根创业人自述创业失败缘由：乱

编选自：http://www.cndtr.com/article-37-1.html。

我第二次创业是 2005~2007 年，在广东广州，做美容仪器。

2005 年，几个创业伙伴窝在广州一个月租 600 元的民房里（全天看不见阳光），用了 3 个月左右，把技术研发好、资料准备好，然后一出市场就势如破竹。5 人的创业团队，每个月都可以做出几十万元的业绩。我们初次尝到了赚钱的滋味。

赚钱后就迅速扩张：办公室从破民房换到了广州最贵地段——天河北路的写字楼，人员从 5 名扩充到近 50 名，人员工资从最开始发几百元生活费，到聘请了 4~5 名总监，每名总监的基本工资都为 8000 元。

上帝欲其亡，必先令其狂。我们的好日子只过了不到半年，然后就急转直下，核心原因就是"乱"。

1. 市场乱

当时公司用的是区域代理制。我们把仪器、技术、培训打包成项目卖给代理商，代理商再卖给终端消费者。虽然代理商获得的利润已经很高了，但他们希望获得更高的利润，于是到处找比我们更便宜的进货渠道。

我们对代理商、OEM（Original Equipment Manufacturer，定点生产，俗称代工）和厂家都缺乏约束力，有不少代理商直接找到给我们 OEM 的厂家或其他能生产类似产品的厂家，拿到了更低的进货价。一边向我们要宣传、培训、技术支持，一边偷偷从别人那里进货。我们当时虽然想了一些方法，但基本无法挽回局面。

2. 管理乱

公司有两个合伙人，我是二股东，负责策划和销售，大股东负责技术和培训，我们两个都不擅长管理。于是当时就出现了人越多公司越乱、效益越差的现象。部门与部门之间频繁出现权利之争，办公室政治愈演愈烈，我和合伙人除了一次又一次开除高管外也就再无其他高招了。

3. 财务乱

我和大股东的开支与公司的财务混在一起。大股东把孩子的学费、生活费、购物花销等费用全部拿到公司来报销。如果公司只有她一个股东无所谓，但还有另外几个股东呢。

不过我当时才 24 岁，股份只有 20%，觉得也不好意思讲，就睁只眼闭只眼。当然，我自己也做得不好。公司曾经有几个月没有会计，我就代管财务。几个月后招了新的会计，一算账公司少了近 10 万元。这 10 万元也不是我贪污了，当时公司很多出账都是现金支付，而我也没有记账，后面也想不起来。就这样，一本糊涂账交接到了新会计那里。

注：案例主人公袁瀚，自由人事业发起者，袁瀚工作室创始人，至 2014 年底共有 5 次创业经历。

第一次：2003~2004 年，在广东汕头，做保健品，失败原因：嫩。

第二次：2005~2007 年，在广东广州，做美容仪器，失败原因：乱。

第三次：2009 年下半年，在山东青岛，做演讲培训，失败原因：急。

第四次：2010 年到 2012 年上半年，在山东青岛，做培训和俱乐部，失败原因：急。

第五次：2012 年下半年到 2014 年上半年，在浙江杭州，做微营销，失败原因：重。

（1）案例中创业公司的"乱"体现在什么地方？

（2）如果你是这家公司的主要负责人，你觉得应该在哪些方面建立起清晰的流程以避免混乱的局面？

知识点一：企业的流程

1. 企业流程

　　企业流程也称业务流程，是为实现某项既定企业目标而进行的一系列逻辑相关的企业业务活动的有序集合。企业作为营利性组织，其所有运营活动都围绕着既定目标展开。为实现某项具体目标或任务而展开的若干紧密联系的业务活动序列即构成一条业务流程。

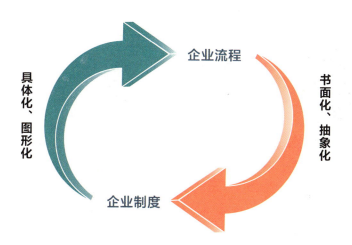

2. 企业制度

　　当企业制度的编写具体到活动的每个环节和步骤，并把环节和步骤的逻辑关系用文字或图片描述清楚时，便成了企业流程。企业流程以手册的形式呈现，配以详细的流程说明文件描述，并作为管理要求在企业中强制执行，即为企业制度。企业流程与企业制度的异同如表13-1所示。

表 13-1　企业流程与企业制度的异同

相同点	不同点
1. 都是管理或工作标准文件	1. 企业制度是人为产生的，企业流程则是天然存在的
2. 共同起着规范活动的作用	2. 企业制度主要是对某事项的规则进行说明，而企业流程主要是对某项目活动的过程进行描述
	3. 企业制度适用于企业的一切事项，企业流程只针对项目活动

知识点二：企业流程管理

企业流程管理是一种系统化方法，以规范化地构造端到端的业务流程为中心，以持续地提高组织业务绩效为目的。

Option **01**
流程分析

Option **03**
资源分配

Option **05**
流程质量与
效率评测

Option **02**
流程定义
与重定义

Option **04**
时间安排

Option **06**
流程优化

知识点三：企业流程管理的三个层次

新企业：企业流程的建立与规范

新企业由于生存压力，管理者普遍关注市场和销售，对流程和制度不重视，运作基本靠员工的经验和一些简单的制度，企业的成功往往取决于企业主的个人能力和一些偶然的机会，如拥有该行业成功所需要的特定资源。

处于这个层次的企业，面临的最大的问题是无序，通常会出现组织结构不健全、机构因人设岗、权责不清和没有制度流程等问题。这些企业通常没有成型的组织机构，谁熟悉哪一块也就由谁负责该项业务，职能通常会有交叉，企业的运作基本上依赖于人的经验和惯性，经常会发生越级指挥事件，同时会表现出高度集权的特点。

成长期企业：企业流程优化

由于企业规模的扩大，组织的机构会逐渐庞大，分工会越来越细，企业官僚化程度也在随之增加，这个时候面临的最大问题是低效，也就是效率的低下。

在这个阶段的企业需要解决的问题是如何提高企业的效率和反应速度。通常采用的方法是先对现有流程的绩效进行评估，识别缺失的关键环节和需要改善的环节。一般在进行流程优化的时候关注的是相对低层次的流程的效率和成本等，可以采用一些方法和工具对现有的流程进行改良，同时强调流程的有效执行，一般不会涉及大的组织变革和流程变革，这个时候解决一个从"有"到"更好"的问题。

转型期企业：企业流程再造

这个时候往往是公司的战略转型期，需要对流程进行根本性的变革，需要全面评估企业流程，需要根据战略对流程进行重新设计和重组以适应公司的战略，流程再造往往伴随着 IT 系统的实施、重大的组织变革和业务模式的变革。这个阶段往往是一次重大的管理变革。因为企业流程再造往往伴随着业务模式的调整，是一次重大的管理变革，因此，存在较大的实施风险，但一旦成功，往往能给企业带来重大的业绩改善。

知识点四：企业流程管理的程序

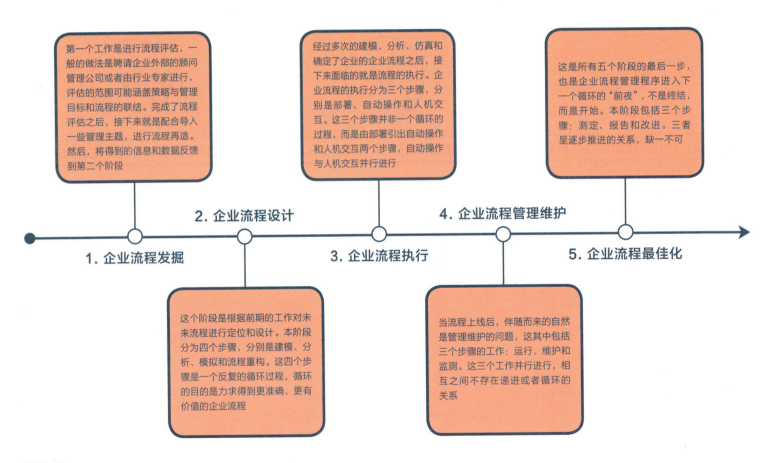

第一个工作是进行流程评估，一般的做法是聘请企业外部的顾问管理公司或者由行业专家进行，评估的范围可能涵盖策略与管理目标和流程的联结。完成了流程评估之后，接下来就是配合导入一些管理主题，进行流程再造。然后，将得到的信息和数据反馈到第二个阶段

经过多次的建模、分析、仿真和确定了企业的企业流程之后，接下来面临的就是流程的执行。企业流程的执行分为三个步骤，分别是部署、自动操作和人机交互。这三个步骤并非一个循环的过程，而是由部署引出自动操作和人机交互两个步骤，自动操作与人机交互并行进行

这是所有五个阶段的最后一步，也是企业流程管理程序进入下一个循环的"前夜"，不是终结，而是开始。本阶段包括三个步骤：测定、报告和改进。三者呈逐步推进的关系，缺一不可

2. 企业流程设计

4. 企业流程管理维护

1. 企业流程发掘

3. 企业流程执行

5. 企业流程最佳化

这个阶段是根据前期的工作对未来流程进行定位和设计。本阶段分为四个步骤，分别是建模、分析、模拟和流程重构。这四个步骤是一个反复的循环过程，循环的目的是力求得到更准确、更有价值的企业流程

当流程上线后，伴随而来的自然是管理维护的问题，这其中包括三个步骤的工作：运行、维护和监测。这三个工作并行进行，相互之间不存在递进或者循环的关系

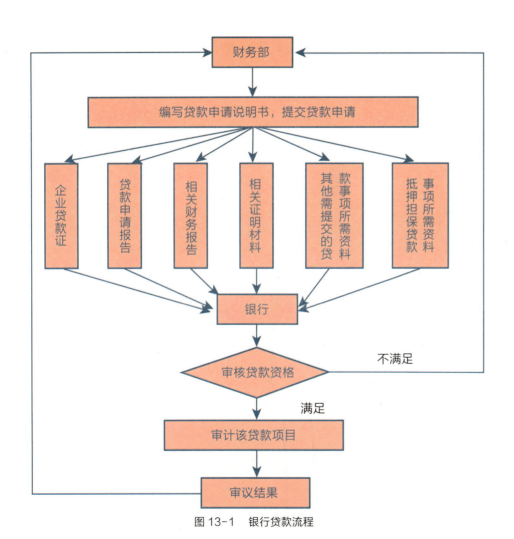

图 13-1 是银行贷款的流程，请试着将它转化为书面化的企业制度。

图 13-1 银行贷款流程

13.3 新企业的成本管理

"鲜果切"的故事

编选自：投资界，http://news.pedaily.cn/201307/20130729352209.shtml。

"三十而立"的贾冉一直认为自己是个"非典型 IT 男"，"总想做点接地气的事儿"。以前，在 IT 公司上班的时候，贾冉对着电脑一待就是一天，早上带来公司的苹果，往往是晚上原封不动地带回了家，而这在同事间也是常见事儿。"恨不得眼睛里全是编码，谁顾得上去洗水果。"贾冉突发奇想，"如果把洗好、切好的水果送到上班族面前，一定受欢迎。"于是，2010 年，贾冉拿出 10 万元积蓄，创立果酷网，在朝阳区双井的一栋居民楼里卖起了"鲜果切"。

试水"零售"耗完启动资金

"鲜果切"，源自 20 世纪 50 年代的美国，满足消费者的即食需求，目前在美国每年有着 800 亿美元的市场规模。2010 年 7 月，同样一个炎热的夏天，趁着水果价格处在一年中的底部，在距离双井地铁站 10 来分钟路程的一处 6 层居民楼里，贾冉的"鲜果切"生意开张了。

个人客户口味"众口难调"，品牌没有说服力，物流成本高昂，公司平均每天支出 1500 元，却只能收获 1000 元。创业半年后，公司账面上不到 1000 元，贾冉最初拿出创业的 10 万元所剩无几。

2010 年的一天，贾冉无意间走进双井附近的一家汽车 4S 店，店内等候区桌子上摆放着一盒五颜六色的糖果。"既然会用糖果招待客人，那也不会拒绝水果。不少企业的员工午餐里就少不了水果，与其吃一整个梨，大家更乐意吃水果拼盘。"一次次碰壁、一次次尝试后，1 万元、一个月每天 100 份果盒，这家汽车 4S 店成为贾冉的第一个客户。

实行预销售原材料"零消耗"

"做面向个人的生鲜电商行不通。"几经思索，贾冉决定转向企业客户，带着自己的"鲜果切"果盒，贾冉和他的团队开始在周边商圈撒网，金融机构、互联网公司、服务机构都是他们的目标，"我们寻找那些重视员工福利的企业。"

带上一整袋的"鲜果切"，贾冉在百度大楼的招待前台一待就是 3 小时。没有熟悉的人脉，他选择从前台接待员开始"攻关"。"尝尝我们的水果，今天上午刚加工完成。"尽管面对的只是普通接待员工，贾冉仍是把来龙去脉、优势亮点一一介

绍。对他来说，拿到公共事务处的一个办公电话，就是迈出了第一步。

经过十几通电话周折，每天带着五六千克重的水果从双井赶到北五环，2011年1月在百度大楼一间明亮的办公室里，贾冉从百度采购部门一位负责人的手里，拿下了面对互联网企业的第一份订单。圈子里有了口碑，"窗口"慢慢打开。腾讯、优酷、搜狐，一家家叫得出名的企业加入客户名单，可问题随之也来了，由于企业客户通常将价格压得很低，一盒3元钱的水果切块，只能赚上二三毛钱。如何减少水果损耗，摆在了贾冉面前。

重视数据收集的互联网"老本行"帮助了贾冉。在他的工作电脑里，有着一个要等运行5分钟才能完全打开的庞大数据文件，里面记录着三年多来的每一笔生意、每一个水果价格、每一次客户反馈。

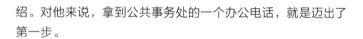

（1）贾冉是如何控制水果损耗成本的？其中最关键的控制点是什么？

（2）这个案例对你有什么启示？谈谈你对成本控制的认识。

知识点一：成本管理的基础工作

A 原始记录

很多初创企业并不注重保留企业开支的凭证，长此以往，企业的财务状况必然会出现问题。成本管理的基础工作中，原始记录是最基本的。

原始记录是企业最初记录各项业务实际情况的书面凭证。成本计算是否真实，首先要看原始记录能否正确反映各项生产资料和劳动力的消耗情况，以及成本在厂内的流转情况。为此，企业对于生产过程中动力和工时的耗费，在产品和半成品的内部转移，以及产品质量的检验结果等，均应做出真实的记录。

B 定额的制定和修订

在不考虑备胎的情况下，生产一辆普通轿车需要四个轮胎，那么，企业在成本管理中就不能允许生产一辆轿车超过或者少于四个轮胎，这就要求企业进行定额的制定和修订。定额是企业对生产过程中人力、物力、财力的消耗和占用，所规定应该达到的数量标准。产品的消耗定额是编制成本计划、分析和考核成本水平的依据，也是审核和控制生产耗费的标准。定额制定后要保持相对稳定，但随着生产技术的改进和管理水平的提高，对不适宜的定额要定期进行修订。定额的制定和修订都要经过讨论。

C　计量验收

D　内部结算价格的制定和修订

　　为了保证原始记录正确，就必须有完善的计量验收制度，即必须利用一定的计量器具对各种物资进行测量，准确计算其数量。因此，各种仪器要尽量地配备齐全，并且由专职机构或专人经常进行维修和检验，以确保计量无误。

　　验收是对各种物资（如材料、在产品、半成品、产成品等）的收发和转移进行数量和质量的检验和核实。验收时，要核查实物与发票、在产品的台账等记录所载数量是否相符，与国家或合同所规定的品种、规格和质量要求是否相符。

　　内部结算价格是企业核算的重要依据。一般来说，可以计划单位成本或定额单位成本作为内部结算价格。从转出单位看，实际成本与计划成本之间的成本差异，就是它们各自的优点（节约）和缺点（浪费）。这便于划清企业内各单位的经济责任，便于建立内部经济责任制。同时按内部结算价格进行企业内部的往来结算，还可以简化和加速成本核算工作。

知识点二：成本管理的基本内容及流程

成本预测

成本预测属于跨期决策行为。根据前期已经达到的成本水平和有关经营活动的历史数据，考虑到当前市场动态和今后可能影响成本的种种因素，认真分析各种技术经济条件和发展前景，研究可能采取的技术和经济措施，在此基础上，对成本发展趋势做出的估计和推断，以便为成本决策、成本计划和成本控制提供及时有效的信息，避免决策、计划和控制中的主观性、盲目性和片面性。这是成本管理工作的第一步。

成本决策

成本决策是在成本预测的基础上，根据成本预测结果及其他有关的成本资料，运用定量和定性的方法，选择最优的行动方案，确定目标成本。它是制定成本计划的前提。正确的成本决策是提高经济效益的重要途径。

成本计划

成本计划是在成本预测和决策的基础上，根据计划期的生产任务，降低成本的要求以及有关资料，通过一定的程序，运用一定的方法，以货币形式规定计划期产品的生产耗费和各种产品成本水平，并用书面文件的形式规定下来，以作为计划执行和考核检查的依据。通过成本计划，可以在降低产品成本方面给企业提出明确的奋斗目标，推动企业加强成本管理责任制，调动企业职工挖掘潜力、节约增产的积极性。

成本控制

在成本形成过程中进行日常的成本管理，及时发现生产费用发生过程中实际脱离计划或目标的情况。查找差异，分析差异产生原因，并及时研究和采取改进措施予以纠正，以此对成本进行控制，防止浪费，消除生产中的损失，实现成本目标。

成本核算

　　成本核算是根据产品成本计算对象，采用相适应的成本计算方法按规定的成本项目，通过一系列的生产费用汇集与分配，正确划分各种费用界限，从而计算出各种产品的实际总成本和实际平均成本。因此，成本核算既是对产品的实际生产耗费进行如实反映的过程，同时，也是对各种生产费用实际支出的控制过程。

E

F

成本分析

　　成本分析是在成本核算及其他有关资料的基础上，运用一定的方法，揭示产品成本水平的变动，进一步查明影响产品成本变动的各种因素产生的原因，以及应负责任的单位和个人，并提出积极的建议，以采取有效措施，进一步降低产品成本。成本分析的主要内容包括全部产品成本计划完成情况分析、可比产品成本计划完成情况分析、单位产品成本分析、生产费用预算执行情况分析、主要经济技术指标变动对成本影响的分析等。

G

成本考核

　　成本考核是定期对成本计划及其有关指标实际完成情况进行总结和评价，旨在鼓励先进，鞭策后进，以监督和促使企业加强成本管理责任制，履行经济责任，提高成本管理水平。成本考核的形式可以是国家对企业进行考核，也可以是企业内部对车间、部门以至班组进行考核。成本考核的指标主要是：全部商品产品实际成本比计划成本降低率、可比产品成本降低率、各种主要商品产品单位成本降低率以及有关的技术经济指标等。

成本管理的基本流程如图 13-2 所示。

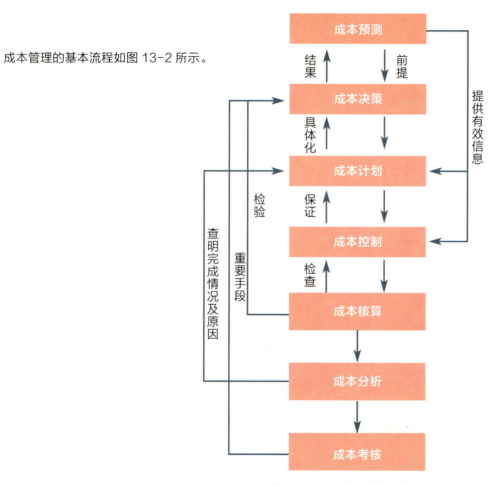

图 13-2　成本管理的基本流程

经过精心筹备，小张的公司这个月开张了。表 13-2 是他预计的第一个月支出列表，请大家讨论这份支出是否合适？若不合适，如果你是小张，你会如何调整？

公司背景：启动资金 200 万元，主营业务是远程视频会议系统，有 7 名员工。

表 13-2　第一个月的支出

支出项目	预计支出金额	支出原因
办公室装修（200 平方米）	20 万元（每平方米 1000 元）	公司客户多为高端客户，需要好的接待和洽谈环境
租金	2 万元	必要支出
人员工资及社保	3.5 万元（7 名员工）	必要支出
水电	0.5 万元	必要支出
购置车辆	55 万元（1 辆）	客户接送及外出洽谈
人员差旅费	3 万元	外出洽谈
广告宣传费	5 万元	平面广告设计及投放

增值是一种生活态度

小时候，大人总是告诫我们"该花的钱要花，不该花的不要花"，但很少有人告诉我们如何衡量该不该花，总是等我们花完钱，大人们才事后点评：真是败家啊！

长大后，我们开始经营企业，却依然不知道什么钱该花，什么钱不该花，我们依然重复着小时候的模式。

几年前，我担任内地一家工厂的管理顾问，老板给我的指标是年销售量增加 30%，我问老板：能不能换个指标，变成年利润增加 30%？老板当即拍掌高兴地说：我要说不行那不是傻吗，但利润指标难度更大，你有把握吗？

我告诉老板，从我第一次参观完他的工厂开始，我就知道，我们有办法让工厂增加 30% 以上的利润，理由很简单，只需要降低成本即可。

老板娘在旁边差点笑出声：他的抠门是出名的，总想削减成本，能不花的钱已经尽量不花了，你总不至于有本事让我们的工人不要工资白做吧？

我一时不知道如何向他们解释：降低成本不一定是通过节省，有时，有些钱不舍得花，反而导致成本更高；有些成本是

可以避免的，因为不增值。

　　第二天开始，我给工厂全体管理层上《内部服务流程》课，要求每个部门、每个环节检讨：在工厂的运营过程当中，哪个环节是高增值？哪个环节是低增值？哪个环节是不增值？如何减少不增值的活动？

　　首先是仓库。老板为了节约成本，请了自己的岳父做仓管主管，再配两个仓管员。岳父忠诚可靠，所以仓库长期混乱不堪也没人敢有意见。

　　原材料种类太多，到底库存多少没有精确数据，导致采购出了问题：要不就是采购太多，造成呆滞料；要不就是采购不及时，造成停工待料。

　　然后是半成品仓库、成品仓库也陆续发现许多不增值的流程，造成过多的资金压在生产环节当中。

　　其实，仅是管好仓库，配合好生产与采购，成本就能下降十几个百分点。

　　第二步是采购，采购每降低1元，就是1元的纯利润。

　　第三步是……

　　经过近一个月的研讨、争论、定目标、定方案、执行、反馈，一切围绕是否增值、如何高增值，大家终于明白了花钱和做事的标准，也明白了"向管理要效益"是怎样一回事。

　　工厂原来贴了很多标语，如"团结、创新"等，我让人统统撕下来，换上两句话："这件事增值吗？""我们工厂还有浪费吗？"我认为，企业经营管理最根本的一点就是把不产生增值的东西去掉，把浪费去掉，一切围绕客户做工作，围绕怎么给客户增值。无论企业还是个人，花钱和做事的标准是——增值！

　　几个月下来，企业的成本下降了30%，一年之后，适逢国家宏观调控，许多同行无以为继，甚至倒闭，而我服务的企业却成为当地行业老大，老板非常感激，视我们如神明。

　　我在企业里一直倡导一种"增值"文化——将"增值"的价值观根植于每个人的内心深处，直至变成一种习惯——为客户增值、为公司增值、为自己增值、为家人朋友增值。

　　我喜欢浪琴表的广告，半个世纪以来，它一直告诉我们：优雅是一种生活态度。我想讲，增值也是一种生活态度。

13.4 新企业的品牌管理

全球房屋短租公司 Airbnb
发布全新品牌形象

　　辐射全球 190 多个国家的房屋短租公司 Airbnb，近日发布了全新的品牌形象。新的视觉系统包括 Logo 和网站的全面升级，辨识度大幅增强。

　　在设计之初，Airbnb 联合创始人 Joe Gebbia 曾经问过团队一个问题：Airbnb 的主题应该是什么？

　　他们找到的答案是"归属感"，即 Airbnb 的 Slogan 所表示的"家在四方"（Belong Anywhere）。他们希望 Airbnb 给用户的感觉是，无论你去到世界上的任何一个地方，都像回家一样。

　　新 Logo 取名为"Bélo"，看上去就像一个倒过来的心型。实际上，它是几种元素的抽象整合——第一，字母 A 代表 Airbnb；第二，它像一个张开双手的人，代表用户；第三，地理位置的标记，代表旅行地点；第四，一个爱心代表爱。

　　新 Logo 的设计如此简单，好像人人都可以随手画出。而 Airbnb 也确实开发了一个 App 来帮你创作属于你自己的 Bélo。同时，新 Logo 还能十分方便地延展出其他应用，例如邮票、冰箱贴、钥匙扣等。

Airbnb 旧 Logo　　　　Airbnb 新 Logo

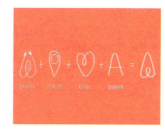

对比新旧 Logo，你觉得 Airbnb 的这次品牌升级成功吗？它为什么要升级？花费的大量的宣传资金是否值得？

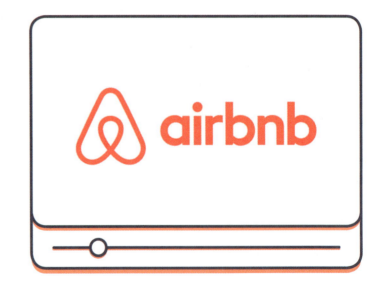

知识点一：品牌

2012 年全球企业品牌价值排行榜中，可口可乐以 778.4 亿美元蝉联冠军。市场经济下，越来越多的企业意识到品牌的重要性，品牌意识已深入人心。那么，究竟什么是品牌呢？举个例子，一提到老乡鸡，消费者便知道是一家餐饮企业。老乡鸡的名称、图案、菜品等都是它的品牌。如果给品牌下一个科学的定义，那么，品牌是一种名称、术语、标记、符号或图案，或它们的结合，用以识别某个消费者或消费群的产品或服务，使之与竞争对手的产品和服务差异化。

品牌可分为企业品牌与产品或服务品牌，二者可以为同一名称，也可以选择不同的名称。对于初创企业而言，品牌一般指的是企业品牌，所谓企业品牌，是指以企业名称为品牌名称的品牌。它传达的是企业的经营理念、企业文化、企业价值观念及对消费者的态度等，能有效突破地域之间的壁垒，进行跨地区的经营活动。无特别说明的情况下，本部分所指的品牌是企业品牌。

对于一个企业而言，自企业概念萌芽起，便已经形成了企业品牌，通常企业品牌都同它所提供的产品和服务相联系，在随后的经营过程中，不会轻易进行调整。新企业的品牌应该确定自身与其专属领域的位置，便于客户形成清晰的认知。丰富、

凸显企业品牌的内涵是一个长期过程，它需要其他的品牌予以相应的支撑。

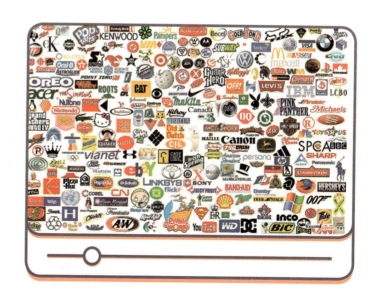

知识点二：品牌管理内容

定位	设计	传播推广	维系保护

与市场营销一样，品牌也需要进行定位，品牌定位是品牌管理的基础，每一个品牌的定位都是在试图为自己树立一个持久的形象。"定位"是指要针对顾客的心理采取行动，即要在顾客的心目中定一个适当的位置。例如，"大前门"属于较低档次的烟草品牌，"中华"的档次则相对较高。品牌定位实质上是一种系统的综合的竞争战略，是积累企业核心竞争力的必经环节，需要考虑产品、消费者、市场、产品形象、行业前景等诸多品牌内外部因素。在品牌定位的过程中，一般要经过找位、选位、提位、到位、调位五个细分步骤。

品牌设计是以品牌定位为基础的，品牌设计一般是指对品牌的视觉系统进行设计。就是把品牌外在的、具象的要素呈现在消费者面前，给人以较强的冲击力和印象，包括品牌的名称、图标、标记等。此外，还有一个对于品牌内在的、隐含的要素进行设计的过程，这些要素是与品牌的精神与核心理念密切联系的，包括品牌承诺、品牌个性和品牌体验等。

品牌的传播推广实质上就是一个信息传播过程。要达到创建品牌的目的，要将品牌定位真正转化为消费者心中对品牌的真实感知，将品牌要素转化为品牌资产，就必须经过传播推广这样一个信息传播环节，必须经过消费者与媒体的互动作用。初创企业可以通过企业网站、微信、微博等平台进行品牌传播推广，也可以通过广告、促销、公共关系活动、人员推销等方式进行。

品牌代表了企业的社会信誉，因此，企业必须对品牌资产进行维护管理，即品牌维系和保护。品牌维系一般要以品牌调查为基础进行，才不失其针对性。品牌保护一般是指对品牌所包含的知识产权进行保护，即对品牌的商标、专利、商业秘密、域名等进行保护。品牌维系和保护一般分为保守性和积极性两种维系策略。对于初创企业而言，企业需要结合品牌定位、经营状况以及战略等多方面因素，选择适合企业的品牌维系和保护策略。

通过 Airbnb 品牌形象的启示，结合一家绿色时令鲜果汁店，说出品牌形象设计需要表现的关键要点。

（1）新企业制度管理，http://doc.mbalib.com/view/af2628040ab990f6a79224b3eaaec7cb.html.

（2）成本控制案例分析，http://www.docin.com/p-173498826.html.

（3）商业史上有哪些品牌转型的经典案例？http://www.zhihu.com/question/23933676.

第 14 章

—

创业后的选择

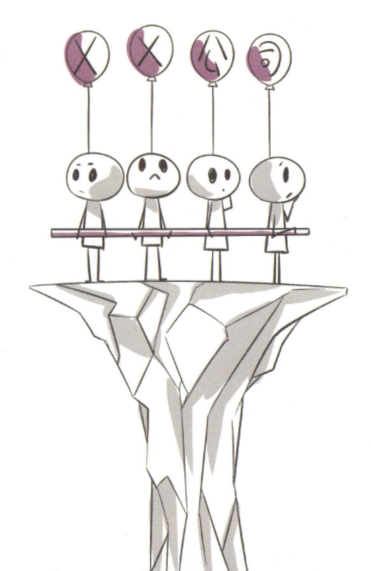

14.1
创业成功
后的选择

网络票务公司 TicketWeb

网络票务公司 TicketWeb 联合创始人安德鲁·德雷斯金（Andrew Dreskin）于 2000 年以 3520 万美元的价格将公司卖给 Ticketmaster，为此他十分后悔。而现在，他又有了一家新的创业公司 Ticketfly，与它竞争的正是他卖给 Ticketmaster 的 TicketWeb。

"回想过去，我觉得我们卖得太早了。"德雷斯金说，"如果我们继续独立运营，毫无疑问它现在会是一家市值数十亿美元的上市公司。当然这只是事后诸葛亮。"

知识点一：让渡企业控制权

创业者可以让渡企业的控制权，把企业让渡给他人经营。创业者可以选择出售企业，也可以为企业找到一个好"婆家"，自己成为企业的一员。要做出出售公司的决定是困难，要想出如果自己没有出售公司将会是什么情况也并不简单，如果知道你和你的员工原本有机会成为富豪，但是你却放弃了这个机会，那会是非常痛苦的事情。

在众多出售者中，有的创业者为早早卖掉公司而懊悔不已。

值得指出的是，出售公司也并非一件容易的事情，最好是能找到一个负责任的好买家，同时在谈判桌上也要尽力为自己争取到应得的利益。

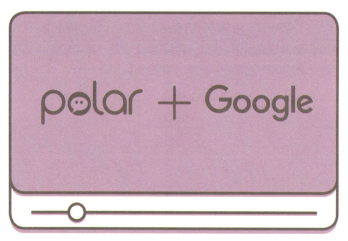

Google 收购 polar

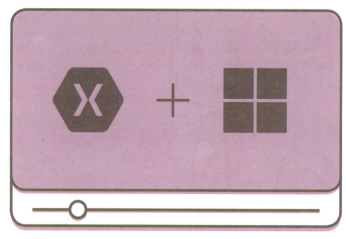

微软收购 xamarin

　　米歇尔·赛罗（Michele Serro）创建的 Doorsteps 旨在帮助人们顺利完成购买首套房子的流程。公司成立一年后，大型房地产公司 Move 想要将其买下。赛罗最终决定出售，因为她认为卖掉公司会为她带来时间和资源去做她最初想做的事情。

　　"我当初是要做什么，"她说道，"与其他人一块我会变得更成功吗？遇到一家拥有共同愿景的公司，我有一种'我们将一起干这个'的感觉。"

丹·夏皮罗（Dan Shapiro）创办比较购物 Sparkbuy，6 个月后，谷歌向它抛出了橄榄枝。夏皮罗同意出售，原因是那样他就能够获得一大笔钱使养老无忧，但他没有为自己的公司感到兴奋不已；相反，他萌生了一个他更加着迷的想法——Robot Turtles，旨在教导学龄前儿童电脑编程的奇异棋盘游戏。

知识点二：让渡企业管理权

创业者也可以让渡企业的管理权，为企业找一个好保姆，聘请职业经理人来促进企业未来更大的发展，自己成为真正的企业家。

职业经理人，是指在一个所有权、法人财产权和经营权分离的企业中承担法人财产的保值增值责任，全面负责企业经营管理，对法人财产拥有绝对的经营权和管理权，由企业在职业经理人市场（包括社会职业经理人市场和企业内部职业经理人市场）中聘请，而其自身以受薪、股票期权等为获得报酬主要方式的职业化企业经营管理专家。

对于企业来说，职业经理人的职业能力（经营和管理能力）、职业精神、职业道德以及职业素养（基本素质、专业能力和专业技能）是其核心价值。引进职业经理人可以给公司带来很多新的理念，提高企业的整体核心竞争力。

但是在引进职业经理人时也要注意存在的问题。因为每个企业的环境和背景不一样，有一些职业经理人可能会盲目地把其他公司成功的经验引进来，不能结合任职公司的特点，这就会在公司里面制造混乱，而致其威望逐渐降低。创业者需要寻找的是能够结合公司特点，进行演变的改造，解决文化冲突，逐渐使公司走向良性发展轨道的职业经理人。

唐骏
中国著名职业经理人

唐骏曾担任微软中国总裁、盛大网络总裁。2008 年，传闻以"10 亿元"的身价加盟新华都集团，并出任集团总裁一职。

素有打工皇帝之称的唐骏，在 2004 年 2 月加盟盛大以后，盛大则如虎添翼，资本如雪球般越滚越大。 2004 年 5 月，盛大顺利在纳斯达克上市，当年的年度净利润猛增至 6.1 亿元人民币。2004~2007 年，盛大先后成功收购了边锋、起点中文网、游戏茶苑、锦天科技等企业，并与百度（企业库论坛）、EMI 等结成战略合作伙伴，还发起了对 Actoz Soft、新浪（企业库论坛）、NCsoftChina 等企业的股权收购。将旗下产品尽数转为免费运营模式，并展开一系列的投资与收购行为。

知识点三：自主管理企业

最后一种选择即是创业者发展成为企业的所有者和管理者，持续自主管理企业。但是，为了尽量避免创业成功后可能出现的管理危机，创业者应该注意以下问题：

1. 创业者应该开始尝试授权，把自己从繁重的工作中解脱出来

创业成功后两个主要因素会导致创业者考虑开始授权：一是管理问题变得又多又复杂，创业者不堪重负；二是员工渴望分享权力，希望得到更多的空间与舞台来发挥自己。创业过程中，创业者主要是通过集权来实施管理。创业成功后，创业者需要授权，但不要分权。所谓授权，是指在企业内由上向下分派任务，并让员工对所要完成的任务产生义务感的过程。最有效的授权是创业者厘定哪些问题由自己来决策，哪些工作可以授权给员工去完成，哪些工作需要员工定期汇报，哪些工作可以放手不管。

2. 创业者应该尝试建立一套完善的组织架构，以支撑企业的未来发展

创业过程中，创业者和企业只是对各种机会做出反应，而不是有计划、有组织、定位明确地开发利用自己所创造的未来机会。那时创业者不是在左右环境，而是被环境所左右，不是驾驭机会，而是被机会所驱使。相应地，企业的行为是被动的，而不是主动的、具有预见性的。因此，布置任务时是看员工是否得空，而不一定是根据他们的岗位和能力。

创业成功后，企业为了更好地发展，必须建立一套完善的组织架构来有效地执行决策，有计划地完成企业所设定的既定目标。创业者不必奢求一步到位，也不要期望建立一套能持久不衰的组织架构，因为企业的组织架构也需要根据企业的目标和发展阶段来进行调整，不可能一劳永逸。创业者应该尝试围绕工作本身来进行组织，打破围绕人来组织的旧习惯，力图通过企业组织来实现自己的管理决策和管理理念。

3. 创业者应该考虑建立稳定的激励机制来凝聚员工

创业过程中，创业者与员工承担着巨大的风险，需要彼此风雨同舟，共渡难关。创业成功后，创业者关注的是未来的更大回报，而员工更关注现在的既得利益。设计激励机制时，创业者要与员工达成有效的沟通，尽量做到一视同仁，尽量避免特例或特殊照顾，要让员工理解和接受。

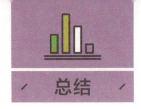
　　创业成功后，无论创业者如何处置企业，如何选择自我的命运，解决和规避企业这个阶段所出现的管理危机问题无疑需要创业者认真对待。

　　创业者不仅应该注重创业历程和创业后自我的命运，也应该在创业成功后通过提升管理为企业未来的发展奠定基础。以上三点亟须创业者在创业成功后进行实施，当然，创业者还应为企业管理付出更多，另外，要经常与家人沟通，获得他们的支持也是至关重要的。

公司交易的注意事项

公司交易三项注意事项

易观资本高级投资经理张鹏程认为，创业者想要出售其初创公司，需要关注买家的寻找、交易谈判、交易效率等问题。

寻找买家

- 出售是为了套现和回报。
- 出售是为了在新平台上做大事业。

交易谈判

- 己方最关注的点及最不关注的点。
- 对方最关注的点及最不关注的点。

交易效率

- 交易不论大小，复杂度都比较高。
- 如果做成交易是你的目标，请你注意时效性。

14.2
创业失败后的选择

James Maskell 的创业心得

James Maskell 一手创办的 VineTrade 平台

James Maskell
CEO and Founder
@jmaskell

英国创业者，James Maskell 在 2013 年前后成立了高档红酒直销平台 VineTrade。针对高档红酒在销售中层代理商剥削导致价格高浮的情况，Maskell 想要建立网络直销平台，为上游厂商和终端消费者搭建直接交易的渠道，挤压高档红酒的价格水分，并且成功从知名风投手上拿到了天使投资。就是这么一个切实可行的创业项目，终究还是难逃失败的结果。Maskell 不仅对自己创业失败做了总结，还在创业一年半之后决定关张大吉，并投入劳务市场的怀抱。失败的创业者应该如何找到一份工作呢，Maskell 有一些心得要与大家分享：

James Maskell 分享失败经验

1. 在人际关系网中寻求帮助

当你关闭自己的创业企业，决定给别人打工后，先把自己人际圈子里能约的人都约出来，向他们解释自己目前的情况，让大家提供下一步的发展建议。你会发现，有许多人都愿意给你提供或引荐工作机会，而许许多多的工作岗位是不对外公开招聘的。

2. 确定自己想从事的工作

作为创业者的时候，你要负责各个方面的工作，写代码、干销售、搞管理、做融资以及开发客户等。但给人打工并不要求你是个多面手，你只要负责具体的工作就行。所以你需要弄清楚，自己究竟想做什么，又适合做什么。如果不确定，可以向了解自己的人征求意见。

3. 针对性地准备自己的简历

正如上一点所述，创业的经历可能涉及企业经营的各个方面。但在应聘的时候，你需要简化过滤自己的经历，针对自己的求职岗位做一份合适的简历。如果你没有针对某项业务的特长，可以考虑突出自己的快速学习能力。

4. 尽量绕过人力资源部门直接向老板求职

人力资源部门在招聘时会为特定岗位设置许多条条框框，你需要满足一系列要求才能被雇用，也就是说被拒绝的可能性比较大。与此同时，创业经历在人力资源部门眼中并不能带来多少加分。但在老板眼中，你的创业经历可能是在能力之外最有吸引力的亮点。

5. 确定自己想做一个打工仔

也许很多人会期盼你东山再起，但你应该更明白自己内心想走哪条路。其实创业和打工的区别没那么大，前者要对投资人和自己负责，后者要对老板负责。

6. 准备好学习

首先要总结自己的失败教训，或许就是差了那么点经验和知识积累。与此同时，尽量找一个拥有优秀创始人的发展中公司，在打工的同时学习别人作为创业者是怎样做决策的，同时弥补自己在特定领域的欠缺，如管理和销售。如果日后再创业，这段学习经历将成为你的宝贵财富。

7. 填补工作技能漏洞

新的工作可能需要你具备某项技能，如某种编程语言，或者是熟练使用 Excel。如果你觉得自己离岗位要求还有距离，赶紧填补这一漏洞。

8. 耐心等待

如果短时间内没有接到录取通知书也没关系，要有耐心。如果收到了几份满意的录取通知书也不要那么急着做决定，耐心再看看有没有更适合自己的岗位。另外，创业失败可能令你身心俱疲，不妨出去走走，放松一下心情。

知识点一：重新就业

　　创业实质上也是一种广义的"就业"，以这种眼光来看，创业失败也只是失去了一个工作岗位。在创业失败后，重新就业是一个不错的选择。创业令我们吸取到了多方面的经验，把我们锻炼成了一个多面手，使我们在就业市场上备受欢迎。

知识点二：公司收购

创业失败的企业就一无是处吗？情况并非如此。有的企业也许是因为市场开拓或是整体市场情况不佳而失败，但却依然拥有技术；有的企业也许是因为技术不及竞争者而失败，但已经开拓了一定的市场渠道等。

事实上，很多成熟的、资本丰厚、持续创新的大公司都在不断地去发掘市场中涌入的新企业，他们关注新企业带来的创新的技术、应用、人才以及由此可能产生的竞争，所以他们愿意在新创立企业的初期将其收购。如果你坚信你的企业拥有某种竞争优势（如技术、人才），但是由于各种原因你认为你的公司无法持续经营下去，不用担心血本无归，你可以寻找一个合适的大公司将其收购。你和你的团队既可以选择继续在这家公司工作——唯一不同的是你不再是老板，也可以选择用收购获得的现金去开启下一段创业的旅程。

创业本身是一件很艰难的事，即使一个好的创业想法想要成功也不容易。运气、执行力、市场时机和市场的竞争动态都是决定一个好的想法是否能成功的关键因素。

除此之外，创业者还经常被要求能够快速准确地对一大堆事务做出准确的判断，这对创业者的勇气和决断力是个巨大的考验。

但是，有了收购做保证，创业的风险降低了，而且，比起一开始就屈居人下，自己创业的好处增加了。对于那些获得融资的创业者来说，他们不必担心自己的想法会失败，因为即使失败了，投资人也会帮他们安排一个软着陆——收购。例如，他们的公司被 Facebook 收购了，他们获得的股份绝对比一般 Facebook 员工的要多。而如果他们一开始就选择进入 Facebook，他们获得的股份却只能与一般 Facebook 员工的一样。不仅如此，对于创业者来说，自己创办的公司被 Facebook 收购绝对是创业生涯中荣耀的一笔。当他们想重新创办公司时，他们也能够骄傲地把类似"我们之前创办的公司已被 Facebook 收购"的话放在呈现给投资人的 PPT 上。

知识点三：继续创业

75 岁的褚时健再出发

有这样一类人，他们在哪里跌倒就从哪里爬起，在创业失败后可以整合手头资源，调整心态，不断地吸取教训和总结经验，甚至在多次失败之后仍可整装待发，选择继续创业，最后取得成功。那么创业对于他们来说就是最适合走的那一条路。

褚时健，红塔集团原董事长，曾经是有名的"中国烟草大王"。

1994 年，褚时健被评为全国"十大改革风云人物"。

1999 年 1 月 9 日，褚时健被处无期徒刑、剥夺政治权利终身。褚时健被判后减刑为有期徒刑 17 年。

2002 年，保外就医后，与妻子承包荒山开始种橙。2012 年 11 月，褚时健种植的"褚橙"通过电商开始售卖。

2014 年 12 月 18 日，褚时健荣获由人民网主办的第九届人民企业社会责任奖特别致敬人物奖。

"80后"大学生连峰的创业故事

"80后"大学生连峰2000年大学毕业后，被分配在当地棉花储备库做文员，娶妻生子，买房买车，生活无忧。可他偏偏放弃了事业单位的工作，开始了自己的创业生涯，代理化肥、白酒、摩托车、驾校……4年的时间，却屡战屡败，一连7次创业都以失败告终。

2007年，一个偶然的机会，连峰和家人一起到农村走亲戚，当时就是在这里连峰经历了一件从未有过的新鲜事——吃杀猪宴。连峰回忆，他吃的时候就感觉这个肉和平时吃的猪肉不太一样，询问亲戚后才得知这是纯生态喂养的笨猪。

回城后，连峰跑遍了超市和农贸市场，发现还没有人卖他吃过的那种猪肉，他感到自己发现了一个市场空白。经过半年的市场调研，连峰做出了决定，他要做当地养殖笨猪的第一人。

虽然父母反对，但连峰的妻子却很支持，这让连峰更是充满信心，他不顾一切，铁了心要干。2008年3月，他瞒着父母，在老家于集镇看重了一处废弃的院子，这里远离居住区，很适合搞养殖。

几次创业失败，连峰赔光了自己所有的家底，为了筹钱，他抵押了结婚时买的房子，又卖了车，凑了11万元。连峰租下了那个废弃已久的院子，而就是在这个时候，父母却给他下了最后通牒，他与父母之间的关系岌岌可危。而连峰不顾父母反对，购进了50多头小猪仔，开始了他的第8次创业。

连峰说："每次出门我准备找10个客户，他们都会拒绝我，如果他们都拒绝我，我就对自己说，你真聪明，如果有一个客户接受了我的理念，可以听我讲了，我还是会非常高兴，终于有人听我讲了，就是这样一直自己激励自己，所有的困难还是自己来克服。"一个多月的时间，连峰硬是跑完了聊城市的所有高档小区，尽管大部分人都拒绝了他，但还是有几户人家接受了他的笨猪肉。

2009年底，连峰出栏了2批100多头笨猪，这给他带来了近50万元的收入。因为是当地的第一家，也是唯一一家规模养殖笨猪的，连峰渐渐有了些名气。

2010年10月的一天，连峰像往常一样在网上搜索相关的资料信息，无意中他发现了省长留言版，把自己的创业经历写给了省长。出人意料的是，就在连峰写完这封信后没几天，省长不但回复了他，还做出批示请当地政府关注连峰的创业。

在养殖技术和今后的发展规划上，连峰都得到了市委和区委的帮助，这是连峰在给省长写信之初没有想到的。更没想到的是，连峰成了当地媒体争相报道的典型，这也在无形中宣传了他的笨猪肉产品。

2011年，连峰注册了自己的品牌，开起了笨猪肉专卖店。更让连峰高兴的是，原本反对他的父母，现在也主动到养殖场，当起了饲养员。现在，聊城地区又有了两家笨猪养殖场，连峰决定扩大规模，建一个生态养殖园，他要走在别人前面。

根据搜集的案例、教材中的案例、老师讲解的案例，讨论创业失败后新一轮创业，如何才能避免陷入再次失败的僵局？

总结

创业成功后的三种选择

创业失败后的三种选择

本章习题

（1）在创业成功后的几种选择中，你最倾向于哪一种？为什么？

（2）创业失败后，你心目中的第一选择是什么？为什么？

第 15 章

—

创业者经验谈

2015 年 11 月 17 日晚，当下火热的创业项目"有我""思兔宝""倾秀""51 公积金管家"4 家公司的部门负责人应邀参加了"腾讯创业"的第一期经验分享会。4 位部门负责人立足于自身行业，分别从市场推广和产品规划这两领域深度分享了他们的创业心路和成功秘诀。

一、如何制定推广战略？

编选自：天极新闻，http://news.yesky.com/prnews/357/98779857.shtml。

"有我"市场部子人：盲目跟风让推广战略空泛

互联网市场营销五花八门，导致很多市场人员盲目地追逐推广模式。没按照自己的产品属性来定策略，最常见的就是 App 才刚上线就急着做 ASO 和新媒体营销，而这两块都需要投入较多的精力且短期起不了效果，对于刚上线并未成熟的产品，定位尚且不明确，应该将有限的资源放在寻找第一批种子用户上。

做市场每一个阶段一定要以产品的主观需求为导向，要去思考现在产品该阶段的需求是什么，有哪些资源支持、能做到什么程度？知道自己做推广的最终目的。这样做，显然会更加有利于营销过程中的长效性。给大家分享一下"有我"当初刚上线的推广流程。

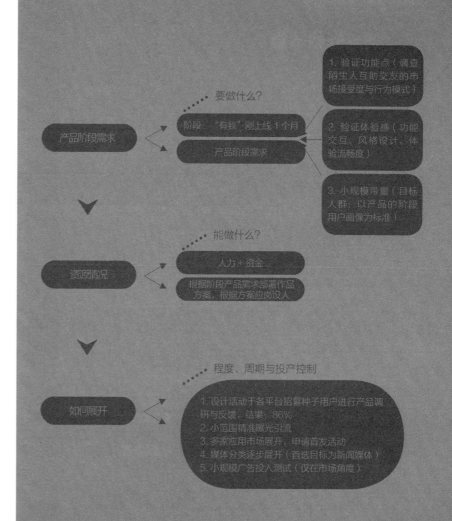

二、如何低成本推广？

"51 公积金管家"市场部四四：切忌急功近利盲目烧钱

在互联网项目满天飞的今天，为了抢占市场、积累用户，钱是一定要花的。但是，不计成本、盲目烧钱，肯定也是行不通的。不少创业项目本身还不错，但就是因为在推广过程中，急功近利、盲目烧钱，最后钱烧完了，项目也走入了困境。

"51 公积金管家"，作为一款公积金查询类 APP，从产品属性上来说，属于小众产品，需要更精准地定位用户，从而也导致获取用户的成本增加。在资本寒冬期到来之际，为了能顺利过冬，我们采取了低成本的推广策略。简单来说，就是在控制成本的情况下，在重点优质渠道发力，最大化挖掘免费资源，实现用户的稳步增长。

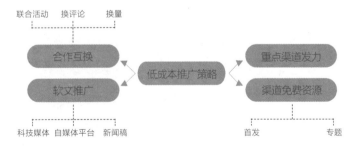

现在国内大大小小的应用商店差不多有 300 多家，每个渠道都有自己的主流人群和玩法。在选择渠道推广时，并不一定是量级越大越好。需要根据各自的产品特点和前期的推广经验，选取几个和自家产品匹配度高的进行深耕细作。

另外，虽然现在渠道推广成本越来越高，但还是可以争取到一些免费资源的。例如，配合产品开发进度，每个月都可以申请一次首发，还有一些其他相关的专题。根据自己的数据，一次首发可以省下几千元的推广费用。

互联网创业公司普遍面临品牌知名度不高、用户信任度低的情况，需要制造大量的声音，软文推广就是不错的选择。可以从新闻稿、自媒体、科技媒体、用户论坛几个角度着手。像我们自己也有运营头条号、搜狐自媒体等，若运用得当，效果还是可以的。

总之，无数倒下的互联网创业公司告诉我们一个真理：不计成本、盲目烧钱是烧不出未来的，特别是在"寒冬"到来之际，还是屯好"粮食"准备过冬，切不可急功近利。

三、如何获取第一批种子用户？

"思兔宝"运营负责人余小海：地面推广打开第一批种子用户

产品刚上线，发展第一批种子用户，是走线上还是线下？抑或双管齐下？线下地推是不是已泛滥无效？相信很多创业者都在思考这些问题。

"思兔宝"作为一款真人传译的翻译APP，上线一个半月，获得第一批种子用户5000多人，日活跃度15%。目前翻译有500多名，覆盖了14种语言。这批忠实用户主要来自线下推广。实际经验告诉我们：产品初期的推广，一定是结合产品特性和目标用户的特性，确定选择线上还是线下，从而尽快获得第一批粉丝用户。

在推广之前，我们花了很多时间去研究目标用户都聚集在哪个地方。"思兔宝"的目标用户是出境自由行的人和商旅人士，我们发现这一群人线下他们会聚集在领事馆签证处办理相关手续；线上则大部分都聚集在旅游结伴论坛上。

通过考察不同地点，我们发现广州美国大使馆场地环境非常好，在外有一个开放的空间，用户都会聚焦于此等候面签。于是，我们决定瞄准广州美国大使馆，它每天有近乎1000人

的流量，一大块肥肉，我们不可能错过。经过一个月，单是这个渠道的用户就达到2000多，活跃度达到15%（翻译服务需要收费），效果还是比较明显的，而接下来我们的工作重点会放在如何引导这批用户通过口碑营销将我们的产品再次传播出去。

当然，线下除了大使馆的推广，我们还覆盖了其他目标用户所在渠道，在美国、日本、韩国、迪拜、泰国五个试点国家，做海外的地面推广，而我们也在寻找更合适的方式做地推。

"思兔宝"
随身的真人传译一呼即应

第一步　广告覆盖领馆周边的商铺、士多店、酒店（广告费便宜，一个店每月广告费200元）。

第二步　传单广而告之，转化率低（但不能不做，每天做，会获得更聚焦的用户）。

第三步　寻找突破点提高转化率（从礼品引诱注册转成只需关注公众号，然后在公众号用各种活动来引导下载注册）。

四、如何从用户需求定义产品功能？

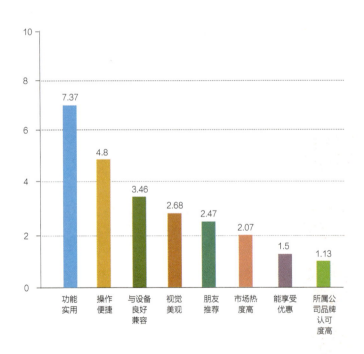

图 15-1　满意度测试

"倾秀"市场部小楼：不要让你的应用输在用户体验上，结合用户体验制定营销策略

我们开发 APP 的目的就是让用户去使用，一款好的 APP 是要让用户长期活跃的，做到这点实属不易。其实有许多应用是很不错的，也有用户喜欢，但是由于开发者追求功能做到极致，反而造成了各种糟糕的用户体验，例如，闪退、应用响应等待、植入广告、操作烦琐等，这些是造成用户卸载 APP 的主要原因。

产品经理必须清楚用户需要一款怎么样的移动应用，满足用户怎样的需求。"倾秀" APP 主要针对女性用户，一方面可以让她们搭配各种风格的品牌服饰，分享给用户及她的朋友们；另一方面还可以通过"倾秀"在购买当季品牌服饰的时候得到折扣优惠。所以"倾秀"在上线初期就对安装"倾秀"的第一批 3000 名用户做了一个"影响你是否会长期使用一款 APP 的因素"的问卷调查。每一个因素满分为 10 分，得到反馈如图 15-1 所示。

根据这份报告，我们首先简化了搭配这个模块，使用户操作更便捷；其次我们将能收集到安卓机器又进行了一周的测试，来解决某几款安卓机的兼容性问题；最后我们在购买享折扣的基础上新增加了佣金机制，使我们这款应用的实用性及用户黏度得到了更大的提升。

所以说根据用户的体验反馈，对应用做出有针对性的调整（或大或小），结合你的营销策略，能够使你的整个营销过程事半功倍。

一、于刚的"创业十悟"

第一悟： 创业是马拉松，不是百米冲。

第二悟： 创业要迎难而上，如果不难价值也低。

第三悟： 创业要寻找你的激情，激情会把不可能变为可能。

第四悟： 志同道合的伙伴，会让创业更享受。

第五悟： 在创业过程中，决策的速度，往往比决策的质量更重要。

第六悟： 要敢于否定自己，你不革自己的命，别人就会革你的命。

第七悟： 过去的成功不代表未来的成功，过去的成功元素往往成为未来发展的包袱。

第八悟： 创业要有乐观的心态、博大的胸怀和冠军的心。

第九悟： 先得创造价值，才谈得到价值。

第十悟： 有舍才有得，人生最后悔的不是做一件事失败了，而是有机会去做而没做。

于刚，曾任亚马逊全球供应链副总裁，戴尔全球采购副总裁，1号店董事长、联合创始人，现为壹药网创始人、董事长。

关于战略方向："赚大钱还是赚小钱，取决于你的战略。"

如果我们的战略是面向社区开一个杂货店，那么，我们就只能赚一个社区的钱；如果我们的战略是面向全市开一个零售店，那么，我们就可以赚一个城市的钱；以此类推，如果我们的战略是面向全世界的市场，那么，我们就可以赚全世界人民的钱。

关于如何调整："再好的决策，也不可能适应未来的种种变化，需要在实际操作过程中及时调整。"

所谓"计划永远赶不上变化"，但如何调整计划往往是一件棘手的事情，因为调整意味着打乱原先的部署，甚至有些事要从头做起，这就需要创业者不断培养自己的"洞察力"和"随需应变"的能力，同时，尽量做到兼听则明，从更多的角度审视现状和计划的差距。

战略方向

如何调整

如何坚持

保持稳定

二、史玉柱的创业心得

关于如何坚持："就算战略方向对了，取得成功还需要心血的浇灌。"

成功最难的往往不是方向的选择，而是在朝着这个方向要走的路程上所遇到的种种意想不到的挫折和困难。为什么马云告诫创业者最多的一句话是"坚持"，因为，韧性是一名创业者成功最大的保证，这点从史玉柱重新崛起就可见一斑。地球是圆的，你本来应该往东，但你实际往西，只要你有足够的韧性走下去，最终也一定会到达东边的。

关于团队如何保持稳定："领导者的内心真诚是团队愿意不离不弃的真正原因。"

一个企业的成功绝对不是一个人坚持的结果，而是一个团队坚持的结果，那么，如何在最困难的时候让你的团队不离不弃，史玉柱已经告诉了我们全部的秘密所在，当你的企业不能给员工足够的物质利益时，你所能够让员工信赖的就是你的内心真诚和你的坚定理想。

不要把创业代替就业

团队重要，好团队卖面条至少能挣钱，差团队在黄金面前先打起来

股东之间要有高度的默契

三、一个华为人辞职创业后的几个反思

利益分配模式要明确

市场调研是成功的前提，没有准确的调研就是失败

对于不熟悉的行业，做好交学费的准备

创业要看家庭是否合适

要有足够的现金储备

四、8 位成功创始人分享初创公司失败原因

Kasper Hulthin

Ziver Birg

Brian Moran

Aaron Schwartz

Young Entrepreneur Council (YEC)8 位成功的创始人，
在这里分享他们自己最初创建的公司失败的原因，让我们来看看他们当时是如何做的。

Benish Shah

Nathan Lustig

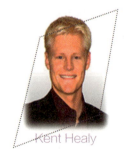

Kent Healy

Trevor Mauch

1. 我们没有专注于一点

我创建的第一家公司，当时的团队有一个非常宏大的创意，致力于鼓励人们可持续利用物件。我们可以接触一些人群跟踪调查他们可持续使用小物件的频率，诸如用过的矿泉水瓶重新装满水使用，重复使用纸袋等。我们可以建立一种文化，让周围人认为可持续利用是普遍的。不仅是改变我们的习惯，而且我们认为这种可持续性游戏化将是个至关重要的元素，而关于可持续的教育也是一个关键元素。同时，我们认为社会分享也是重要的。当时我们的想法还有很多。

如果我重新创建这家公司，我将会聚焦于鼓励可持续行为的根源问题，而且仅从其中一个方面着手。现在我们看到许多公司进入这个领域，但每个公司都是专注于其中一点。所以，一开始创建公司时，要专注于一点，之后再谋求扩张。

—— Aaron Schwartz, Modify Watches

2. 我们进入市场太早了

我的第一家公司失败是因为当时只是一个太过雏形的创意就过早地进入市场。我们希望帮助人们理解社交媒体在企业层面方面的风险。而我们没有想到的是当时这些企业的人们还并不知道社交媒体是什么。这样我们就需要花大量时间在给人们解释什么是社交媒体，根本没有机会让我们去解释我们真正要做的事情。

如果我们重新来做这个项目，我们将会首先对企业进行社交媒体培训，然后提出它们背后隐藏的风险以及缓解风险的方案。而这次，我们一定确保我们的产品或服务已经很成熟之后再投入市场运作中，这样，用户不需要我们解释也非常喜欢这项产品、服务。

—— Benish Shah, Vicaire Ny

3. 我们没有处理好现金流

数据不仅是业务的氧气，也是非常重要的指标。当时，年仅十几岁的我几经专注于我所喜欢的工作：创新、销售以及成长。我一直耗费资金提升业务，直到有一天我只剩下一大盒子的欠条，一无所有地离开。如果我当时能够选择一份很好的工作，维持我的现金流，并收回应收账款的话，我的公司应该可以避免最终的失败。

而在我接下来创建的公司中，我非常注重查看、研究财务报告并且聘请了一位会计主管。如果你的财务数据出问题，那么你一定不会走得很远。

—— Kent Healy, The Uncommon Life

4. 我们所遇的时机不好

我第一次创建的公司在最初取得了不错的成绩，并获得了投资，但最终，我们还是失败了。我们当时的商业模式是基于求职广告的。当时我们发布了大受欢迎的测试版本。不用说，2008 年秋季要比 2008 年春季更难销售求职广告。我们每个人筹措了 2.5 万美元来创建这个公司，但我们的资金很快就用完了，之后很快也将资金耗完了。我们面临两种选择——要么借更多的钱，要么关闭公司。

之后，我扪心自问：“这个创意值得我投入更多吗？”而

答案是：不！我所做出的最好的决定是创建了这家公司，之后做的最好的决定是下定决心关闭这家公司。所以，知道什么时候需要退出也很重要。

—— Kasper Hulthin, Podio

5. 我们没有一个用户

有太多次业务失败的经历，让我总结了许多经验才让我最终成功。尤其是当我意识到我的产品必须适应我的用户需求。当我的用户认同我的产品价值，那么产品的销售绝不是问题了。

—— Brian Moran, Get 10,000 Fans

6. 我们没有处理好人员招聘的问题

第一家公司是我和哥哥一起创建的，这家公司之所以会失败，是因为我们被所聘请的员工"劫持"了。我只能说，招聘员工时，一定要选择那些真诚、正直、值得信任的人。要学会运用法律保护好你自己的公司，同时要控制人力成本，精益运作。

—— Ziver Birg, ZIVELO

7. 我们拥有不同的动机

在大学时，我试图与我的两个舍友创建一个公寓列表网站。他们一开始很积极地参与，但是当他们意识到参与这项工作需要付出多大的精力、努力时，诸如在冬天时围绕着威斯康辛州的麦迪逊市区的公寓拍摄照片并收集房东的信息进行文字编辑这些冗杂的工作，他们的激情就消退了。我们这个前景不错的项目慢慢地失败了，不仅是因为很难坚持去做这些琐碎的工作，还因为我的合伙人把精力放在了他们的学习、聚会以及女朋友方面，逐渐对项目失去了兴趣。

今天，我宁愿自己创建公司，再雇用员工来完成工作，而不是在一开始就请如上所说的两位合伙人来一起完成了。

—— Nathan Lustig, Entrustet

8. 我们在创业开始时没有想好如何应对最坏的情形

过去，我曾与合伙人一起创建了三家公司。第一家公司我们发展到 7 位数字的规模，而合作关系也非常棒。第二家公司完全没有走到这一步，因为我之前没有考虑好关于合伙人股权问题爆发时我们该怎么面对。在这次合作案例中，我一开始贬低了自己对公司业务发展做出的贡献的价值，但是发展到后来，我又以很高的价格换取了很小的股权份额。

所以，提前考虑这些问题并询问自己，"如果发生糟糕的事情怎么办？"在创建公司时，将这些最坏的情况写进协议里，这样每个人在一开始就保持一致的想法。当我最终意识到在公司发生角色转变后我无法再发挥作用，也不能认同之前我曾同意的股权时，创业的动机消失了，员工士气也下降了，公司业务进度停滞了。

—— Trevor Mauch, Automize, LLC

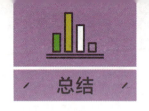

总结

创业几乎是每一个年轻人心中的梦想，在这个创业渐成风气的年代，你总能看到国内很多初创公司大喊"我们年轻，所以我们有梦想"。但创业并不是我们想象的那么简单，创业需要理性，更要具备韧性。大学生有创业的激情和胆识是好事，但一定还要理性，懂得量力而行。

创业路上，有成功亦有失败，而不管结果如何，创业者都有着关于创业历程的一丝心得。本书从众多的创业心得中择其一二，希望可以通过这些创业前辈的肺腑之言，让读者寻找到创业的灵感和动力之源。

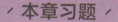

　　创业失败经历也是一笔财富，是实现理想的垫脚石，请分析以下几位创业者创业失败的原因：

　　（1）一位朋友向小刘竭力鼓吹某项目的美好前景，"只要你投资5万元，其他一切事情全部由我来做，咱们俩五五分成。"结果小刘拿出钱后没多久，项目就被朋友做垮了。

　　（2）张宁看到同乡售卖某种塑料产品都赚疯了，赶紧筹集了资金，决定尽快投资这一项目。他的同乡劝他说："现在塑料产品正在更新换代，你最好推迟4个月。"张宁没有听从劝告，他认为推迟4个月会丢掉几万元利润。几个月后，张宁的塑料产品因科技含量低而滞销。

　　（3）江苏某乡镇的电子仪表厂准备开发一个环境监测仪器新项目，因自身实力不足，决定寻找一个合作伙伴。某企业愿出资100万元。该仪表厂合作心切，立即签下了合作合同。可是，合作伙伴缺乏诚意，资金一拖再拖，该仪表厂最终丧失了抢占市场的最好时机。

　　（4）经营刚上轨道的食品厂张厂长决定到一个完全陌生的行业一试身手——办个服装厂。由于他从来没有搞过服装，而食品行业积累的经验在服装行业又完全用不上，结果不到1年，服装厂就关门倒闭了，还拖累了主业。

　　（5）近年来，特色菜肴成了抢手货，辽宁人江华一心一意搞起了特色养殖，他将全部资金投入其中，但一场突如其来的"甲流"疫情，使其梦想破灭。

　　（6）王平对自己准备投资的电磁炉项目充满信心，举债大量铺货，但在同行压价下，产品积压，卖不出去。

　　（1）成功创业者经验谈，创业网，http://www.cyw360.com/news/?5003.html.

　　（2）创业经验分享，青年创业网，http://www.qncye.com/ruhe/jingyan/.

　　（3）马云这样向创业者分享创业经验，搜狐科技，http://it.sohu.com/20150702/n416081642.shtml.

　　（4）一位风险投资家的经验之谈：如何说服投资者投资你，http://news.mtrend.cn/20848.html.

参考文献

【01】李家华 . 创业基础 [M]. 北京 : 北京师范大学出版社 ,2013.

【02】[美] 杰弗里·蒂蒙斯，小斯蒂芬·斯皮内利 . 创业学 (第 6 版)[M]. 周伟民，吕长春译 . 北京 : 人民邮电出版社 ,2005.

【03】陈晓红，周文辉，吴运迪 . 创业与中小企业管理 (第 2 版) [M]. 北京 : 清华大学出版社，2014.

【04】詹姆斯·韦伯·扬 . 创意的生成 [M]. 祝士伟译 . 北京 : 中国人民大学出版社 ,2014.

【05】陈培爱 . 广告学概论 (第 3 版)[M]. 北京 : 高等教育出版社 ,2014.

【06】刘常勇 . 创业管理的 12 堂课 [M]. 北京 : 中信出版社 ,2002.

【07】[瑞士] 亚历山大·奥斯特瓦德，[比利时] 伊夫·皮尼厄 . 商业模式新生代 [M]. 王帅，毛心宇等译 . 北京 : 机械工业出版社 ,2015.

【08】杨红卫，杨军等 . 创业基础 [M]. 长春 : 吉林大学出版社 ,2015.

【09】[美] 布鲁斯·R. 巴林杰克 . 创业计划 : 从创意到执行方案 [M]. 陈忠卫等译 . 北京 : 机械工业出版社 ,2009.

【10】姜彦福，张帏 . 创业管理学 [M]. 北京 : 清华大学出版社，2005.

【11】夏洁 . 关于创意的 100 个故事 [M]. 南京 : 南京大学出版社，2010.

【12】林泽炎 . 3P 模式 : 中国企业人力资源管理操作方案 [M]. 北京 : 中信出版社，2001.

【13】[美] 诺埃尔·凯普，[荷] 柏唯良，[中] 郑毓煌等 . 写给中国经理人的市场营销学 [M]. 刘红艳等译 . 北京 : 中国青年出版社 ,2012.

【14】薛澜，张强，钟开斌 . 危机管理 : 转型期中国面临的挑战 [M]. 北京 : 清华大学出版社 ,2003.

【15】高日光等 . 中国大学生创业动机的模型建构与测量研究 [J]. 中国人口科学 ,2009(1).

【16】段锦云，王朋，朱月龙 . 创业动机研究 : 概念结构、影响因素和理论模型 [J]. 心理科学进展 ,2012(5).

【17】姜彦福，邱琼 . 创业机会评价重要指标序列的实证研究 [J]. 科学学研究 ,2004(1).

【18】张同全，袁伦渠 . 看国外企业如何留人 [J]. 营销界 (农资与市场),2013(3).

【19】姚维彬 . 加强大学生创业道德教育 降低大学生创业风险 [J]. 商场现代化，2011(10).

【20】何志聪 . 中小民营企业家创业动机及其影响因素研究 [D]. 浙江大学硕士学位论文 ,2004.

【21】Airbnb 的创业故事：从一张床垫到十亿美元［EB/OL］.

搜狐网，http://mt.sohu.com/20150706/n416244378.shtml.

【22】1.2 "饿了么" 的创业故事：中国最大的餐饮 O2O 平台之一［EB/OL］.

前瞻网，http://www.qianzhan.com/investment/detail/317/140827-97bf5ecc.html.

【23】果来果趣——打造原产地时令水果电商品牌［EB/OL］.

农世界，http://www.nongshijie.com/a/article_3324.html.

【24】从小小池塘迈向广袤田野——龙湾镇科技示范户魏承林的致富经［EB/OL］.

潜江日报，http://a.qjrbs.com.cn/html/2017-04/25/content_56936.htm.

【25】一扫光零食店加盟，助来自农村的他成功创业 [EB/OL].

青海新闻网，http://www.qhnews.com/cysd/system/2017/07/21/012364811.shtml.

【26】"乐逗游戏"：80 后手游创业成亿万富翁［EB/OL］.

网易新闻，http://news.163.com/14/0812/07/A3E9G4VF00014Q4P.html.

【27】武汉研究生开 "小王跑腿公司"，你有事我跑腿［EB/OL］.

创业第一步，http://www.cyone.com.cn/Article/Article_37301.html.

【28】女大学生放弃 "铁饭碗" 创业 5 个月签单 200 万［EB/OL］.

中国网，http://news.china.com.cn/rollnews/education/live/2013-11/26/content_23588886.htm.

【29】尼古拉·特斯拉身上的创业精神［EB/OL］.

中国风险投资网，http://www.vcinchina.com/c/27/44849.html.

参考文献

【30】"Airbnb 公司 CEO- 布莱恩·切斯基：放弃安稳，创业是我最大的冒险"［EB/OL］.

财富中文网，http://www.fortunechina.com/management/c/2014-11-03/content_226497.htm.

【31】真实的创业合伙人是这样的！［EB/OL］.

黑马网，http://www.iheima.com/news/2013/0615/42740.shtml.

【32】"Zerocater ——冒险精神铸就的硅谷食堂"的故事［EB/OL］.

黑马网，http://www.iheima.com/news/2013/0416/38233.shtml.

【33】我的人生我做主，大学生开起包子铺［EB/OL］.

大众网，http://www.dzwww.com/shandong/shrx/201105/t20110511_6354935.htm.

【34】因合作不顺，致使朋友反目的创业案例［EB/OL］.

品途商业评论，http://www.pintu360.com/article/5539b6e69540a12a3a13f9f4.html.

【35】重要的创业心理素质测试［EB/OL］.

创业网，http://www.cye.com.cn/chuangyexinde/20101122195504.htm.

【36】创业者概念的拓展阅读［EB/OL］.

中国电子商务研究中心，http://b2b.toocle.com/detail--6094018.html.

【37】"口袋兼职"——张议云［EB/OL］.

投资中国，http://news.chinaventure.com.cn/14/170/14145641803.shtml.

【38】你的创业动机是什么？［EB/OL］.

搜狐 IT 栏，http://it.sohu.com/20150129/n408178742.shtml.

【39】一个有关创业失败和自杀的故事［EB/OL］.

网易外媒栏，http://tech.163.com/13/0409/16/8S1JB22K000915BF.html.

【40】卖火柴的大男孩赚得百万身家［EB/OL］.

创业网，http://www.cy580.com/content/2013/12/12/show214984.html.

【41】赵建君是个爱动脑筋的女孩［EB/OL］.

长江日报，http://whcb.cjn.cn/html/2009-05/12/content_1494881.htm.

【42】梁伯强，指甲钳为王［EB/OL］.

羊城晚报，http://www.ycwb.com/gb/content/2004-09/04/content_755341.html.

【43】移动互联创业背后：还有哪些创业机会？［EB/OL］.

站长之家，http://www.chinaz.com/start/2014/0317/343601.shtml.

【44】胡润百富榜［EB/OL］.

腾讯网，http://finance.qq.com/a/20081212/002675.htm.

【45】你身边的10个低成本创业机会［EB/OL］.

深圳之窗，http://www.shenchuang.com/firstpage/2013-08/28/content_3322458.htm.

【46】电驴之父：黄一孟［EB/OL］.

创业邦，http://magazine.cyzone.cn/articles/201202/2420.html.

【47】中国好声音的本土化商业模式创新［EB/OL］.

虎嗅网，http://www.huxiu.com/article/2762/1.html.

【48】米饭有约：约会见面新主张［EB/OL］.

创业邦，http://www.cyzone.cn/a/20111216/220208.html.

参考文献

【49】五分钟搞定雷军一亿投资，YOU+ 到底凭什么 [EB/OL].

中国企业家网，http://www.iceo.com.cn/com2013/2015/0620/299490.shtml.

【50】解密腾讯五虎将：史上最强创业团队的完美组合 [EB/OL].

商讯网，http://www.shangxunnet.com/edu/201503/15/edu477_2.html.

【51】京东的融资之路 [EB/OL].

腾讯科技，http://tech.qq.com/original/tmtdecode/t638.html.

【52】人力资源管理师：商业领袖的 7 大人脉宝典 [EB/OL].

职业培训教育网，http://www.chinatat.com/renliziyuanguanlishi/244/ma201407041651124811393I.shtml.

【53】创业企业的工资成本应该怎么算？ [EB/OL].

创业邦，http://www.cyzone.cn/a/20130922/245589.html.

【54】放弃白领去创业，20 万元投资特产生意结果失败 [EB/OL].

郑州晚报，http://www.cyone.com.cn/Article/Article_37883.html.

【55】央视 3.15 曝光外卖隐患 饿了么被点名 [EB/OL].

搜狐科技，http://www.sohu.com/a/63608753_115933.

【56】So Fi 创始人：初创公司面临的三大风险及如何应对 [EB/OL].

创业邦，http://www.cyzone.cn/a/20140529/258322.html.

【57】2015 第十二届中国企业公民论坛 [EB/OL].

南方网，http://finance.southcn.com/f/2015-11/30/content_137965215.htm?COLLCC=3932361013&.

【58】一个真实的招聘失败案例分析 [EB/OL].

中国人力资源网，http://www.hr.com.cn/p/1423412256.

【59】创业公司如何招聘？"神奇的 40 分钟定律和两种语言"［EB/OL］.

创业邦，http://www.cyzone.cn/a/20160227/290958.html.

【60】宝马汽车公司的营销组合［EB/OL］.

营销家，http://www.bmker.com/index.php?m=content&c=index&a=show&catid=30&id=47.

【61】可口可乐昵称瓶：整合营销的力量［EB/OL］.

经理人分享，http://www.managershare.com/post/228099.

【62】"90 后"创业失败 没钱发工资了［EB/OL］.

头条科技，http://mini.eastday.com/a/160205170421162.html.

【63】创业者自述：12 个年头，我是如何开垮 5 家公司的［EB/OL］.

钛媒体，http://www.tmtpost.com/179843.html.

【64】全球房屋短租公司 Airbnb 发布全新品牌形象［EB/OL］.

TOPYS，http://www.topys.cn/article/detail?id=15024.

【65】一个创业者的失败总结［EB/OL］.

36 氪，http://36kr.com/p/203170.html.

【66】继续创业［EB/OL］.

和讯网，http://renwu.hexun.com/figure_1587.shtml.

【67】企业家创业动机［EB/OL］.

国际在线，http://gb.cri.cn/1827/2004/05/18/405@163382.htm.

图书在版编目（CIP）数据

创业基础与实务（上下册）/ 葛向东，陈工孟主编． -- 北京 ： 经济管理出版社，2017.10

ISBN 978-7-5096-5412-5

Ⅰ．①创… Ⅱ．①葛… ②陈… Ⅲ．①创业－基本知识 Ⅳ．① F241.4

中国版本图书馆CIP数据核字2017.10（2022.7重印）第249070号

组稿编辑：魏晨红

责任编辑：魏晨红

责任印制：司东翔

出版发行：经济管理出版社（北京市海淀区北蜂窝 8 号中雅大厦 A 座 11 层　　100038）

网　址：www.E-mp.com.cn

电　话：（010）51915602

印　刷：北京市海淀区唐家岭福利印刷厂

经　销：新华书店

开　本：787mm×1092mm/16

印　张：39.5（上、下册）

字　数：730 千字（上、下册）

版　次：2017 年 10 月第 1 版　　2022 年 7 月第 6 次印刷

书　号：ISBN 978-7-5096-5412-5

定价（上、下册）：118.00 元